商業から読み解く「新」世界史

古代商人からGAFAまで

宮崎正勝
Masakatsu Miyazaki

原書房

商業から読み解く「新」世界史　古代商人からＧＡＦＡまで◉目次

はじめに

世界が激動する現在は、資本主義経済の転換期でもあります。二〇二〇年のダボス会議では「われわれの知っている資本主義は死んだ」の発言もなされ、強大な「中国の国家資本主義」への対抗、「株主資本主義」から「格差の是正や環境問題への貢献による長期的な成長を目指す」ステークホルダー資本主義への転換の主張が主流を占めたとされています。

一九七〇年代以降、グローバル経済への転換、経済の証券化と地球を覆うサイバー空間（インターネット）を土台とするインターネット経済への動きが重なり、資本主義経済も大きく様変わりしました。

そうした現象を従来の資本主義経済と連続する第四次産業革命と見なすか、異次元のポスト産業資本主義とみなすかは、論が分かれるところです。しかし、インターネットの普及により、商業、金融、サービスが経済の柱になり、産業資本の比率が低下していることは事実です。ものづくり大国の日本の経済では工業が占める割合が約二割ですが、アメリカではわずかに約一割にすぎません。

昨今、GAFA（グーグル、アップル、フェイスブック、アマゾン）の好業績、巨大化が話題にのぼりますが、GAFAは商品販売、金融、宣伝・広告への依存度が高く、かつての商人資本主義を継承しているとも見なせます。

従来の教科書や概説書では、資本主義経済を大きく、①商人資本主義（商業資本主義）、②産業資本主義（第一次・二次産業革命）に分けてきましたが、現在は、それに次いで③デジタル資本主義（第三次・第四次産業革命）を付け足すようになっています。しかし、デジタル資本主義は地球規模のサイバー空間を前提としており、産業資本主義を継承しているというより、商業資本主義の発展型と見なすことができます。

そのように考えると商人資本主義は、①ユーラシアの長期の陸の歴史、②大航海時代以後の大西洋・インド洋を中心とする海の商業の歴史、③産業革命後の産業資本主義による物づくりの歴史、④グローバル経済、証券化、デジタル革命による商業資本主義の再興の歴史、に区分されるように思われます。

そうした四つの時期を検討してみると、①②④は商業資本主義が中心で、③のみがむしろ例外的ということにもなります。どうやら世界史のなかで、商業資本主義が果たしてきた役割を見直さなければならないようです。商人資本主義の見直しは「商業史観」、「交換史観」による歴史と言ってよいのかもしれません。世界史は「世界」が膨張していく過程が考察の対象なのですが、「生産」「分配」だけでは「世界」という空間の拡大をうまく説明できないのです。

そこで古代以来の商人資本主義（商業資本主義）の成長を基層に置くことで、スムーズに世界史の展開を説明できるのではないかと考えました。

現在の世界は「海の世界」を土台に発展した、イギリス、アメリカ、ヨーロッパ諸国、日本などに対して、ユーラシアの「陸の世界」を継承する中国、ロシア、トルコ、イランなどが対峙しており、さらにアフリカ諸国、ラテン・アメリカ諸国などが加わることで構成されています。

多様な地域が「世界」として結び付く現代では、「交換（国際経済）」、軍事、外交（国際政治）などの視点が重要になります。

本書では、

①穀物の偏在と循環が商業民を必要とした古代メソポタミア
②ユーラシアで騎馬遊牧帝国が競いあった時期に、砂漠、草原、都市を結び付けてユーラシア規模の商業を展開したムスリム商人
③大西洋にプランテーションなどの資本主義経済の仕組みを作りあげたヨーロッパ商人
④資本主義経済を「世界」に定着させたオランダ商業とイギリス商業
⑤「産業革命」後に大量生産される工業製品を宣伝・広告、流通により循環させた都市の商業、商業から派生してカネの循環の仕組みを作った金融業
⑥新大陸にヨーロッパ的経済の仕組みを作ったアメリカ商人、ポンド・ドルにより世界経済を一体化したユダヤ商人
⑦鉄道・蒸気船・電信による一九世紀のヨーロッパ商業、二〇世紀にジェット機、コンテナ輸送により大規模化された国際商業
⑧現在のＧＡＦＡ、アリババなど、地球規模のネットワークにより世界経済を動かすインターネット商業

などの歩みをつなげて、一貫して世界の歴史を概観することを目的にしています。従来のように農業社会から工業社会への転換というような単純な枠組みではなく、商業民が生み出した多様な「商業空間」の結合による「世界の膨張過程」を主軸に据えると、世界史を一貫した過程として読み解くことが可能になります。

古代から現在に至る長い過程で複雑な「ヒトとモノの結び付き」をつくりあげ、「世界の膨張」の担い手として活躍してきた商業民と商人資本主義は、一貫して世界史をリードしています。「交換」を基盤に据える「商業史観」は、世界史に多くの新たな可能性を提供してくれる見方ではないかと考えます。

第1章　帝国の出現を準備した商業民

1　西アジアの農業民・牧畜民・商業民と「ムギの循環」

◉部族を結びつける商業民のコミュニケーション技術

わたしたちの世界は、資本主義の巨大な転換期にあります。ちょっと大風呂敷になりますが、文明が誕生してから五〇〇〇年間を資本主義の歩みとして考えてみることも必要になっています。多くの説があって、考えてみてもなかなか結論は得られないのですが、とりあえず資本主義を「差異の発見、創造、活用を通じて利潤を獲得・蓄積するシステム」と規定すれば、古代の商人資本主義がその出発点になります。では商業民がなぜ出現し、資本主義を創始したのでしょう。背景には、メソポタミアの乾燥と欠乏がありました。そこからすべてが、始まったのです。

乾燥が厳しいメソポタミアは、「水」を使って穀物を生産する農業民の周囲に、充分な「水」を得られない牧畜民が、堅い草を反芻する能力を持つヤギ、ヒツジ、ウシなどの偶蹄類の家畜を飼って生活する特殊な地域でした。牧畜民は、農業民のムギに依存していたのです。

そこに、商業民の活躍の場が生まれました。商人は、閉鎖的な部族を結び付け、ムギが集積される地域と牧畜民の間の穀物の循環を担います。西アジアでは構造的に商業民が必要で、商業民が行うムギと家畜・畜産品・毛皮などの「交換」が広域社会の基礎となりました。

商業民（牧畜民から出ることが多かった）は、地中海から西アジア、中央アジアに至る広大な地域で、「地域的・時間的な差異を活用して利潤を得る」商人資本主義により、農業民と牧畜民を結ぶ市場（ネットワーク）をつくりあげていきます。しかし、閉鎖的な部族には贈与と返礼の体系（「互酬関係」）があり、商業民はその壁を崩していかなければなりませんでした。そうした行動の前提になったのが、コミュニケーション技術の開発です。商業民は、笑顔と信頼、共通の言葉、簡単な商人文字（アルファベット）、貨幣などの手段を進化させることで、農業部族と牧畜部族をつなぐ役割を果たしたのです。

商業民は日常的な「交換」を積み重ねて異質な地域を結び付け、何代にもわたって商業ネットワークを成長させていきました。誰の目にも商業民が築いた市場の全体像は見えないのですが、長い積み重ねで分散的な地方市場がつながり、「不可視の王国」へと成長していったのです。

そうした組織は有力な部族が他の部族を軍事力で統合した王朝の支配・保護（「再分配」）と異なり、「互酬関係」を掘り崩しながら、日常の生活に組み込まれていく地味な結合関係でした。

◉遠隔地商業による文明世界の拡大

外部から砂漠に流れ込む大河の流域の灌漑農業にたよる穀倉地帯では、ムギは大量に生産されたものの、宮殿、神殿の建築に必要な木材、青銅器の原料の銅・錫、灯油、香料、食糧油、装飾品などは慢性的に不足する状態にありました。メソポタミアでは、日干しレンガによる家屋、都市づくりだけではなく、文字を書くのも粘土板であり、社会の骨格が「粘土」でつくられていました。人までもが神により粘土で作られ、死ぬと土に戻るとされていたのです。そうした物資の欠乏状態が「商人資本主義の母」になったのです。

文明の誕生期にはすでに青銅器が出現していますが、長い間、青銅器の生産に必要な「錫」の産地はパミール高原の麓のザラフシャン川流域に限られており、前五世紀にフェニキア商人が北ヨーロッパの錫をジブラルタル海峡を通じてもたらすようになったことで初めて供給が安定しました。

王朝の支配層は珍奇な品で身を飾り、雅な宴会を開いて、自分を他者と「差別化」することにより権力者としてのメンツを保ちました。人は孔雀のように自前の羽根で身を飾れませんので、権威を演出する豪華なモノ（贅沢品）を商業民に調達させたのです。権威や権力は、視覚化される必要があったのです。古代でも「人は見た目が一番」だったのです。

そうした支配層の期待と要請を受け、遠隔地商業が盛んになりました。商人資本主義にとって、値段が高ければ高いほど歓迎される贅沢品の取引は理想的だったのです。遠隔地商人は日常的な市場の周辺に、目の粗い広域商業圏を作り上げていきます。たとえば、メソポタミアで歓迎された青い貴石のラピスラズリの産地はアフガニスタン、静電気を帯びやすいことで珍重された琥珀はバルト海、香料として珍重された乳香は東アフリカとアラビア半島南部、中国で珍重された玉は中央アジアといった具合です。

◉ユーラシアの「臍」から三方に進出したソグド商人

広域で活動する国際商業民も登場しました。それがシルクロードという商業ルートを開発したソグド人です。

雪解け水を利用してパミール高原、テンシャン山脈などの裾野に沿って転々と形成されたオアシスをつなぐかたちで、ソグド人は砂漠の縁に広域商業のネットワークをつくりあげ、それをユーラシアの東・西を結ぶシルクロード（絹の道）へと成長させました。

西アジアと中央アジアを分けるアム川、大草原の「遊牧世界」との接点に位置するシル川に挟まれた地域がソグディアナ（ソグド地方）です。この地域は、ギリシア語で「トランス・オクシアナ」、アラビア語で「マー・ワラー・アンナフル」と呼ばれましたが、いずれも西アジアから見た呼び方で、「川向こうの土地」の意味になります。

ソグディアナは、東方のパミール高原から流れ出すザラフシャン川（砂漠に消える尻無川）の流域の商業民（ソグド商人）の活動の拠点でした。狭義のソグディアナはサマルカンド、ブハラなどの都市がある大オアシスで、この地方出身のソグド商人が西アジア、インド、中国の主要な三地域を結び付けたのです。

ソグド商人は、①イラン高原のホラーサン地方を経由してメソポタミアと、②ヒンドゥクシー山脈をへて北インドと、③シル川をへて大草原の遊牧世界と、④タリム盆地周辺のテンシャン山脈、クンルン山脈の麓を経て中国の大農業地帯と、というようにユーラシアの乾燥地帯の多くの地域を結びつける商業で活躍しました。

シルクロードは、商業の中心がインド洋・南シナ海に移る八世紀から九世紀までは、ユーラシアの大乾燥地帯の動脈として機能し続けたのです。

2 商業の本質はネットワークづくり

◉「旅」が商業民の活動の基本

商業民の基本的な活動は「旅」でした。商業民は円滑にムギを循環させることで、広い地域の秩序の維持を担ったのです。異なる部族を結び付けるには、信頼の獲得、言葉・文字を共有することが必要になります。商人が時間をかけて作り上げたヒトとモノの結び付き（市場）を「不可視の王国」と呼んでも、決してオーバーな表現ではないと思います。

今までの歴史学では「生産」「分配」に基づいて一定の区域の歴史を考察するのが主流でしたが、柄谷行人氏は『世界史の構造』で世界史を、①共同体（互酬：贈与と返礼）、②国家（略取と再分配：支配と保護）、③資本（商品交換：貨幣と商品）の三つの交換様式により把握しています。

「生産」と「分配」に片寄り、「世界空間」を膨張させる「交換」を軽視したことが、農業社会の工業社会への発展を軸とする素朴な歴史理解につながりました。しかしそうした理解は同質性を持つ地域にしか適応できず、そうした「部分」をいくら集めても「世界」全体の変化の過程は見えてきません。交換の拡大による社会の「膨張」を切り口にして、世界史のビッグ・ピクチャーを描き出すことが必要になります。

商業民による交換は、①シルクロードの時代から②インド洋貿易、③大西洋の三角貿易の時代、④三次の産業革命を経て現在のインターネット経済に至るまで、規模と空間を拡大してきました。その過程で農業社会から工業社会への転換が起こり、諸々の政治変動も起こったのです。

商業民が商品を高く売るには、商品の違い、効能などの「宣伝」が欠かせませんでした。商人資本主義の本質のかなりの部分は広告・宣伝にあります。商業業民は誠実そうに、そしてさりげなく商品のイメージを高めることに努めたのです。商人資本主義は、宣伝と手をとりあって成長を遂げたといえます。産業革命後の工業社会になると、大量に生産される商品への購買意欲を増進するための宣伝、商品と消費者を結び付ける流通が、ますます重要になりました。地球規模での生産が進むと、新聞、ラジオ、TV、インターネットというように大量宣伝の技術が成長していきます。

現在はインターネット経済の時代ですが、巨大企業のGAFA（グーグル、アップル、フェイスブック、アマゾン）は宣伝を主たる収入源にするサービス、金融、商業を地球規模で展開し、古代の商人資本主義を発展的に蘇らせています。ですから古代から現在に至る歴史を、商人資本主義により一貫して描くことも可能なのです。

その際には「国家」「帝国」「世界」などをネットワークとして把握する視点が前提になります。古代の商業民が活躍したのは、共通の言葉、簡単な商人文字、貨幣などによる日常的な生活空間でした。すべては素朴なネットワークから始まったのです。

◉広域言語と商人文字（アルファベット）

現在の言語や文字の大部分は、商人が簡単な広域言語、文字を育てたことから始まりました。シリアのアラム人、レバノンのフェニキア人などの商業民は、多くの部族との取引を拡大するためにエジプトの象形文字、メソポタミアの楔形文字などを借りてきて簡易化し、使い勝手のよいアルファベットを作りあげることで商人世界を拡大しました。

シリアのダマスクスを中心に砂漠の商業で活躍したアラム人のアラム文字、シルクロードで活躍したソグド人のソグド文字、レバノンのフェニキア人のフェニキア文字、エーゲ海周辺のギリシア文字などが、代表的な商人文字です。

周辺の民は苦労して独自の文字と知の体系を作り出すよりも、すでに体系化されている商人文字、文明を取り入れたほうが簡単でした。インド・ヨーロッパ系のペルシア人はアラム人、ギリシア人はフェニキア人の文字を借用します。

それでわかるように、現在世界で使われているほとんどの文字は、商人文字から枝分かれしています。世界の諸文字のルーツは、漢字、アーリア人により作られたインドのブラーフミー文字（前四世紀のアショーカ王の時代に用いられた、系統不明）、メソポタミアの楔形文字、エジプトの象形文字に求められるのです。

商業民の交換ネットワーク（市場）は、部族社会から見れば外部的存在だったのですが、王朝・

帝国はそれを統治の血管・神経として利用しました。市場は各地の部族の上に乗っかった人工的なものであり、各地の取引慣行、地理的情報・知識などにより支えられていました。

◉「数えること」が楔形文字の起源

エジプトの象形文字や漢字は宗教文字・政治文字なのですが、今はそうした繁雑な文字は官僚制が強力だった中華帝国とその周辺地域にしか残っていません。漢字には五万数千の文字がありますから、官僚文字として少数の人たちの間で生き残るしかなかったのです。

それに対してメソポタミアの楔形文字は、湿らせた粘土板が乾く前に文字を刻み込みましたので繁雑にはなりえませんでした。また、文字の起源そのものも他の文字とは別系統で、経済に起源があるとする説が有力です。

都市国家が分立するメソポタミアでは、住民は都市の守護神の臣民とされ、神殿に奉仕することにより宇宙と自然の秩序にかかわると考えられていました。ユーフラテス川下流域のウルクやウルなどの諸都市では畑が「都市の守護神の所有物」とされ、ムギは神殿の倉庫に保管されたのです。

神殿が保管した穀物・家畜を「数え」、記録する目的で利用されたのが、円錐形などの多様な形をした直径一センチくらいの粘土製のトークン（token しるし・証拠品の意味）でした。人間の記憶は曖昧ですから、大量の物資を管理するにはトークンが必要になったのです。

一九七〇年代にフランスの考古学者デニス・シュマント・ベッセラは、『文字はこうして生まれた』という著作で、トークンから楔形文字が生まれたとする仮説を提示しました。トークンは、神殿の穀物、家畜を計算するための一種の記号だったのではないかと推測したのです。「数えること」が商業の基礎技術であり、計算の道具として用いられたのがトークンであるとする説です。

前三一〇〇年頃、ユーフラテス川中流域のウルクで、メソポタミア最古の文字が誕生したのはほぼ定説です。ベッセラは、ウルクは、ナイル流域、イラン高原に至る大規模なネットワークを持つ経済都市でした。そのウルクでトークンが柔らかい粘土に型押しされることで「記号」に変わり、そこから絵文字、さらには楔形文字が誕生したのであろうと推測したのです。文字がモノの管理手段から取引手段へと、機能を拡大したという説です。

前二五〇〇年頃になると、メソポタミアで使われる楔形文字の数は約六〇〇字程度に整理されて利便性が増しました。メソポタミアからは粘土板（クレイ・タブレット）に楔形文字で刻まれた経済文書が約五〇万枚も出土していると言われますが、その八割以上が神殿のムギの在庫管理の文書、売買に関わる経済文書であるといわれます。

3　商人がつくった貨幣とその進化

◉共同体のよそ者だった商人

穀物の交換には、不特定の人たちとの間での交換が必要でした。そこで、誰とでも簡単・安全に交換するための道具として発明されたのが貨幣です。貨幣がない時代の交換ではまず交換相手を見つけなければならず、部族の慣行も優先されたのですが、貨幣を使うとそうした束縛から抜け出すことが容易になりました。貨幣が、ドライな交換を可能にさせたのです。
貨幣は人と人が濃密に結び付いている部族の外《そと》に、市場（ネットワークの意味）を創り出すことを可能にしました。特にムギを生産できない牧畜民にとっては、いつでも穀物と交換できる貨幣はありがたい存在だったのです。

牧畜民が作ったアッカド朝（前二三五〇頃～前二一五〇頃）以後の諸王朝は、砂漠、草原を旅する商人を保護するようになります。

商業民は、閉鎖的な部族（共同体）の外の存在でしたから、富裕になるチャンスに恵まれました。しかしいかに多くの富を蓄えても、商人はあくまでも共同体の外に置かれ、生活が制限されました。たとえばギリシアのアテネでは最も金持ちはなんと言っても居留外国人（メトイコイ）でしたが、彼らは部族の成員とはみなされず、土地・家屋の所有、馬を持つこと、宴会を開くことが許されませんでした。

貨幣の成り立ちを説明する説に、商品貨幣説と信用貨幣説があります。前者は、物々交換の積み重ねのなかで貴金属がその価値を認められるようになって貨幣になったとする説であり、後者は、国により価値を保障されたモノが万能の「引換証」としての信用を獲得して貨幣になったとする説です。

メソポタミアの貨幣の素材は、銀という貴金属に収斂していきました。商業民は、トルコからイランに至る山岳地帯から掘り出された銀の地金を運び出し、最初は「一定の重さ」ごとに袋に詰めるなどして貨幣とされましたが、やがて標準化されて約八・三グラムの「シケル」が貨幣の基礎になりました。

ちなみに文明の誕生期には、金よりも銀の価値のほうが高かったとされます。金が砂金などの形で直接得られたのに対して、銀は精錬が必要だったからです。それにもかかわらず銀が貨幣の素材に選ばれたのは、神秘的な金属だったことによります。金が「太陽」になぞらえられたのに対し、銀は「月」になぞらえられました。メソポタミアでは、その月の満ち欠けにより「時」の経過が測られました。満ち欠けのある「月」(天空の大時計)は、「東」「西」の位置の基準にすぎない太陽よりもずっと神秘的な存在だったのです。モノとモノ、人と人の間を移ろう銀を「交換のシンボル」とみなす見方が、多くの人々に共有されていきました。

◉「ハル」という初期の貨幣

貨幣にとって大切なのは「使い勝手の良さ」です。何でもそうですが、「簡単・便利」が第一なのです。商業民も銀地金を加工して「使いやすい」貨幣を作りだしていきます。

牧畜系のアッカド人が全メソポタミアを統合したアッカド朝(前二三三四〜前二一五四)では、持ち運びが便利な「ハル」と総称される秤量貨幣(重さで取引される貨幣)が使われるようになりました。

商人は日常的に「旅」をしますから、携行しやすい銀が必要になったのです。「ハル」は簡単に切り分けられるように螺旋状に作られた細い棒状銀(スパイラル・コイル)で、必要に応じて折って使われました。また同一規格の大・小の銀製のリングも造られ、それも「ハル」と呼ばれました。

ウルの軍司令官が建国したウル第三王朝（前二一一二〜二〇〇四）の時代になると、銀地金の重さで諸商品の価値が表示され、銀により「モノの輪」がつくりあげられるようになります。銀が広く浸透すると、「銀」自体が高い価値を持つという錯覚（貨幣錯覚）も広がるようになりました。銀は価値のあるものと錯覚されたことから蓄財の手段になり、銀を貸し付けて利子をとることも行われるようになります。

◉物々交換が長期間続いたエジプト

東・西の砂漠と北の地中海に囲まれたエジプトは農業社会で牧畜民が少ないため、物々交換が長く続きました。ファラオや外部の商業民による遠隔地商業は行われましたが、貨幣の発達は見られなかったのです。ギリシアの歴史家ヘロドトス（五世紀、生没年不詳）が『歴史』で「エジプトはナイルの賜物」と指摘したように、ナイル川の穏やかな周期的洪水がエジプトに豊かな収穫をもたらしましたが、逆にそれがエジプト内部の商業の発達を阻害しました。互いにモノの価値を知っていますから、モノそのものの交換が長期間持続したのです。

ナイル川上流のヌビア地方（古代エジプト語で「金」を意味する「ヌブ」に由来）は、古代における世界有数の金の産地でした。紀元前四〇〇〇年から紀元前後にかけて世界の「金」の約九割にあたる、年に約一トンもの金がヌビアからエジプトに流入したとされています。しかしエジプトでは「金」はもっぱら棒金として官僚に管理され、ファラオを神々しく飾り立てるために「権威財」として利用されました。物々交換が一般的で、貨幣が普及していなかったからです。エジプトの主神の太陽神ラーは、金の子牛の姿で産まれ、二隻の黄金の船を乗り換えて天空を渡るとされていましたから、「太陽神ラーの子」のファラオも黄金の肉体を持つとみなされました。金は、宗教的金属にとどまり続けたのです。

そうしたことからファラオは、自分の名前を刻んだ棒金として「金」を管理させ、身のまわりの道具を作らせました。エジプトの王の墓が大量の「金」で満たされていたのは、そのためです。

三〇〇〇年の間盗掘を受けなかった、新王国時代の一九歳で亡くなった王ツタンカーメン（前一四世紀）の墓からは、黄金のマスク、黄金の玉座など約一一〇キロもの金製品が出土して世界を驚かせました。農民と牧畜民の混住が見られなかったエジプトでは、メソポタミアとは異なり商業と貨幣の発達が大幅に遅れたことが、金の使われ方からわかります。

4　ハンムラビ法典が語る商業的社会

◉「目には銀、歯にも銀」

前一八世紀頃に作成されたハンムラビ法典には、社会に銀が浸透した状況が見てとれます。牧畜民のアムル人（「西方の人」の意味）がシュメール人を征服して建てたバビロン第一王朝（前一八三〇〜前一五三〇）の第六代王ハンムラビ（在前一七九二〜前一七五〇頃）が制定したのが、「目には目を、歯には歯を」の同害復讐の原則で有名なハンムラビ法典です。

イラン西南部のスサで発見された高さ二メートルあまりの玄武岩に掘られた法典は、現在ルーヴル美術館に収蔵されています。教科書などでもおなじみですが、法典は銀地金が貨幣として浸透していたことを物語る史料でもあります。法典は、部族間の私闘を抑えるために同害復讐の原則により王朝が処罰を代行したことにより知られていますが、半自由民と奴隷については銀地金の支払いでケリがつきました。

「目には目を」の第一九八条は有名です。しかし、自由人が半自由人の目を潰したり、骨を折ったりした場合には、銀一マナ（六〇シケル、約五〇〇グラムの銀地金）を支払えばよいとされました。同害復讐は部族の間の私闘を回避させるルールなのですが自由人の間に限定され、半自由民については銀の支払いで済まされたのです。

外科医の手術に関する規定は、もっとわかりやすくなります。これも同害復讐で、外科医が自由人の重い傷を治して命を救ったり、目の腫れ物を治したときの成功報酬は銀一〇シケルでしたが、半自由人の報酬は半額の銀五シケル、奴隷の場合には主人が銀二シケルを支払うと定められています。しかし、問題はその先の医師と患者の同害復讐にあります。つまり自由人を死なせたときには外科医の指が切り落とされると規定され、奴隷の場合には同額の奴隷を賠償すればよいとされたのです。厳格に患者との間で同害復讐の原則が徹底されると、手術に失敗した外科医は手を切り落とされますから、たちまち外科医が底をついてしまいます。やはり銀で補う必要が生じたのでしょう。

第二七四条では、大工、印章の彫師というような職人の一日の労賃の、銀による基準が決められています。古代の「同一賃金」といったところです。また人が強盗にあって命を落としたときには、強盗犯が逮捕されていなくとも、被害者の遺族に銀一マナ（六〇シケル）を支払うことが規定されました。被害者への保障が、王朝が治安維持を怠ったことに対する対価として規定されていたのです。

また法典には、財産権も明記されていました。所有権の移転には粘土板による契約書が必要とされ、契約書なしに所有権を移動させると受け取った側が盗っ人として処罰されました。法典には、商業民の発想がとりこまれていたのです。

◉商人による過度の利子取得は部族社会を脅かす

強者による弱者の扶助が基本の部族社会では、貨幣を貸し付けて利子を取る行為は軽蔑されました。部族社会の貸し借りは「金融」の発想とは全く異なって、贈与と返礼だったのです。しかし生活が厳しい乾燥社会では、借財、借金は日常茶飯事でした。それがなければ生活が維持できなかったのです。

そこで、商人資本主義から金貸し資本が分離していきます。ムギや銀を貸して利子を取る仕事は、家畜を飼って子を増やす行為と同じとされ、「金融」が合理化されました。考えてみれば、商人資本主義から枝分かれした「金融」も、時の経過のなかで行われる価値の「交換」と見なせます。金融は、カネが人間に代わって時間のなかで働く仕組みとして説明されました。

それに対して部族社会に片足を置くギリシアの哲学者アリストテレス（前三八五～前三二二）は、『政治学』で「貨幣が貨幣を生むことは自然に反している」と述べて批判しています。共同体の秩序の維持を第一に考えるキリスト教、イスラーム教も、利子の取得を禁止しました。

ハンムラビ法典では、第八九条が貸し付け利子の制限を規定した条項ですが、民衆の窮乏を防ぐためにムギの貸し付け利子を三三パーセント、銀の貸し付け利子を二〇パーセントに制限しています。それ以上の利子を取り立てた者の財産は没収されました。しかし別の部分では、借金の取り立てに対する次のような厳しい規定がなされています。

①賃借人が義務を履行しないときには負債牢獄につながれ、債権者の奴隷として奉仕しなければならない。

②借金のカタとして引き渡された正妻および子は三年だけしか債権者の家で働く義務がなく、四年目には解放される。

◉「商人の埠頭」から巡回する小商人

ハンムラビ王の時代には「穀物の循環」の機能を商人が担いました。法典の第九九条から第一〇四条の規定は、バビロン第一王朝で都市の「タムカルム」（カルムはアッカド語で「埠頭」の意味）という大商人が特権的な商業組合を組織し、配下の小商人に各地を巡回させて手広く商売をやらせていたようすを明らかにしています。

タムカルムに雇われて各地に派遣された小商人は穀物などを販売し、日々の報酬で生活していました。彼らは資金と商品の出入りを記録し、大商人に報告することを義務づけられており、取引相手に領収書を交付する義務を負っていました。大商人が組織した商人のネットワークが、農民と牧畜民と商業民からなる王朝の秩序を維持するために動員されていたのです。

『ハンムラビ法典』では、小商人が義務を果たさない場合には大商人から託された資金の二倍の額を賠償しなければならないと規定されています。損害が生じた場合、大商人は小商人に賠償を請求しますが、盗賊に略奪されたことが立証された場合には賠償が軽減されました。都市の商人が、網の目状に牧畜民の部族との結び付きを築いていたのです。

「ハンムラビ法典」の第九九条から第一〇七条の規定で、王が特権を与えた商務官が代理人に銀地金を貸し与え、商業を行わせていたことも明らかです。王朝の官僚も商人を組織して、公的交換にあたらせていたようです。

5　西アジアと地中海を結んだ商業民

◉シリア商人とレバノン商人

地中海は植物が育つ夏の降水量が少なく、西アジアと同じく乾燥地帯に属していました。アテネの年間降水量は、約四〇〇ミリにすぎませんから、西アジアの草原と同じです（砂漠は年間降水量二五〇ミリ以下、草原は五〇〇ミリ以下）。

西アジアでも地中海でも、広域商業には、砂漠、草原、荒れ地、海などの人口が稀薄な空間を越えることが必要でした。砂漠や海には当然に王朝の規制がほとんどおよびませんから、冒険商人の集団の活動の場になりました。商人たちは、政治的・地理的情報や商品情報を共有し、相互に助けあいながら商業ルートを伸ばし、「不可視の王国（市場）」を育てました。先に述べたように商業民の活動の基本は「旅」です。

商人は、川や砂漠・草原、海により部族とモノを結び付け、商業ネットワークを拡大します。メソポタミアの商業は、チグリス川、ユーフラテス川とトルコをつなぐ「川の道」、メソポタミアと地中海、アラビア半島南部を結ぶ「砂漠の道」、インダス川に至る道を中心に拡大しました。

北アフリカから西アジアの砂漠地帯では、ラクダによる商品輸送が盛んになりました。地中海、トルコ南部、メソポタミアを結ぶシリア砂漠では、気温が極端に上がる夏場を避けて、年に三回から四回のペースでラクダによる輸送（キャラバン）が行われました。地中海とトルコの鉱産地帯、メソポタミアをつなぐ砂漠の商業民の代表は、シリアの都市ダマスクスを拠点とするアラム人でした。

前一一〇〇年頃にアラム人（アラビア半島から移住したセム系遊牧民）の都市ダマスクスは、三七〇平方キロの大オアシスをもつバラダ川につながる運河と陸路を使って幅広い商業を行い、大ネットワークを築いていきます。

シリアは前八世紀に、メソポタミアを統一した新バビロニア（前六二五～前五三九）、次いで「世界帝国」のペルシア帝国の支配下に入りましたが、新バビロニアの首都バビロンでも、ペルシア帝国の首都スサでも、アラム商人が流通を支配しました。ペルシア帝国では、アラム語が国際語、公用語になります。

シリアとつながる東地中海の沿岸地域（レバノン）のフェニキア人が、地中海商業を支配しました。地中海は西アジアと同じ乾燥地帯で、夏は地中海性の気候により無風の好天が続きましたから、フェニキア人による海上交易が盛んになりました。

フェニキア人は、前八世紀にギリシア人が台頭するまでの約三世紀間に、東地中海商業の主導権を築きます。ギリシア人がペルシア帝国と結ぶフェニキア人からの商業覇権を奪取するには、アレクサンドロスの東方遠征（前三三四～前三二三）、ローマと共同してのポエニ戦争（前二六四～前一四六）が必要だったのです。シリアとレバノンを中心とする地中海沿岸地方が果たした商業上の役割は、以下のような事柄から想像できます。

①シリア・レバノンに隣接するカナーンの商業民ユダヤ人が諸地域の文明（ゾロアスター教の「最後の審判」、メソポタミアの同害復讐法など）を複合した一神教（ユダヤ教）から、世界の三大宗教のうちのキリスト教、イスラーム教が生まれたこと。三つの宗教の信徒の数は世界人口の五五パーセント以上におよんでいます。

②シリア・東地中海の商業民アラム人、フェニキア人のアルファベットがヨーロッパ、西アジア、中央アジアの諸文字のもとになっていること。

③最初のコインがシリアの周縁の鉱産地域、トルコ半島西部で考案されたこと。

◉ディアスポラによるユダヤ商人の拡散と商人ネットワークの拡大

商業民には中心となる都市・地域があるのが普通でしたが、特定の土地には縛られず、ネットワーク上で活動する商業民も出現しました。西アジアではユダヤ人、中国では華北から江南に移住した「客家《はっか》」、海外に移住した華僑などが、ネットワーク上で活躍した商業民として有名です。

もともとはユーフラテス川の東の牧畜民だったユダヤ人（ヘブライ人、ヘブライは「川の向こうから来た人」の意味）は、エジプトに最も近いカナーン（現パレスチナ）に移住して商業民となりましたが、前六世紀末、新バビロニアのバビロン捕囚（貴族から平民までの強制移住）による苦難の時代に多くの預言者が現れ、ヤーヴェを民族神とするユダヤ教が成立しました。後にペルシア帝国が新バビロニアを倒すと「捕囚」が解かれますが、ユダヤ商人の大部分はパレスチナには戻らず商都バビロンにとどまりました。商業民の面目躍如です。

その後、地中海でローマが台頭すると、その軍事支配に抵抗するユダヤ人に対して、ローマ軍はイェルサレムのユダヤ教の神殿を破壊し、カナーンからの移住を強要することで対抗しました。そうしたユダヤ人が故郷を奪われて散り散りになった出来事をディアスポラ（「離散」の意味のギリシア語）と言います。カナーン（現在のパレスチナ）から引き離されたユダヤ人は亡国の民となりますが、それはユダヤ人が国際商業民（純然たるネットワークの民）に転身したことを意味しました。

地中海、西アジアに移住したユダヤ人は各地に居留地を作り、ネットワーク型の商業民として生き延びます。領域を持つ王朝と違いネットワークの消長はほとんど記録に残りませんから、ディアスポラ後のユダヤ人の全体像は不詳です。ただ当時のユダヤ人は、地中海人口の一割を占めるほどの大民族だったといいますから、地中海、西アジアの商業でかなり大きな位置を占めていたことが推測されます。

ドイツの経済学者ゾンバルト（一八六三〜一九四一）は、「彼らはディアスポラ（離散）以後すべての世紀を通じて、分散にもかかわらず（律法が彼らをしばる強力な紐帯によって）いやそればかりか分散のおかげで隔離されたまま生活してきた。隔離されたがために結束したともいえるが、むしろ、結束したがために、分散したといったほうがいいであろう」と、ディアスポラにより逆にユダヤ人の結束が強まったことを指摘しています。

ユダヤ商人は、広域ネットワークと蓄積された貨幣、知識・情報・コネ、商業技術を武器にして、広域商人・金貸しとして資本主義を広めました。ゾンバルトは、ユダヤ経済が近代資本主義の土台になっていると考えています。ユダヤ教の『旧約聖書』はキリスト教やイスラーム教とは異なり、外部の人々から利子を取ることを認めていました。

6　コインの出現による商業の膨張

◉高まる貨幣の機能性と市場の爆発

今から約二七〇〇年前、シリアの北に位置する鉱産地帯のトルコ（アナトリア）南西部で、王が発行する使い勝手のよい「コイン」が誕生しました。

コインの成立以前の貨幣は秤量貨幣（重さで取引する銀地金）で、重さにより価値が計られたのですが（「商品貨幣」）、それが今度は王が価値を保証する刻印を刻んだ「国家貨幣」に変わったのです。コインは王が価値を保証した貨幣ですから、「信用貨幣」とも言えます。

王がコインに押した刻印による銀の品質保証は、貨幣の価値そのものを保証するという風に読み替えられます。従来の銀地金は取引の度に「純度」「重さ」を量らなければならなかったのですが、コインはそれを不用にしました。そこで、商業が爆発的に規模を拡大することになります（コイン革命）。コインが貨幣の等質性を保証し、流通範囲を拡大させたからです。商人はコインの発行で貨幣の発行権を王に奪われましたが、商取引の規模が圧倒的に拡大したことで、喪失した以上の利益を取り返しました。

交換の飛躍的増加は、王を中心とするコイン圏を成長させていきます。このコイン圏が巨大市場となり、後の王朝・帝国の土台になりました。また交換規模の拡大がビジネス・チャンスを増大させ、商人資本主義の成長につながります。

◉世界初のコインの誕生

先に述べたように、トルコ南部の山岳地帯は西アジアの代表的な金、銀、銅の産地であり、ユーフラテス川を下ってメソポタミアの中心部に送られていました。前七世紀の終わり頃に、トルコ南西部のリディア（前七世紀～前五四六）の王ギュゲスが、エレクトロン貨幣を発行します。しかし、この貨幣は、合理性を欠いており、あまり流通しませんでした。というのは、素材にされたのが「エレクトラム」（ホワイトゴールド、琥珀金）という、大体「金」二に対し「銀」が一程度が混ざった自然合金だったからです。自然合金ですから、金と銀の比率が一定しません。そのような貴金属が価値の基準として不適切なことは自明です。

それならば何故、エレクトラムがコインの素材として選ばれたのでしょうか。多分「太陽」と「月」を兼ね備える金属というような宗教的な意味づけがあったと思われます。

エレクトロン貨幣誕生の時期は、メソポタミアの銀経済とエジプトの金経済が影響しあう時期にあたっていますから、金と銀の上に立つ金属としてエレクトラムが選ばれたのではないかと思われます。エレクトロン貨幣は、王が臣下に与えるメダル、勲章として用いられたのであろうと考えられています。次いで、王アリュアッテス二世（前六一九〜前五六〇）が、自身の紋章のライオン、品質を保証し偽造を防止するための刻印を付したコインを発行します。王の権威による、価値の保証です。

◉コインの発行権を失っても商人が損をしなかった理由

コインを金貨、銀貨という優れた交換の道具に変えたのが、三五歳で王位についた次王クロイソス（前五六〇／五六一〜五四七頃）でした。

彼はエレクトラムを金、銀に分離して、金貨・銀貨を造っただけなのですが、価値が安定した金貨、銀貨の出現により初めて、コインを循環させる安定したシステムが出現したのです。

クロイソスは金と銀の地金をそれぞれ「コイン」に加工し、紋章のライオンと雄牛の半身を刻み、裏側に価値を保証する長方形の窪みをつくりコインの重さと品位を保証しました。コインの出現は、取引ごとに試金石で金や銀の地金の純度を調べ、秤で重さを量る手間を不要にし、「枚数」を数えるだけのスムーズな交換を保証しました。

そうした簡単に使えるコインは商人たちに重宝され、王は莫大な利益（発行益）を手にします。貨幣発行益、貨幣発行特権はヨーロッパでは、領主の特権の意味で「シニョリッジ」と呼び習わされていきます。

多くのコインを流通させたリディア王クロイソスは、大金持ちになりました。大富豪の噂が広まり、ペルシア語やギリシア語で、「クロイソス」が普通名詞の「富者」の意味に使われたほどです。現在の英語でもクロイソスは「大金持ち」の代名詞になっています。

ギリシアの歴史家ヘロドトスの『歴史』には、エーゲ海の東岸のギリシア都市の大部分を支配していた富豪の王クロイソスを、アテネの賢人ソロン（前六三九頃〜前五五九）が訪れた際の会話が収められています。

巨万の富を手にしたクロイソスは、「富者である自分は世界一の幸福者」と誇ったのですが、ソロンは「金よりも大切なものがある。一生今の幸福が続くとは限らないよ」と水を差します。クロイソスはソロンの話をくだらないとして聞き流しますが、後にクロイソスは猪狩りの際に誤って息子を刺し殺してしまい、あげくの果てにはペルシア帝国の初代王キュロス二世（前五五〇〜前五二九）に国を滅ぼされてしまいます。程度の差はありますが、どこにでもある話です。人生は、不条理なのです。

クロイソスを生んだ、リディア人の商売好きについてヘロドトスは次のように記しています。

リディアの若い女性はみな売春をし、それによって結婚の持参金を手に入れる。彼らはこの金を自分の身柄とともに、自分で適当と思うようにあとで処分するのだ。リディア人の風俗や習慣は、若い女性のこのような売買を除けば、ギリシア人のそれと本質的には異ならない。彼らは、金、銀を貨幣に鋳造し、小売りに使用したと歴史に記録されている最初の人々である。

◉「貨幣錯覚」から目覚めたミダス王

見栄えの良いコインが普及するなかで、本来モノとモノとの「引換証」にすぎなかったコインを「富」と思い込む錯覚（貨幣錯覚）が、人々の間に広がります。人々が金、銀を財産と勘違いする風潮が生まれたことを、古典派経済学の創始者アダム・スミス（一七二三～九〇）は『国富論』のなかで指摘しています。コインの収集が、富の蓄積と勘違いされるようになっていくのです。

リディアの首都サルデスの近くを流れるバクトラス川に砂金がなぜ多いのかを説明した有名な説話が「ミダス王伝説」ですが、その話は貨幣錯覚の例としてよく引かれます。

話はこうです。ギリシア神話にも登場する、ペシヌスというあまり豊かでない都市の王だったミダスは、偶然に豊饒の神ディオニュソスの養父を救ったことからひとつの願い事を聞き届けられることになります。そこで富に対する劣等感を持っていた王は、触るものすべてを「金」に変える力を与えてくれるように求めました。ディオニュソスは願いを聞き届け、ミダス王はモノを「金」に変える力を手に入れます。

王は、有頂天になって石ころ、小枝などを次々に「金」に変え幸福感に浸りました。しかし、食べようとして手に取ったパン、手を触れた最愛の娘が「金」に変わってしまったことに愕然《がくぜん》とし、自分の愚かさを後悔します。「金」がすべてではないことがわかったのです。ミダス王は動転し、ディオニュソス神に泣きつきました。哀れに思ったディオニュソス神はミダス王にバクトラス川での水浴びを命じ、「金」を作る能力を洗い流させました。そのとき王の「モノを金に変える力」が川に移り、川の砂が砂金に変わったというのが話のオチです。

「金」への執着を恥じたミダス王はその後田舎に引っ込み、田園神パンを崇拝して質素な生活を送りました。ついでに話しますと、パンに心酔したミダスは、主神ゼウスの息子アポロンの竪琴とパンの角笛の演奏争いの際にただひとりだけ頑なにパンを支持し、お前は音楽がわからない愚かな奴だということで、アポロンに耳をロバの耳にされてしまいます。これが『イソップ寓話』の「王様の耳はロバの耳」という話につながります。

◉アリストテレスは商業の術を嫌った

ギリシアの哲学者アリストテレスは『政治学』でミダス王の話を引用し、貨幣は所詮は「交換を容易にするための道具」にすぎないのだが、それがいつの間にか「貨幣錯覚」を起こし、「拝金主義」が広がったとして嘆いています。

アリストテレスは財産獲得の方法を「家政の術」と「商業の術」（貨殖）に分けて、過分の富の蓄積に傾きやすい「商業の術」については批判的でした。彼が考える経済は、部族の成員の欲求に応えるための生産と貯蓄だったと言えます。「経済」を英語でｅｃｏｎｏｍｙと言いますが、その語源はギリシア語のオイコノミア（家政）で、部族、氏族の家計が、経済そのものだった時代の名残です。

貨幣のもうひとつの誤解は、単なる流通の媒介手段にすぎない貨幣が「公正」な道具とみなされたことでした。もともと王国・帝国は「王朝」で、特定の部族が一族の財産を殖《ふ》やすための手段だったのですが、コインを発行・流通させることで、王国・帝国が「公正なシステム」であるかのような錯覚が生み出されたのです。

後にペルシア王やアレクサンドロスがコインに自らの像を刻ませたのも、「公正な秩序の担い手」であることを印象づける狙いがあったと思われます。

第2章　商業帝国だったペルシア帝国とローマ帝国

1　商業とかかわる公路と通貨が帝国の根幹

◉世界史の半分は「世界帝国」に費やされた

都市が出現してから約二五〇〇年たって、商人の「不可視の王国」（商人ネットワーク、市場）が海、砂漠、荒れ地、山岳、草原などの自然の限界にまで広がり、道路網、共通の言語、貨幣、商人文字、多様な人的結合で結び付く大空間が生み出されました。その上にたって成立した政治的構造体が、「帝国」です。

帝国は統治システムが粗く、官僚の数も不足していましたから末端の支配は地方の有力者、部族などに委ねられました。近代以降の国民国家の法に基づく厳格な統治とは異なり中央の目が行き届きませんでしたから、官僚、下級官僚の不正も頻発しました。

帝国の動脈・神経系になったのが、それ以前に商人により形成された道路・水路であることは言うまでもありません。帝国を維持するためのムギの輸送、情報・モノ・ヒトの往来、軍隊の移動などは、そのすべてが道路の保全と駅伝制などのシステムにかかっていたのです。

前六世紀に成立したペルシア帝国（前五五〇～前三三〇）、前一世紀に成立したローマ帝国のような多数の部族、民族を統一的に支配する大国を「世界帝国」と呼びますが、ユーラシア西部のそうした帝国は、商人文字、コインにより維持される商業的帝国でした。

多くの世界帝国が、約二五〇〇年前から二〇世紀まで、ユーラシアで興亡を繰り返していきます。一一世紀に成立した大草原の遊牧民、トルコ人の帝国（セルジューク朝／一〇三八～一一五七）、一三世紀に成立したモンゴル帝国（一二〇六～一三六八）はそれ以前の帝国とは違い、ユーラシアの大草原からでた、広域を支配する騎馬遊牧民の軍事政権でした。モンゴル帝国滅亡後の、オスマン帝国、ムガル帝国、清帝国は、モンゴル帝国の性格を受け継ぐ大帝国です。社会主義を掲げる現在の中国も、清帝国の広大な領土をそっくり引き継いでいます。

なかなか整理が大変なのですが、「ユーラシアの陸の歴史」では帝国が並立した時代が全体の約半分を占めます。アメリカの歴史学者イマニュエル・ウォーラーステイン（一九三〇～二〇一九）は、商人が作り上げた「市場」を基準にして世界を以下のような三段階に整理しました。

①の段階が二五〇〇年間、②の段階が二五〇〇年間、②と③が並行する時代が五〇〇年間ということになります。ただ、現在の国際政治を見ていると、多様なかたちでユーラシアにはいまだに「世界帝国」の残滓が残っているように思われます。

①ミニシステム（mini system）　帝国出現以前。約五〇〇〇年前から
②世界帝国（world empire）　帝国出現以後。約二五〇〇年前から
③世界システム（world-economy、資本主義世界経済、後述）約五〇〇年前から

ウォーラーステインの三類型は、ハンガリーの経済学者カール・ポランニー（一八八六〜一九六四）が説いた、①互酬、②再分配、③交換、という「経済統合」による三つの類型に呼応していると言えます。

エジプト、メソポタミアなどでは、政治権力が灌漑ネットワークを整備して広大な農地を農民に提供し、そこで収穫を得た農民が税を支払うというギブ・アンド・テークの関係が生まれました。それが「互酬」です。広大な地域を支配して「穀物の循環」を内部に抱え込んだ帝国は、互恵、贈与などの関係を解消して、穀倉地帯から得た穀物を牧畜民などに分配する再分配システムを構築しました。大航海時代以後になると「交換」による世界システム（世界資本主義）の時代へと転換します。

ウォーラーステイン（ミニシステム、世界帝国、世界システム）とポランニー（互酬、再分配、交換）の説を組み合わせて世界の変化を整理すると、次のようになります。

①前三〇〇〇年頃　ミニシステム（都市国家の始まり）。「互酬」が基本。
②前五〇〇年頃　世界帝国の始まり。広域での穀物の「再分配」が基本。

③後一五〇〇頃　世界システムの形成へ。海・陸を利用した資本主義。大規模な「交換」が基本。

商業民は、血縁的な部族社会の上に人工的なネットワークを構築していきました。①の段階では部族の外側に商業民の「不可視の王国」を成長させて穀物の循環にあたり、②の段階では商人の「商業インフラと商業活動」を組織的に帝国が取り込み、③の段階では市場が「自立調整的な市場」に成長して、帝国に代わって社会を動かすようになります。

◉商人によるムギとモノの循環をシステム化したペルシア帝国

ハンムラビ法典が制定されてから約一一〇〇年後に、ペルシア帝国（アケメネス朝）が成立します。メディア人が支配するイラン高原南西部パルース（パルサ）地方から勃興したアケメネスという部族が、ダレイオス一世（在位前五二二～前四八六）の下で、東地中海からインダス川流域に至る大空間を支配する「陸の世界帝国」に成長しました。その支配地域は、エジプト、メソポタミア、シリア、中央アジアにおよび、約五〇〇〇万人を支配したと推測されています。

帝国はそれぞれの地域で地理的限界にまでに領域を拡大した王朝であるといえますが、ペルシア帝国（アケメネス朝）は商業民がつくりあげてきた「不可視の王国」を互いに結び付け、体系化した「不可視の帝国」をつくりあげ、その上に乗っかった商業的な帝国とも言えます。「不可視の帝国」の骨格になったのが、商業民が切り開いた道路と「ヒトの結びつき」でした。ペルシア帝国は、各地方（サトラペイアと呼ばれる州に分けられた）の中核都市の道路網を体系的に結んでムギに依存する三つの文明（メソポタミア、エジプト、インダス）を統合しました。

帝国は、ペルシア人とメディア人の貴族をサトラップ（帝国の守護者の意味）として各州に派遣してそれぞれの「不可視の王国」を管理させました。サトラップは地方都市に王宮を模した宮廷を設け、中央を模した統治を行います。ペルシア王は、サトラップを補佐する軍司令官を中央から派遣し、「王の目」「王の耳」という秘密の監察官を派遣することで、サトラップの離反を監視し、ゆるやかに「不可視の帝国」を維持したのです。

ゾロアスター教の最高神アフラ・マズダの代理人と称したペルシア王は、大道路網の建設、統一された統治機構、度量衡・文字の統一、通貨の発行などにより「不可視の帝国」の管理者となり、諸部族の習慣の尊重を土台にして、異質な経済空間を緩やかに結びつけました。ペルシア帝国の出現により、広域で「ムギとモノの循環」が円滑に行われる体制ができあがったわけです。

●商業の広域化が帝国の基礎

ダレイオス一世（在位前五二二〜前四八六）の時期のスサ碑文から、ペルシア帝国の首都のスサに王宮が建設された際に、多くの地方から多様な物資が調達されたことが明らかになります。興味深いので、次に碑文を引用してみましょう。

ヤカー（材）はガンダーラからもたらされたが、またカルマーナ（カルマニア）からも。金はスパルタ（サルディス）からとバークトリ（バクトリア）からもたらされ、ここで加工された。

瑠璃と紅玉髄はここで加工されたが、それは（いずれも）スダク（ソグディアナ）からもたらされた。トルコ石――それはウワーラズミ（コラスミア）からもたらされ、ここで加工された。銀と黒檀はムドラーヤ（エジプト）からもたらされた。城壁が彩色された塗料――それはヤウナ（イオニア）からもたらされた。ここで加工された象牙はクーシャ（エチオピア）からとヒンドゥからとハラウワティ（アラコシア）からもたらされた。（伊藤義教『古代ペルシア』岩波書店）

整理してみると、ガンダーラ、インド、イラン高原、アフガニスタン、シルクロードの中心のソグド地方、トルコ西部、イオニア地方、エジプト、エチオピアなどが、メソポタミアの中心部と結び付いていたことがわかります。

木材――ガンダーラ（現在のパキスタン北西部）
木材――カルマーナ（カルマニア、ケルマーン、イラン中東部）
金――スパルタ（サルディス、トルコ西部）
金――バークトリ（バクトリア、イラン北東部）
瑠璃・紅玉髄――スダナ（ソグディアナ、シルクロードの中心地、ウズベキスタン）
トルコ石――ウワーラズミ（コラスミア、ホラズム、アム川下流）
銀・黒檀――ムドラーヤ（エジプト）
城壁の塗料――ヤウナ（イオニア、トルコ南西部）

イオニアで加工された象牙――クーシャ（エチオピア）
ヒンドゥ　ハラウワティ（アラコシア、アフガニスタン南西部のカンダハール地方）

ドイツの経済史家ユルゲン・コッカも、商人たちが個々に作り出した断片的な市場を複合、集積したのが大帝国であると指摘しています。つまり、「不可視の王国」のネットワークの複合により大帝国の土台となる「不可視の帝国」が出現したと見なしているのです。最初の本格的な帝国のペルシア帝国も、商人の断片的な市場を、モザイク状に組み合わせて帝国という統治システムに取り込んだと言えます。帝国は市場の統合のために、シリア砂漠の商業民アラム人、レバノンの海の商業民フェニキア人などの民間商人を活用しました。ペルシア帝国が重用したアラム商人の言葉と文字が公用語、公用文字となり、ペルシア文字の母体になっていったことが、その証《あかし》になります。

◉商人を助けた「王の道」と駅伝制

ペルシア帝国の商業の中心は、なんと言っても「王の道」を中心とする道路網と駅伝制でした。なかでも中核になったのが、ペルシア帝国の首都スサと東地中海の経済都市サルデス（コインを出現させたリディアの首都）を結ぶ全長約二四〇〇キロにおよぶ治安の良い「王の道」です。道路は約九〇日の行程でしたが、二〇キロから三〇キロの間隔で一一一の宿場（アンガラ）が設けられ、商人、役人に対して便宜が図られました。

都市で起こる反乱から逃れるために、「王の道」は道路が入り組んだ都市を迂回するようになっていました。ペルシア帝国を倒したアレクサンドロスの遠征も、帝国の道路網に沿って行われています。

ペルシア帝国は、ヒトとモノと情報の伝達のスピードを上げるために、馬を乗り継ぐ早馬と駅伝制を整えました。ギリシアの歴史家ヘロドトス（前四八五頃～前四二五頃）は、「王の道」の宿場（アンガラ）を利用した「アンガレイオン」と呼ばれるリレー式の駅伝制度について、次のように記しています。

この世に生をうけたもので、ペルシアの飛脚より早く目的地に達しうるものはない。これはペルシア人独自の考案によるものである。全行程に要する日数と同じ数の馬と人員が各所に配置され、一日の行程に馬一頭、人員ひとりが割りあてられるという。雪も雨も炎暑も暗夜も、飛脚たちが全速で各自分担の区間を疾走し終わるのを妨げることはできない。

早馬により普通だと三か月かかる距離を、ペルシア帝国の飛脚は一週間程度で走破できました。ポリスが分立していて交通が不便だったギリシア世界に比べ、ペルシア帝国での商業は効率が良かったのです。ローマ帝国を創始したアウグストゥス（ディオクレティアヌス、在位前二七～後一四）は、ペルシアの駅伝制を取り入れ、一定の距離で宿場を設け、リレー式に飛脚が文書を引き継ぐクルス・プブリスク（公用旅行）の制を実施しています。

後になると、リレー式に同じ飛脚が宿場ごとに馬、車を乗り継いでいく方式に替わります。各地の宿場、施設の維持は地方の責任とされましたが負担が大きく、四世紀にはシステム全体が「悪疫」として各地で嫌われるようになりました。それが、ローマ商業の衰退の大きな原因になっていきます。

●通貨を造りまくったペルシア帝国

「通貨」と「貨幣」の違いは今では曖昧にされることが多いのですが、意味するところは全く違います。それは、とても大切な違いです。通貨は、国が価値を保障し、国内での流通を強制する政治的な貨幣です。広大な市場をコントロールするために、交換の端末を通貨にした最初の帝国がペルシア帝国でした。

ペルシア帝国は貨幣を統治の武器として、即刻利用しました。コインは、帝国の「通貨」とされて流通が強要されます。通貨が広域のヒトを結ぶ接着剤になったのです。

ギリシアの歴史家ヘロドトスによると、ダレイオス一世（在位前五二二～前四八六）は、帝国の諸領域から年間三六万七〇〇〇キロにもおよぶ銀地金、金地金（少数の州では金を徴収、金も銀で換算）を税として徴収してサルデスに送り、武器を持ってひざまずくダレイオス自身を刻んで、自らの名（ダレイオス）をつけた大量の「帝国通貨」、つまりダレイコス金貨（約八・四グラム）とシグローメディコス銀貨（約五・六グラム）を造りました。ダレイコス金貨は、中央アジア全域、アフリカなどからも広く出土しています。ペルシア帝国の通貨は、地中海からインドに至る経済空間の「血液」として利用されたのです。

王の権威を重んじたペルシア帝国では、金貨は純度九八パーセント、銀貨は純度九〇パーセントに保たれました。金貨一枚は、銀貨二〇枚に換算されたとされます。ペルシア帝国と通貨の関係は、今のアメリカの覇権とドルの関係に類似しています。

2 「乾燥の海」の商業帝国ローマ

◉軍事政権と巧みに提携したギリシア商人

教科書ではギリシア史とローマ史が別々に扱われていますが、ギリシア商人がローマ帝国の形成に大きく関わり、帝国の維持に貢献したことはもう少し強調されてもよいと思います。地中海は海の商業により開けてきた世界で、商人がリーダーシップを握っていたからです。ギリシア商人がローマの軍事力を最大限に利用するようになっていく背景には、アレクサンドロス帝国の崩壊で地中海世界が混乱したことがありました。

六世紀にスキタイ人が開発した騎馬技術と、ギリシアで開発された重装歩兵の密集戦法を組み合わせたマケドニアのアレクサンドロス三世（前三三六〜前三二三）は、二〇歳から三二歳にかけての東方遠征で、新しい軍事技術により軽戦車が中心のペルシア帝国を滅ぼしました。

アレクサンドロス三世はペルシアを滅ぼすと、王の娘と結婚してペルシア帝国を継承しようとするのですが、基盤を固める前にバビロンで病没してしまいます。その後に混乱が続きましたが、ギリシア商人は自らの後ろ盾として辺境（イタリア半島）の軍事都市ローマを選びました。両者の提携関係は、後述するポエニ戦争（ポエニはフェニキア人の意味）につながっていきます。

地中海の穀倉地帯はエジプトでしたが、そこにはすでに大量のレバノン杉の輸出で関係を保ち、ペルシア帝国に保護された商業民フェニキア人が進出していました。

フェニキア人は、①地中海中央部の島々を結ぶ横断航路を開拓し、②東・西の地中海を結ぶシチリア海峡に面した北アフリカ（チュニジア）に植民市カルタゴを建設し、西地中海経済を独占支配するなどして地中海経済の覇権を握っていました。後発のギリシア商人は、長い間フェニキア商人に従わざるをえなかったのです。

アレクサンドロス三世（アレクサンドロス大王）の東方遠征が、ギリシア商人の台頭の契機になりました。アレクサンドロスは、遠征の途上でレバノンのフェニキア人の中心港ティルスを破壊し、穀倉地のエジプトの三角州にギリシア商人の拠点都市アレクサンドリアを築き、東地中海を「ギリシア人の海」に変えました。東地中海を、ギリシア商人の「不可視の王国」に変えたのです。アレクサンドリアの人口は一〇〇万人に達したとされ、「無いものは雪だけ」と言われるように商業が活況を呈しました。アレクサンドリアの商人は、紅海、アデン湾からインド洋に至り、インドの東海岸の商業とも結び付きます。

繁栄期を迎えたギリシア人は商路を広げてシチリア島に移住し、イタリア半島南部に至る「マグナ・グラエキア」（大ギリシア）という植民市群をつくりました。そこで、シチリア島、西地中海を支配するカルタゴ（フェニキア人の拠点植民市）との衝突が起こります。それが、ポエニ戦争（前二六四～前二四一、前二一九～二〇一、前一四九～前一四六）です。ギリシア商人はイタリア半島中部の新興勢力ローマと組んでカルタゴを破り、西地中海の支配権を奪いとっていきます。

最終的に、ギリシア商人とラテン人（ローマ人）の同盟勢力は、プトレマイオス朝（前三〇五～前三〇）の最後の女王クレオパトラ（前六九～前三〇）を倒し、穀倉地帯のエジプトを併合。前二七年、地中海周辺に「世界初の海洋帝国」のローマ帝国をつくりあげて「地中海周辺の不可視の王国」を統合しました。ローマ帝国は、大量の穀物輸送により「乾燥の海」地中海の経済をローマに従属させたのです。

◉徴税・神殿建設を請け負った商人たち

教科書ではローマ帝国の北の周縁から成長したヨーロッパ人の視点により、ローマの軍事、政治活動が強調されていますが、帝国の基盤は地中海の商業でした。ローマでは貴族階級が商業を蔑視していたにもかかわらず、乾燥した気候の下での食糧不足が商業を必要としていました。帝国にしてみれば、厖大な軍事費を捻出するために貨幣による徴税が必要であり、税として現物徴収されたムギも市場で売られて貨幣化されます。ローマ帝国では財物の自由な売買が認められており、地中海を共通の「市場」とする商人、両替商の金融活動、投機などが盛んに行われていたのです。

物欲が強いラテン人は富の蓄積とそれを見せびらかすのに熱心であり、ひたすら享楽的な消費にあけくれましたが、商業・金融技術も、資金も、情報ネットワークづくりも二の次でした。ギリシア商人にとり、とても活動しやすい状態にあったのです。

帝都ローマには地中海周辺から莫大な富が集まりますが、属州（植民地）での徴税から神殿建設にいたるまでが、商人の請け負いにより行われました。

ローマの歴史家ポリュビオス（前二〇四？～前一二五？）は、「イタリア全体で、無数ともいえるほど数多くの請負事業が、監察官によって契約されている。公共建造物の建築や修理、さらには航行できる河川、港、庭園、鉱山、土地からの税金の徴収にいたるまで、要するにローマ政府が管理するあらゆる業務が請負契約のもとで委託されている。これらの業務がすべて市民によって遂行されており、これらの契約や、契約によって生み出される利益によって生み出される利益に対して何の権益ももたない人は、ほとんどいないともいえる」（『バブルの歴史』から転引）と記しています。

属州では五年分の徴税額を前払いした商人（徴税請負人）が徴税にあたって暴利を上げ、投機的金儲けがまかり通りました。ローマでは、投機などで派手に稼ぐ人々を「ギリシア人」と呼んでいたとされます。

ローマ帝国ではユダヤ人・ギリシア人のコミュニティを中心にキリスト教が奴隷や庶民の間に広がり、やがてローマ帝国が衰退すると、帝国の結束を維持するためにキリスト教が国教とされた背景にも、ギリシア商人のネットワークがあったのです。

第二次ポエニ戦争で没収されたフェニキア人の土地は国有地として貴族に借り受けられ、戦争捕虜となった多くの奴隷のなかには、医師、会計士などの知的職業につく者もいました。カルタゴという先進的な商人世界が、まるごと崩壊させられたのです。

エジプトのムギは積み出し港アレクサンドリアから六五日から七〇日の航海でローマの外港オスティアに運ばれ、奴隷が引っぱる川船に積み替えられて三日ほどでローマに到着し、百万都市ローマの巨大な胃袋の四分の一を満たしました。

アレクサンドリアのシンボルとして建てられたパロス島の高さ約一三四メートルの大理石造りの大灯台（一四世紀の二度の地震で倒壊）は海上交易のシンボルとなり、「世界の七不思議」のひとつに数えられています。それが後代のイスラーム教のモスクのミナレット（光塔）の着想を与えました。年間平均八〇万トンもの物資を集めるローマの外港オスティアにもアレクサンドリアの灯台をまねて、大型船を沈めた上に石柱を積み上げて高さ約六〇メートルの灯台が建設されました。エジプトとイタリア半島のふたつの大灯台は、地中海の大規模な海運と穀物循環のシンボルだったのです。

◉ジュピターの妻の神殿が管理したマネー

ローマが「不可視の帝国」として機能を維持するには、「通貨」の価値を維持することが何よりも重要でした。帝国は最初にギリシアのコインを模した青銅貨「アス」を造り、前三世紀頃には、経済規模の拡大に対応して「アス」の一〇倍の価値を持つディドラクマ銀貨が発行されました。ディドラクマ銀貨一枚は、ブドウ園で働く労働者の一日分の給料に相当したとされます。コインの価値は、皇帝の権威により保証されました。ですから皇帝が信任を失うと、コインも回収されて鋳直されたのです。

ローマの歴史家スエトニウス（七〇頃〜一三〇頃）がカエサル以後の一二人の皇帝の伝記を集めた『皇帝伝』によると、キリスト教徒を残酷に弾圧したことで有名な皇帝カリグラ（在位三七〜四一）が死去した後に、暴君の記憶を消し去るためにコインが回収され鋳直されています。

そのようにローマ帝国では、通貨管理が経済支配の核でした。英語で「貨幣」をｍｏｎｅｙ、「鋳造所」をｍｉｎｔと言いますが、その語源は帝国が貨幣の鋳造を独占したことにありました。ｍｏｎｅｙは、ローマで信仰されていた主神ジュピターの妻のジュノー（ギリシア神話ではゼウスの妻ヘラ）の別名のモネタ（Moneta）からきています。つまり、カピトリウムの丘に建てられたローマの「家計を握る」モネタ（ギリシアではヘラ）の神殿が、一手にコイン製造を取り仕切ったのです。

ギリシアのゼウスは女性にばかり目が行ってどうもピリっとせず、妻のヘラがしっかりせざるをえませんでした。ローマのジュピターとジュノーも同じような関係だったとされますが、当時の経済は「家政」が主であり、「家政」をやりくりに必要なお金をジュノー（モネタ）が管理したと考えたほうがよさそうです。

●銅貨にまで身を落としたローマの銀貨

ローマ帝国は、軍事征服で肥え太った帝国でした。ですから征服が終わると、失職した兵士が大都市に流入し政情不安になります。ローマにはこれという産業がありませんので、有力者が属州などで得た富により無償で食料と娯楽を提供すること（「パンとサーカス」）で、なんとか秩序が維持されました。しかし、ローマ人の属州への移住が進むと無理な課税は不可能になり、歴代皇帝は、銀貨の銀の含有量を減らすことで経済の行き詰まりに対処する外に方法がなくなりました。

放蕩者のジュピター（ギリシア神話のゼウス）のように濫費を続けた歴代皇帝は、銀貨の質を落とす誘惑に無抵抗でした。しっかり者のモネタ（ギリシア神話ではヘラ）の神殿は、価値の維持を図ろうとしたのですが、無力でした。コインの改鋳は、苛酷な増税とは違って、民衆の抵抗にはあわない安易な増税の方法だったからです。しかし悪貨の発行は、タコが自分の足を食べるようなものですから、ボディブローのように着実にローマ経済を消耗させていきました。

皇帝アウレリアヌス（在位二七〇～二七五）の時代になると、デナリウス銀貨の銀比率がわずかに五パーセントとなり、ほとんど銅貨になってしまいます。こうした通貨の目減りは、現在で言えば過度のインフレにあたりました。

イギリスの経済学者ケインズ（一八八三～一九四六）は、フランス・ベルギーによるルール占領が行われ、ドイツが危機的なインフレに陥った一九二三年に書かれた『お金の改革論』で、「通貨の価値低下による課税の力は、ローマ帝国が通貨を発見して以来、国家にはつきものとなっている。法定通貨の創造は、政府の究極の隠し球だったし、今なおそうだ。そしてこの道具がまだ手元で使われずに残っている限り、どんな国や政府も、己の破産や失墜を宣言しそうにない」と述べています。

第3章　「飛び地」東アジアで官僚が主導した中華帝国

1　「宗族」が戦いあう広大な農業空間

◉経済文字で「貝」が幅を利かす理由

東アジアでは前二七〇〇年頃に、アワ、キビなどの雑穀を栽培する農業社会が形成されました。雑穀が栽培された黄河の中流域では多少の雨が降りましたので、灌漑がなくても農業が可能でした。農業経営の規模が小さく、小規模の「邑《ゆう》」が社会の基礎であり、氏族（共通の祖先をもつ、あるいはそういった信仰で結束した血縁集団）が社会の基礎になりました。『中国経済史』（岡本隆司編）は、「春秋時代までの農法は、数年間作付けした後、雑草が繁茂した耕地を放棄し、しばらく別の土地で作付けしてからふたたび元の耕地に戻るという、いわゆる切替畑方式であった。また農作業においては家族の枠を超えた協力関係がみられ、個々の家族が排他的に耕地を占有したのではなく、血縁・地縁により結びついた人間集団が土地を共同所有していたものと考えられる」と記しています。

つまり穀物（アワ）は自営が原則で、自然条件の良い場所で分散して生産されたのです。灌漑が農業の前提になった西アジアとは全く異なるかたちで、黄河中流域には大農業地帯が成長したのです。

しかし乾燥地帯ですから穀物が不足したことは間違いなく、土地と穀物をめぐる争いが続きました。宗族（宗家を中心とする大家族）は事あるごとに衝突しましたが、王朝も有力宗族の支配の道具なので、宗族の争いの的になりました。

最初に黄河中流域の邑を統合・支配した殷（前二千年紀前半～前一一世紀）は、神である王による神権政治が行われました。殷では太陽が一〇あるとされ（十干《じっかん》。甲・乙から癸《き》まで名がついていた）、それらが交替で天を照らして一〇日で一巡するとみなされました。生活の単位となる一〇日間が「旬」と呼ばれたのです。太陽神の子孫と称した殷王は、骨や亀の甲羅を焼いて次の「旬」の吉凶を占い社会を導きました。そうした骨占の結果を骨に刻み込んだのが、漢字の祖先となる甲骨文字です。

殷ではすでに広域の市場（商業ネットワーク）が成立しており、南海産のタカラガイ（子安貝）やトルコ石が貨幣として使われていました。とくに女性の性器、出産をイメージさせるタカラガイは、部族の繁栄を重んじる価値観と合致したのです。殷の甲骨文字に起源を持つ漢字で、「経済」に関連する文字に、「財」、「貨」、「買」、「資」、「貧」、「貴」、「貯」、「貿」、「賄」など「貝」がつけられているのは、タカラガイが貨幣として使われていたことの証しです。

また牧畜民との関係も比較的順調だったようで、「美」、「善」、「義」、「祥」のようなプラス・イメージの漢字には、牧畜民の「羊」が隠されています。

黄河中流域も、「商人が流通させなければ、三宝（食糧・資材・製品）は絶える」（『史記』貨殖列伝）というようにモノ不足の状況があり、「千金を貯えた家は一都市を領有する君主に匹敵し、巨万の富ある者は王家と楽しみを同じくする」と述べられるように商人が大きな力を持っていました。

黄河中流域と、穀物を生産できない牧畜民が居住するモンゴル高原との間には高い山などの障害物がなかったため、牧畜民の侵略が繰り返し起こりました。そのため強力な軍事政権が必要になったのです。宗族間で長期の戦闘が繰り返され、「覇者」となった部族を中心に集権的な王朝ができあがり、やがて帝国の形成にいたりました。長期の戦争こそが、広域に食糧が分散した中華世界の特色になります。

◉黄色い大地で戦いを繰り返した宗族と戦争経済

殷は、前一一世紀に西方から進出した周により武力征服されました。それ以後、強力な宗族が軍事力で邑を統合することが中国社会の基本形になります。周は支配宗族が多くの邑を支配する「封建制度」で広域を支配しました。宗族は軍事共同体となり、冠婚葬祭により一族の結束が強化されます。しかし、鉄製農具の普及、牛耕などにより黄河中流域周辺の開発が進むと、新しい宗族が台頭して周の支配は崩れていきます。有力な宗族がそれぞれ王朝を目指して戦ったのです。

周の支配が揺らいだ前八世紀になると、覇権をめざす宗族戦争が繰り返されるようになります。それが五五〇年もの間、有力宗族の間で戦争が続けられた春秋戦国時代（前七七〇～前四〇三～前二二一）です。

春秋時代の末期には、諸侯による大規模灌漑が広がりました。大規模な軍隊を養うには徭役《ようえき》（農民の強制労働）により灌漑し、食糧を増産することが不可欠になったのです。

各地の有力諸侯は支配領域を拡大し、戦車による戦いから大規模な歩兵を中心とする攻城戦に転換しました。戦争には厖大な費用がかかりますから、王の手足となって民衆を支配する官僚と戦費の調達に携わる政商が活躍するようになります。前漢の歴史家、司馬遷（前一四五～前八七）の『史記』の列伝には、厳しく民衆を取り締まる役人の伝記を集めた「酷吏《こくり》列伝」とともに、有名な商人の伝記を集めた「貨殖列伝」が設けられています。政商は政治権力と癒着しててっとり早く大儲けをしたのです。

戦国時代（前四〇三～前二二一）になると、秦、楚《そ》、趙《ちょう》の三国の人口がそれぞれ五〇〇万人近く、斉《せい》、燕《えん》、韓《かん》、魏《ぎ》の四国の人口が二〇〇万人から三〇〇万人におよび、それぞれが数十万から一〇〇万人の歩兵を擁して戦いあいました。食糧の生産地が広く分布する中国では人的結合が中心となり、天下（世界）に宗族の王朝が散在すると考えられたのです。

宗族が、軍事力により広域を支配する仕組みが「王朝」でした。中国では穀物の産地が散在しているために商人の「不可視の王国」が未成熟で、宗族が軍事力により天下（世界）を舞台に争いあいます。そうした不安定な東アジアの空間に秩序を与えたのが、「天帝」「天子」「天命」などの宗教的な政治観念だったのです。

北極星付近の宮殿（微かに紫色に見えるので紫微垣《しびえん》と呼ばれた）に住む宇宙と大地と万物を支配す

る天帝（天の神）により、最も徳を備えた人物に天下の支配が委託されると説明されました（天命）。天命というのは、特定の宗族の長を自からの代理人（天子）とする天帝の意志です。天子は一族とともに、大衆を全面的に支配することが許されるとされたのです。そうして成立するのが、天下を支配するとする帝国です。天子は、周辺の夷狄《いてき》の地からの「朝貢《ちょうこう》」を天命の証しとしました。歴代の帝国にとり、朝貢が重要だったのはそのためです。

厳しい統治に耐え切れなくなって民衆が動乱により王朝を倒すと、天帝の意志が替わったというように（「易姓革命」）、権力の移動が説明されました。天命が革《あらた》まり、天子の姓（宗族）が革まるというのです。孟子が体系化したと言われる政治思想は、南宋の朱子により定式化され、現在に至るまで中国政治に根強い影響を与えています。中国では次々に王朝が入れ替わっていったのですが、外部からそれを見ると連綿と中華帝国が持続するように見えました。

複合的性格を特色とする中華帝国のうち、農業民の帝国は、秦、漢、宋、明《みん》で、遊牧民による帝国は隋《ずい》、唐、金、元、清《しん》ということからわかるように、「天命」は農業民だけではなく遊牧民にも下ると考えられました。中華世界は、農業民と遊牧民が渾然一体となった複合的世界だったのです。

◉中華社会の「富国強兵」と「経世済民」

中華世界（中国）と西アジア世界（中東）との基本的な違いは、中国は西アジアとは違って大規模「灌漑」に依存しない、宗族が中心の世界だったことでした。軍事力の増強により領地を拡大するほうが、宗族にとっては、てっとり早かったのです。

中華世界では穀物の産地が特定の地域に片寄りませんでしたから、商業民の社会的位置が西アジアとは違いました。王朝は「穀物の循環」に意を尽くす必要がなかったのです。そこでは、軍隊と官僚による王朝の興亡が繰り返されたのです。

周が衰退した後、五五〇年間も続いた春秋・戦国時代（前七七〇〜前四〇三）は戦争の時代で、春秋時代には二年に一度、戦国時代は毎年、大規模な戦いが繰り返されました。

春秋時代の財務官僚として知られるのが、前七世紀に斉で活躍した宰相の管仲《かんちゅう》（？〜前六四五）です。貧しい青年時代の管仲の才能を見いだし、もり立てた鮑叔《ほうしゅく》との交友は「管鮑《かんぽう》の交わり」（利害を超えた信頼の厚い友情）として有名です。

今から約二六〇〇年前に管仲は、デフレ（「倹《けん》」）とインフレ（「侈《し》」）が社会におよぼす影響について、「倹《けん》なれば則ち事を傷《やぶ》り、侈《し》なれば則ち貨を傷《やぶ》る。倹なれば則ち金、賤《やす》く、金、賤《やす》ければ則ち事成らず。故に事を傷《やぶ》る。侈なれば則ち金、貴《たか》く、金、貴《たか》ければ則ち貨賤《やす》し。故に貨を傷《やぶ》る」（『管子』乗馬第五篇）と述べて、貨幣と経済の関係を説明しています。つまりデフレでは生産が停滞し、インフレでは財の価値が毀損される。デフレでは金が安く生産が軌道に乗らない。インフレでは金が高く財が安くなり流通が妨げられるというのです。

経済を見る目を備えた管仲は、「刀貨《とうか》」の発行量により景気を巧みにコントロールして斉を強国に押しあげ、桓公を「覇者」の座につけました。現在でも経済に精通していない政治家が多いのですが、緊迫した戦争が相次いだ中華世界では、官人資本主義ともいうべき、官僚による経済運営が続いたのです。

戦国時代になると戦争規模が一挙に拡大し、数万の軍隊が年単位で争いあうようになります。戦争も戦車による貴族の戦いから庶民の歩兵中心の戦いに転換し、軍費を捻出するために、鉄製農具、牛を使う農業と農地の大規模開拓が進みました。先に述べたアリストテレスとは違い中国の経済は、「王の家政」をやり繰りする財務官僚の立場にたつものになります。

現在日本で一般に使われる「経済」の由来は、漢語の「経世済民」(世の中を治め、民を救う)です。そうした言葉を、明治維新の際に福沢諭吉、あるいは西周がｅｃｏｎｏｍｙの訳語としたわけです。

◉始皇帝を凌ぐ権勢を誇った政商・呂不韋

覇者として前二二一年に全国統一を達成したのが、四川から出た秦でした。秦王の政は、天命を受けたとして始皇帝(在位前二二一〜前二一〇)を称し、中華帝国の土台を築きます。しかし、覇権をめぐる戦争には莫大な戦費がかかり、大商人(政商)からの多額の軍資金の調達が必要になりました。戦争が恒常化していた中華世界では、軍需物資の調達で利益を得る大商人が政商になったのです。商業的な西アジアの帝国とは異なり、東アジアでは帝国の政治・軍事に商業が従属したわけです。

最初に中国を統一した始皇帝を陰で支えたのが、宰相となった大商人の呂不韋《りょふい》(?〜前二三五)でした。代々商人で目先が利く呂不韋は、趙の人質となっていた冴えない秦の公子の存在を知ると、「奇貨居くべし」(良い機会は逃さずに、上手く利用しなければならない)として投資を決意。公子に資金を投じて、荘襄王《そうじょうおう》として秦の王位につけることに成功します。現在もそうなのですが中国ではこれぞと思う人の選び方が重要で、それにより将来が決まってしまうといわれています。彼の思惑通りに荘襄王の子の政が全土を統一して始皇帝となると、呂不韋は宰相の地位につき権勢を誇りましたが、やがて不信感を強めた始皇帝により蜀に流され、最後は自ら命を断ちます。抜け目のない呂不韋が、自分の子をすでに身ごもっていた女性を荘襄王に押し付けたため、始皇帝の実父は呂不韋であり、始皇帝がそれに気がついたとする説があります。呂不韋の話はひとつの例なのですが、大規模な戦争で商人が官僚と結託して王朝を操作するのは一般的だったのです。

2　農業的な秦・漢帝国から遊牧的な隋・唐帝国へ

◉政治が商業を食い潰した中華帝国

前三世紀、「四川」から台頭した秦（前二二一〜前二〇六）が中華世界（中国）を統一したのは、地中海で、第二回のポエニ戦争が戦われていた時期でした。

始皇帝（在位前二二一〜前二一〇）は、貨幣、文字、度量衡などを統一して商業インフラを整備し、帝国を市場として統合しました。あくまでも、政治主導です。

春秋・戦国時代には、青銅のコインが地方ごとに大商人により造られていたのですが、始皇帝は貨幣を皇帝が管轄する半両銭に統一し、貨幣や文字を官僚の天下（世界）支配の道具に変えました。貨幣は皇帝の管理下に置かれ、官僚により商業が統制されたのです。

秦では全土が皇帝一族の財産とみなされ、中央から地方に官僚が派遣される郡県制が敷かれ、皇帝・外戚の成員が官僚として帝国経済を支配しました。それ以来二〇〇〇数百年の間、中国では皇帝が通貨の発行権を握り続け、官僚が立法、行政、司法の三権を握り続けました。

中華帝国（秦、漢）では、通貨は天帝の代理人の皇帝が人民に与えるとされ、皇帝が管轄する貨幣という性格を持ち続けます。そのために素材の価値は問題にされず、鋳型に溶かした銅を流し込んで大量に製造される安価な鋳貨が用いられました。中国では高温で金属を溶解する技術が古来進んでおり、銅による通貨の大量鋳造が可能だったのです。

◉匈奴との大戦争を支えた二八〇億枚の銅銭

強大な騎馬遊牧民が生活するモンゴル高原と中国の農業地帯の間にはほとんど障害物がありませんでしたから、集団で進入する遊牧民を阻止しなければ穀物が守れませんでした。今からみれば「無用の長物」以外の何物でもない「万里の長城」も、安全保障に欠かせない構築物だったのです。しかし突破するのが難しい万里の長城が逆に、遊牧民の結びつきを広域化させました。そのために遊牧民の力が強まり、中国本土は遊牧民の支配下に置かれるようになっていきます。隋・唐から清に至る諸王朝のうち、農業民の王朝は、宋と明のみです。遊牧民の王朝の支配が圧倒的に長かったのです。

そんな歴史のなかで、帝国のすべてをあげてモンゴル高原の遊牧勢力（匈奴）と戦ったのが、前漢の武帝でした。

前二世紀に、前漢（前二〇二～後八）の武帝（在位前一四一～前八七）が鋳造した五銖銭《ごしゅせん》が、実質的に最初の「帝国通貨」になります。漢帝国は、モンゴル高原の遊牧民（匈奴）との長期の全面戦争を展開し、多大の出費を強いられたのです。

そのために銅銭の鋳造量は厖大になり、一二〇年間に約二八〇億枚にもおよびました。漢は納税を五銖銭に限定して使用を強要しましたから、前代の諸々の貨幣は次第に駆逐されていきました。帝国通貨の枠組みが、大戦争により作り上げられていったのです。

武帝は匈奴との長期の大戦争だけではなく、朝鮮半島北部、ベトナム北部への大規模な軍事遠征も行いました。天下の覇者になろうとした戦争好きの皇帝だったのです。

軍事費の増大に漢は安価に製造できる五銖銭の長期発行で対応します。五銖銭は、唐代初期に廃止されるまでの七〇〇年間鋳貨としての座を保ち、中国史上で最も息の長いコインになりました。

武帝が即位したときに漢の財政はとても豊かだったのですが、長年の戦争で悪化し、すっかり底をついてしまいます。そのときに財政を立て直した財務官僚が、桑弘羊《そうくよう》でした。彼は商人の利益を奪って王朝財政に組み込む諸政策を実施します。まず塩と鉄製農具を専売にして、農民からの収奪を強めました。

また地方に設置した均輸《きんゆ》官に物品の購入と中央への輸送を行わせ（均輸法）、均輸官に物品の売買による利ざやを確保させ（平準法）、商人の財産税を増額させるなどして、軍費を捻出しました。漢は体系的に商業を取り込んで商人の利益を露骨に奪いとり、長期戦争に商業を組み込んだ帝国だったのです。

●農業帝国は騎馬遊牧民の進出に勝てなかった

漢帝国が滅亡した後、地方の豪族が互いに連合し魏《ぎ》、呉《ご》、蜀《しょく》に分かれて戦う三国時代（二二〇〜二八〇）が続き、魏が中国を統一する過程で下克上が起こり、晋《しん》（二六五〜三一六）となります。晋はかつての漢の統治にならい、一族を地方に派遣しますが、二代目の恵帝《けいてい》が暗愚で外戚が支配を欲しいままにしたため、八人の王族が権力をめぐって争いあう八王《はちおう》の乱（二九〇〜三〇六）という内乱が広がりました。各王が強力な周辺の五つの騎馬遊牧民（五胡《ごこ》）を傭兵として利用したことが、騎馬遊牧民を黄河中流域に迎え入れる結果になりました。五胡が次々に蜂起し、黄河中流域に多くの国が建てられます（五胡十六国時代。三〇四〜四三九）。戦乱のなかで遊牧部族が黄河中流域に定住し、遊牧民が西域から持ち込んだ大乗仏教も定着します。

そうしたなかで多くの漢人が、中下流に湖沼が多い長江の流域に移住し、農業社会の新たな「中心」を築きます（南朝）。他方で移住の波は朝鮮半島、日本列島にまでおよびました。天命を受けた皇帝が天下（世界）を支配するという立場に立つ中国の歴史書では重視されていませんが、「ゲルマン民族の大移動」を遥かに超える民族移動の大波が東アジアを襲ったのです。その影響は日本列島にもおよび（日本史の古墳時代）、大和王朝が成立します。

その後、黄河中流域が鮮卑《せんび》人の北魏《ほくぎ》に統一され（北朝）、江南の政権（南朝）と対立する南北朝時代（四三九〜五八九）に入り、最終的に「北」の鮮卑人が南朝を滅ぼして全土を統一します。それが、隋（五八一〜六一八）です。征服の過程で鮮卑人は漢人の豪族（有力宗族）と通婚して定着し、段階的に漢人の豪族から農地を奪って皇帝の土地に変え（均田制）、畑を貸す代償として現物で税（租庸《そよう》調《ちょう》）を徴収しました。一部の農民に対しては税を免除して農民兵とします（府兵制）。その結果、鮮卑系の漢化遊牧民を支配層とする強権支配の農業帝国が再編されました。

中国では、理念的に天帝（天の神）が選んだ天子（皇帝）が天下（世界）を支配すると考えましたから、遊牧民の皇帝もありえたわけです。

漢人と混血した鮮卑人が建てた隋は、江南と黄河を南北に結ぶ「大運河」を建設して黄河中流域、モンゴル高原・満州、長江流域を水路でつなぎ、王朝が南の穀物を北に送る「漕運《そううん》」という「穀物循環」のシステムを作りました。しかし、隋は同じツングース系の民族が建てた高句麗への三度の遠征に失敗し、大農民反乱により滅亡します。

その後、同族の李淵・李世民が唐（六一八〜九〇七）を建て、均田制と府兵制により史上最強の農業帝国に成長させます。唐は漢化した遊牧民が大農業地帯と遊牧地域をあわせて支配する複合的な王朝でした。強いて言えば、元帝国も清帝国も同様の複合的支配を踏襲しています。

中華帝国はもともと軍事力と官僚により維持されましたから、漢化した（有力な漢の豪族と姻戚関係を持った）遊牧民が入り込むこと（中国から見れば遊牧民を取り込むこと）は、比較的容易だったのです。

隋、唐帝国以来、広域を支配するために科挙により部族外の優秀な漢人を官僚として取り込むことになりました。隋、唐、金、元、清は、いずれも騎馬遊牧民が強大な軍事力により作り上げた外部民族の王朝なのです。

◉中華帝国の広域化に人材を提供した科挙

中華帝国は漢人の有力宗族、遊牧民の部族などが、広域の人民と資源を支配する仕組みです。支配の中心は、王（皇帝）の一族と多数いた妃の宗族でした。しかし、隋、唐のように帝国が複合化し、大規模化すると、人材不足が大問題になります。そこで地方の支配は有力宗族に請け負わせ、中央では支配宗部を補強する人材を試験で選抜し（科挙）、支配宗族と同等の権力を与えることになりました。科挙により王朝体制が補強されたのです。唐では安史の乱以後、トルコ系の軍閥が台頭して鮮卑人や漢人豪族が没落したため、宋代には科挙で選抜された人員が官僚の主力となりました。

そうしたことにより、皇帝の部族を補う「士」（知識を持った特権層）が多数の「庶」（庶民）を支配する仕組みが定着します。選抜された「優秀な」官僚には、支配宗族の一員としての特権が与えられ、賄賂も取り放題ということになったのです。官僚は、それぞれの出身宗族の利益を図ることになります。

官僚にとり都合のよいこのシステム（科挙と士庶《ししょ》の別）は、時代と地域で形を変えながら引き継がれていきました。ユーラシアの「東」の世界では、庶民の権利が皇帝と官僚の宗族により蹂躙《じゅうりん》され続けたのです。

◉長江流域の商人経済の勃興

六二一年、唐では日本でもなじみ深い重さ三・七グラムの銅銭、「開元通宝」（あるいは「開通元宝」）という銅銭が鋳造されました。それ以後中国では、その円型コインの中央部に四角い穴をあけるスッキリしたデザインが定着していきます。コインの円は「天」を、四角い真ん中の穴は「地」を表現しており、天帝と天子が維持する宗教的世界が一枚のコインに示されているとも言われます。

　鮮卑人による軍事征服と漢人豪族との婚姻により成立した唐帝国は、不満を持ったソグド人とトルコ系遊牧民の突厥《とっくつ》人の混血、安禄山《あんろくざん》と史思明《ししめい》が起こした安史《あんし》の乱（七五五～六三）で分裂・衰退します。華北にトルコ系の軍閥（私的軍隊を持つ節度使《せつどし》、藩鎮《はんちん》）が割拠することになり、特権的な宮廷の貴族層が没落したのです。

　その結果、唐帝国は江南のコメ社会に依存せざるをえなくなります。「辺境」の江南の経済が財政の中心になったことで、商人経済が一気に拡大しました。その結果、官僚主導の均田制が崩れ、租税制度も現物の徴収から資産の多寡に応じた貨幣による徴税（両税法）に替わりました。

　政治の中心と経済の中心が分離しましたから、大都市と地方の間の送金手段として、飛銭と呼ばれる為替手形が出現します。

　飛銭は、文字どおり「飛ぶように早く送れる銅銭」という意味で、銅銭の引換証の手形でした。政治的混乱が広がると銅銭そのものの輸送は困難で、使い勝手がよく安全に輸送できる飛銭は便銭《びんせん》（便利なお金）とも呼ばれました。

　宋代（九六〇～一二七九）に入ると、中国経済の中心が完全に江南のコメ地帯に移り、商人による経済が勃興することになります。しかし、北の軍事力は強大で、モンゴル人の元、満州人の清というような遊牧勢力の大帝国の下で、長江流域の商人経済は遊牧帝国の軍事力が支配するシステムに組み込まれていきます。

第4章　遊牧勢力を利用したムスリム商人

1　ユーラシアの東・西での帝国秩序の激変

◉「東」：軍事的な唐帝国から商人が活躍する宋帝国へ

世界史には、周期的に大転換期が訪れます。それは寒冷化などの地球環境の変化と帝国などの体制の崩壊に伴う変化でした。東アジアでは、三世紀末に四〇〇年間続いた漢帝国が滅亡。地方の豪族の台頭による分裂（三国時代二二〇～二七〇）と遊牧民（五胡）の侵入で、不安定な状況が長期間続く魏晋南北朝（二二〇～五八九）という第一次の転換期に入りました。遊牧勢力のなかで最も有力となったツングース系の鮮卑人が、漢人豪族と結び付いて、六世紀末から七世紀初めにかけて、全農地の皇帝支配（均田制）を基盤とする隋（五八一～六一八）、唐（六一八～九〇七）という強大な帝国を樹立しました。唐帝国は、均田制、租・庸・調制による財政の拡充、府兵制による精強な農民軍により、新たに中国の農業地帯への侵入を狙う遊牧勢力を圧倒しました。

しかし、漢人貴族、民衆を強権で抑えて均田制を維持するのは難しく、トルコ系の突厥人、ウイグル人の進出に対抗して大量の傭兵を雇わざるをえなくなります。そこで遊牧民を統御する商業民ソグド人と突厥人の混血の節度使、安禄山（七〇三～七五七）が指揮する大規模な反乱（安史の乱／七五五～六三）を機に、唐帝国は内部分裂と混乱の時代に入りました。

後で述べますが、イスラーム世界でアラブ遊牧民のウマイヤ朝（六六一～七五〇）が滅ぼされ、商業帝国のアッバース朝（七五〇～一二五八）が成立するのが七五〇年ですから、唐が衰退に向かう時期とアッバース朝の成立がほぼ同時期ということになります。

安史の乱以後、一〇世紀半ばの宋帝国（九六〇～一二七九）の成立に至る二〇〇年間が、ユーラシアの「東」の世界の長期の転換期になります。混乱が続くなかで、①均田制が崩れて貴族階層が没落し、庶民（地主、大商人）が支配層として登場する動きと、②江南のコメ地帯への中心の移動が重なります。

そうした転換は、かつての「東洋史」では貴族の時代から庶民の時代に転換する「唐宋変革期」と見なされてきました。経済の中心がアワやムギに比べて収穫量が圧倒的に多い江南のコメ地帯に移り、塩の専売などの流通面からの徴税の比率が高まって、商人の活動が活発化したのです。

他方で中心が江南に移ったために遊牧民への防備体制が弱体化し、金（一一一五～一二三四）、元（一二七六～一三六八）、清（一六四四～一九一二）の諸帝国のように遊牧民が農業社会を支配する時代に移っていきます。「東」の経済社会への転換が、ユーラシアの「西」のイスラーム帝国の形成や商業の隆盛に先行したのです。

◉「西」：アラブ遊牧民の征服と「西アジア」の世界秩序の再編

七世紀中頃に、イスラーム教団に結集したアラビア半島の商人・遊牧民が、西アジア、地中海の世界を大きく転換させていきます。その背景になったのが、内陸部のペルシア帝国（ササン朝）と地中海のローマ帝国（ビザンツ帝国）の対立の激化とペストの流行による両勢力の衰退でした。

七世紀初め、メッカの商人ムハンマド（五七〇頃〜六三二）はシリアとの交易の際にユダヤ教の影響を受け、神の言葉を告げるカリスマ（預言者）と称して唯一神アッラーを信仰するイスラーム教団（ウンマ）を創始します。ムハンマド自身が商人であることが示すように、イスラーム教団は商業民の集団でした。信仰の中心となったアッラーは、ユダヤ教のヤーヴェ、キリスト教のゴッドと同じく砂漠の「絶対神」です。「イスラーム」も、アッラーに全面的に帰依する意味でした。

イスラーム教が創始されたメッカは、宗教都市、商業都市でした。巨大な黒い隕石を祭るメッカのカーバ神殿は、アラブの遊牧部族（二〇〇人程度）の多神教信仰の中心だったのです。メッカで圧迫を受けたムハンマドと教徒は、六二二年にメディナに移住（ヒジュラ、聖遷）して教団の基盤を固めます。

当時のメディナは新興都市で、多くの商業民ユダヤ人が居住していました。ムハンマドはユダヤ人を教団に取り込むためにイェルサレムへの方向への礼拝を取り入れ（後にメッカへの礼拝に改める）、利子の取得も認めました。しかし、ユダヤ人の取り込みには失敗してしまいます。ただユダヤ人が、結束を維持するのに利用した、信仰、生活全般を詳しく規定する「タルムード」（五・六世紀頃に編纂）の影響を受け、『コーラン』の内容に反映させることになります。中東のイスラーム教徒の社会が強靭なのは、『コーラン』が生活の核になっているためです。また教団は、利子の取得も禁止しました。『コーラン』には、「神は商売を許し、利息を取るのを禁じたもうた。神は利息を無に帰したもう。しかし、施しには利息を付けたもう。神はすべて罪ぶかい無信仰者を好かれない。信ずる人々よ、神を畏れかしこめ。おまえたちが信者であるならば、まだ残っている利息を放棄せよ」と記されています。時間の経過だけで資産を殖やすリーバ（「自己増殖」の意味。利子）は、他人に対する寄生行為とみなされたのです。

◉ウマイヤ朝によるユーラシア通貨の発行

イスラーム教団は、ムハンマドの時代にはメッカ、メディナのローカル集団にすぎませんでした。ムハンマドが二〇年間の布教で得た信徒は二〇〇人程度にすぎなかったのです。しかし教団は、軍事面でアラビア半島の遊牧諸部族を統合しました。アラビア半島では二〇〇人程度の遊牧集団が抗争を続けていたのですが、ムハンマドは調停者として遊牧諸部族に影響を広げ、軍事面で有力になったのです。

遊牧部族をまとめあげたムハンマドが死ぬと、アラブ遊牧民の教団からの離反の動きが強まったのは当然でした。そこで教団はビザンツ帝国の支配下にあった当時の最大の商都（シリアのダマスクス）の征服を組織し、利益を与えることで遊牧民を教団につなぎとめようとします。「大征服運動」の始まりです。当時、ビザンツ帝国はペストの繰り返しの流行により衰退していました。

目算通りにビザンツ帝国が支配するダマスクスは陥落し、アラブ遊牧民はそれまで目にしたこともないような莫大な戦利品を手にいれました。遊牧民の士気は、いやがうえにも高揚します。

教団は、次から次に遠征を組織してシリア、エジプトなどの要地をビザンツ帝国から奪い取り、六五一年にはササン朝も滅亡させてしまいます。ムスリム商人は、遊牧民の欲望と征服ビジネスを結合させて、新たな商人の「不可視の帝国」をつくりあげたのです。しかし、当然のことながらムスリム商人と遊牧民の間の利害の対立が広まります。それがスンナ派とシーア派の対立です。

七世紀中頃、遊牧民の有力部族ウマイヤ家が教団を抑え、ダマスクスを首都に有力な遊牧諸部族が連合するウマイヤ朝（六六一～七五〇）を成立させます。農耕地帯を征服して税を取り立てる軍事ビジネスの政権でした。

ウマイヤ朝がユーラシア規模の「不可視の帝国」を支配するには、それには相応しい通貨が必要になります。そこで帝国は、唯一神アッラーの名を刻みこんだ「イスラーム・コイン」を鋳造します。エジプト・地中海の金貨、ササン朝の銀貨を複合する金銀複本位制がとられました（ディナール金貨、ディルハム銀貨）。

金貨、銀貨の表には、「神、唯一の神のほかに神なく、ムハンマド、その預言者なり」という古代アラビア語の文字が刻まれました。帝国が神の名により「信用」を与えた金貨と銀貨は、各地のローカル貨幣の上に立つ初の世界通貨になりました。帝国では、アラブ遊牧民に代わり、シリア商人、ユダヤ商人などの商業民が財務を担当します。

2　商業の新たな場として急成長したインド洋

◉商業帝国アッバース朝の世界商業

七五〇年、ムハンマドの叔父の一族のアッバース家が、シーア派、ペルシア人の軍事力などと結んでウマイヤ朝の軍事政権を倒し、アッバース朝（七五〇～一二五八）を成立させます。遊牧民の王朝が、教団とペルシア人の連合による商業王朝へと変わりました。アッバース朝は「不可視の帝国」をユーラシアの陸・海に拡大し、西アジア、インド洋、地中海にまたがる商業帝国を成立させていくことになります。商人たちが、飛躍できる時代の訪れです。

七五一年のタラス河畔の戦いで成立直後のアッバース朝は唐軍を破り、中央アジアの商業の支配権を確立します。その結果、シルクロードがイスラーム商人の活躍の場に変わりました。唐の都、長安にはイスラーム軍に征服された一万余のササン朝の難民が住み着きましたので、イスラーム帝国と唐帝国の経済的結び付きも強まります。

この戦いで唐の紙すき職人が捕虜となり「紙の製法」がイスラーム世界に伝えられたことが、信用貨幣（手形、後の紙幣）の素材を西アジア、地中海、ヨーロッパに与えることになりました。ムスリム商人は紙を北アフリカからイベリア半島、ヨーロッパへと伝え、手形、小切手などの信用貨幣の素材として広く普及させていきます。

成立時にペルシア人の軍事力に依存したため、アッバース朝は政治の中心をシリアからイラクに移し、ペルシア湾を経由してインド洋に進出する条件をつくりだしました。アッバース朝の第二代カリフのマンスール（?～七七五）は、ユーフラテス川とチグリス川が最接近する地点に要塞都市のバグダードを建造しますが、そこは運河が縦横に走る経済の要地でした。バグダードは川と海と陸の商業ネットワークと結び付き、短期間で人口一五〇万を数える「不可視の帝国」の経済センターに変貌していきます。

バグダードは、四つの幹線道路でペルシア帝国以来の経済地域と結びつき、それに「海の道」、「シルクロード」、「草原の道」がつながりました。「ラドハニト」（ペルシア語で「ガイド」あるいは「道を良く知る者」の意味のラドハンに由来）と呼ばれるユダヤ商人が、エジプトのアレクサンドリア、北アフリカ、イベリア半島のコルドバなどを、東方のバグダードの市場（商業ネットワーク）にリンクさせる役割を担いました。

◉冒険商人「シンドバッド」の活躍

アッバース朝はインド洋の商業を成長させ、ダウという帆船による物資の流れを巨大化させます。夏と冬で風向きが逆になる季節風（モンスーン、アラビア語で「年中行事」の意味）を巧みに利用する長いレンジの貿易です。アフリカ東岸からインド、東南アジア、中国南部に至る「海の商業世界」が短期間で開発されていきました。

インド洋商業の開発は、『アラビアン・ナイト』の「船乗りシンドバッド」の航海に見られるような冒険商人により進められました。商人は各地の地理、慣行、情報、商品を理解し、「沈黙貿易」

にみられるように異民族の信頼を獲得するための工夫を積み重ねることで、日常的な商業に転換しました。

夏と冬で風向きが逆になるインド洋・南シナ海のモンスーン地域、一五〇万都市バグダードを初めとするイスラーム諸都市の旺盛な消費欲が結び付き、東アフリカ、西アジア、インド、東南アジア、中国南部を結ぶ大市場が成立したのです。特産品の集散地、海峡、河口、川の分岐点、陸路が交差する場所などに拠点港が作られて、商業が体系化されました。

中国、東南アジア、インドなどからダウ船によりもたらされた多様な商品は、ラクダのキャラバンに引き継がれて乾燥地帯に広がります。

アッバース朝の最盛期は第五代カリフ、ハールーン・アッラシード（在位七八六～八〇九）の時代ですが、バグダードの繁栄は、『アラビアン・ナイト（千夜一夜物語）』にいろいろなかたちで描写されています。ちなみに『アラビアン・ナイト』のネタ本とされるシエラザードの物語は、ペルシア起源の短編集です。

『アラビアン・ナイト』には、「ハールーン・アッラシードの御名と光栄とが、中央アジアの丘々から北欧の森の奥まで、またマグレブ（北アフリカ）およびアンダルシア（イベリア半島）からシナおよび韃靼の辺境まで鳴りわたった」と「不可視の帝国」が壮大な規模におよんだことが記されています。

そうした陸と海の大市場と共通のアラビア語、イスラーム法、商習慣、イスラーム通貨、信用による資金調達のネットワークなどが、年間降水量がわずか一一〇ミリ程度（世界平均は八八〇ミリ）

の砂漠のバグダードを、中世世界で最大の商業都市に成長させたのです。商業の成長は、遠隔地貿易のための共同出資の方式、信用による資金調達、小切手による遠隔地への送金などを開発しました。

◉ダウによる海洋商業の発展

先に述べたように、モンスーン（季節風）を最大限に利用して、インド洋、ベンガル湾、南シナ海を結ぶダウ船の航路が開かれたことにより、「アジアの大航海時代」が始まりました。海には広域をつなぎ、大量の商品を輸送できるというメリットがありますから、商業が大規模化、広域化しました。人口が多く大量の物資や贅沢品が消費される、西アジア、インド、中国などの都市が海により結ばれると、輸送規模が小さい陸の商業が副次的になります。シルクロードの商人ソグド人も、インド洋の商業に進出していきます。海域の諸港では、商人を集めるためのサービス競争が展開されました。多くの商人に入港してもらうことで、収入を増やす諸港の支配者は商人たちを優遇し、各海域から集まる有力商人たちの自治を認めるようになります。

すでに沿岸の諸地域の開発が進んでいたインド洋では、各地の特産品を安く買ってきて高く売ることが貿易の基本形となり、後の大西洋世界で見られるような、商人がプランテーションを組織することはほとんどありませんでした。広大なアジアの海の往復には時間がかかり、海難事故が頻繁に起こるなど非効率でしたから、やがてインド洋はムスリム商人、南シナ海は中国商人というように、地域ごとの棲み分けができあがっていきます。またユダヤ商人に見られるように主要な港に居留地を育て、日常の交流と結び付きを活かしてビジネスを行う方式も発達しました。

東アフリカ沿岸部にも多くのムスリム商人が住み着き、アラビア語とバンツー語が混じったスワヒリ語が国際語として使われました。アフリカでは、象牙、金、乳香などが取引された他に、「ザンジ」と呼ばれる黒人奴隷の貿易が盛んになります。ザンジはイラク南部に送られ、酷暑で畑に堆積した塩分をとり除く労役に使役されました。酷暑のイラクでは、水分の蒸発で畑に堆積する塩分の除去が大問題だったのです。

ムスリム商人のインド航路は、ベンガル湾からマラッカ海峡を通過して、中国南部の広州、福建の泉州、長江河口の揚州にまで延びました。唐の絹織物、陶磁器の売買がもたらす多大な利益が、中国航路を定期化させたのです。マラッカ海峡を支配するマレー人の海峡国家、三仏斉《さんぶつせい》（シュリヴィジャヤ）との結び付きも強まりました。

アラブ人の記述によると、現在の香港に近い広州には一二万人のムスリム商人が居住する自治的居留地（「蕃坊《ばんぼう》」と称された）が設けられ、モスクも建てられていたとされます。安史の乱（七五五～六三）後の混乱で財政が行き詰まっていた唐も、広州に「市舶使《しはくし》」という役人を派遣して、貿易を管理、推奨しました。

八五一年に書かれたアラブ商人の『シナ・インド物語』は、唐の広州に多数のイスラーム商人が居住し、イスラーム教徒の自治居留地が設けられていたことを、次のように記しています。

商人スライマーンは次のように語った。商人の集まるハーンフー（広州）の町にひとりのイスラム教徒がいて、この人物にこの地方に来ているイスラム教徒たちの間に起こった揉め事を裁定する権限をシナの長が与えている。それもシナの皇帝の意志から出た処置であった。この人物は、祭日にはイスラム教徒の礼拝を指揮し、金曜の礼拝の説教を行い、イスラム教徒たちのスルタンのために神に祈念する。そしてイラークの商人たちも、真理にかなった、また神の啓典とイスラム法に基づいた彼の裁定と行為については、その権限を少しも否定しないのである。

(『シナ・インド物語』藤本勝次訳註/関西大学出版・広報部)

唐の側は、ムスリム商人がもたらす商品に一〇分の三の商業税を課し、宮廷が必要とする商品を優先的に購入しました。しかし、唐末に塩の密売商人、黄巣の反乱軍が広州で略奪と大規模な殺戮を行うと、カントリー・リスクに目覚めたムスリム商人は広州を捨てて、マラッカ海峡の小島に拠点を後退させることになります。

◉広大な海域で棲み分けたムスリム商人と中国商人

アッバース朝期に、インド洋はムスリム商人、南シナ海は中国商人、その中間にインド商人、マレー商人という地域的な分業関係が成立しました。ムスリム商人がマラッカ海峡のカラ島に拠点を後退させると、広東、福建などの沿海部の商人は、ムスリム商人の帆船(ダウ船)にならって縦帆《たてほ》のジャンクを作って南シナ海に乗り出し、宋代になるとムスリム商人との間でアジアの海の商業を分けあうまでに成長します。

アッバース朝の下で、インド洋の「帆船」ダウは当然に物産の豊かなインド、中国に向かい、インドからは、コメ、硬質コムギ、サトウキビ、綿花、ナス、オレンジ、レモン、ライム、バナナ、マンゴー、ココヤシなどの農産物や、亜熱帯農法がイスラーム世界に持ち込まれました。「コロンブスの交換」に比せられるインド洋の「シンドバッドの交換」です。

そのうちのサトウキビ（砂糖）、コメ、レモンなどの農産物は、地中海周辺で大規模に栽培されました。イスラーム世界の「レモン」ブームが地中海にまで波及します。ナポリの果実酒「レモンチェッロ」は、その遺物です。トルコのピラフやスペインのパエリヤ、モロッコのクスクスなどのコメ料理が、コメ栽培の広がりを物語っています。

またダウの中国航路は定期化され、往復二年の長期の航海により、ペルシア湾と広州を結ぶ航海が日常化しました。西アジア、インド、東南アジア、東アジアが「船」により直結されるという商業上の大変動が起こったのです。

◉南・北を結ぶ毛皮貿易で活躍したバイキング商人（ルス）とユダヤ商人

九世紀には、森林地帯の野生獣の毛皮がイスラーム世界の新たな贅沢品になりました。毛皮の産地の「北」の森林地帯と「南」の草原、砂漠の間の毛皮取引が活性化します。砂漠のムスリム商人は先に何があるかわからない鬱蒼とした森林が怖くて入れず、ロシアの森林地帯から毛皮をカスピ海北岸に持ち出したのは、北欧のバルト海のスウェーデン系バイキングでした。ロシアの平原は平坦で、冬の豊富な降雪が緩やかに流れる多数の大河を生み出し、ロシア固有の「川の道」を作り出していました。北欧のバルト海と、中央アジアのカスピ海、黒海が水路でつながったのです。バイキング商人が、黒テンなどの高級毛皮を吃水線の浅いバイキング船でカスピ海北岸に運びます。

そうしたなかで各地のユダヤ商人は新興の毛皮取引に目をつけて、カスピ海の北岸の毛皮商業の中心都市イティルに商業拠点を設けました。ユダヤ商人の最大の商業拠点が、中央アジアの毛皮商業の最前線に築かれたのです。

ロシアを縦横に流れる諸河川を利用して厖大な毛皮を運んだスウェーデン・バイキングは、スラブ語で「船のこぎ手」を意味する「ルス」と呼ばれました。ムスリム商人はカスピ海の北岸に運ばれてきた毛皮を高値で購入します。

買い集められた毛皮は、ムスリム商人、ユダヤ商人などによりカスピ海を通ってバグダードにもたらされました。ところで「ロシア」の語源は、バイキングの呼び名だった「ルス、ルーシー」にあります。ロシア最初の国家のキエフ公国を一二世紀のウクライナに建国したのも、移住してきたルーシーでした。

バイキングの毛皮商人は毛皮の対価として、イスラーム世界の諸物資の外に大量のイスラーム銀貨を手に入れ、バルト海、東欧で秤量貨幣として流通させました。ヨーロッパの貨幣化は、西欧ではなく北欧のほうが先だったのです。

一七世紀以降、北海周辺のバイキング世界からオランダ、イギリスが資本主義を勃興させますが、その伏線は九世紀から一〇世紀のユーラシアを南北につなぐ毛皮商業にあったと言えます。

九世紀から一〇世紀の時期にバイキングにもたらされた銀貨の大部分は、シルクロードの中心ソグド地方を支配するイラン系のサーマン朝（八七四～九九九）で鋳造された銀貨でした。シルクロード商人も儲けの多い毛皮商業に多数参加していたということになります。

毛皮商業の拠点イティルを首都とする商業国家が、トルコ系ハザール人のハザール・ハーン国でした。有能なユダヤ商人との関係を重視したハーンのブランがユダヤ教に改宗したことから、ハザール・ハーン（七世紀～一〇世紀）国では二世紀半にわたりユダヤ教が国教になります。ハーンにしてみれば、有能なユダヤ商人を多く集めたかったのでしょう。同様の例としては、東南アジアの貿易の拠点のマラッカ王国のハーンがイスラーム教に改宗して、ムスリム商人を多く集めたことが挙げられます。その結果、マラッカ王国の通商圏がイスラーム圏に変化して、東南アジアにイスラーム教が広がったのです。ハザール・ハーン国でも、商業民の宗教、ユダヤ教への改宗が進みました。

一〇世紀になって、アッバース朝がスンナ派とシーア派の対立で混乱すると、草原地帯でトルコ系遊牧民ペチュネグ人の活動が盛んになり、森林地帯と草原地帯をつなぐ毛皮ルートが分断されてハザール・ハーン国も滅亡しました。

◉東欧・アメリカに大量移住した商業民ユダヤ人

その後、モンゴル人、トルコ人の圧迫が強まり、多くのユダヤ商人は、ウクライナからリトアニア、ポーランド、ドイツへの移住を余儀なくされました。

ロシア、東欧、ドイツに移住したユダヤ商人は、イディッシュ語（高地ドイツ語にヘブライ語、スラブ語が加わる）を使うようになったことからアシュケナージム（ドイツのユダヤ人）と呼ばれるようになります。

ちなみに現在の世界のユダヤ人の人口は一三五〇万人程度ですが、その九割がアシュケナージムで、一割が地中海に離散したユダヤ人の子孫（スファラディウム、「スペインのユダヤ人」と呼ばれる）になっています。ヨーロッパでは、一九世紀にスファラディウムのキリスト教社会への同化が進み、ユダヤ人の人口が減少したためです。

スファラディウムは財政面でレコンキスタを支えましたが、「大航海時代」にカトリックへの改宗を迫られ、拒絶した多くのスファラディウムがスペインから追放されました（第二のディアスポラ）。彼らは、新興地域のアントウェルペン（アントワープ）、アムステルダム、「新大陸」などに移住して、ヨーロッパの資本主義経済の成長に貢献することになります。

ウクライナ、ポーランドに移住したユダヤ人は、ヨーロッパでナショナリズムが高揚する一九世紀になると、スケープ・ゴートとして迫害を受けました。一九世紀末にロシアの皇帝アレクサンドル二世（在位一八五五〜一八八一）が暗殺されると、ユダヤ人の女性がそれに関与していたことから大規模なユダヤ人の弾圧が行われ、難を逃れるために一九二〇年代までに二〇〇万人ものユダヤ人がアメリカのニューヨークに移住しました。そうしたユダヤ人が、現在のアメリカをつくりあげるのに活躍します。たとえば、ジーンズをつくったのも、ハリウッドの映画産業を起こしたのもユダヤ人です。ロシアに残ったユダヤ人は、ロシア革命の有力な担い手となりました。

◉イスラーム世界からヨーロッパ人と北上する信用経済

商人資本主義が成長したのは、イスラーム世界では八世紀から一一世紀（アッバース朝）、中華世界では一〇世紀から一三世紀（宋、南宋）、ヨーロッパでは一四・一五世紀です。先に述べたようにユーラシア南部のインド洋・南シナ海の商業ルートが開発され、インド、東南アジア、中国南部のコメ社会（アジア・モンスーン地帯）の成長が進みました。

ところが、商業規模の飛躍的拡大が格差を拡大すると、西アジアでは政治的混乱（シーア派の攻勢）が広がり、相い次ぐ戦乱で荒廃したバグダード地域から地中海へと商業の中心が移ります。

東アジアでも、中心が長江流域に移動したことにより中央アジアの遊牧民（トルコ人、モンゴル人）の軍事活動が激化します。つまり、西アジアも東アジアも政治的混乱期に入るのです。そうしたなかでモンゴル人は、中央アジアの地政学的な優位を利用して、トルコ人のホラムズ王国（一一五七～一二二九）を下して西トルキスタンを征服し、一二五八年にチンギス・ハーンの孫のフラグがバグダードを征服し、次いでフビライが南宋を倒して（一二七九年）、一三世紀から一四世紀にかけて、中央アジアとイスラーム世界と中華世界の商業を統一・支配します（モンゴル帝国）。それは、ユーラシアの歴史が始まって以来の商路の大統一でした。

モンゴル帝国を利用してムスリム商人、中国商人は、ユーラシアの「草原の道」、インド洋・南シナ海の「海の道」をつなぐ、「アジアの円環ネットワーク」をつくりあげ、ユーラシア規模で商人資本主義を成長させます。

当然、経済規模の拡大による深刻な通貨不足が起こります。それへの対応策として、イスラーム商人は信用経済を開発していきます。両替商が発達させた「コインとの引換証」の手形・小切手が、その便利さからイタリア半島からヨーロッパに伝えられ、後にオランダ・イギリスで国債や紙幣に変形されていきました。

そうした経済技術をヨーロッパ各地に伝えたのが、イスラーム世界とキリスト教世界にまたがる商業ネットワークを持つユダヤ商人でした。イスラーム教では利子の取得が禁止されていましたから、両替商は利子を両替手数料に紛れこませました。イスラーム信仰が商業道徳に転換されて、手形、小切手の信用の源泉になりました。信用経済が膨張するなかで、利子の取得を認めるユダヤ商人が金融面で優位に立ったのは当然でした。

バグダードには銀貨と小切手を交換する金融街があり、振り出された小切手で買い物が自由にできたとされます。バグダードで振り出された小切手は長安よりも距離があるモロッコでも現金化できたとされますから、信用経済の広いネットワークができあがっていたことが理解されます。

◉イスラーム商人から引き継いだ手形から生まれた紙幣

英語では「信用の供与」をcreditと言いますが、creditのもともとの意味は「評判」「人望」です。ヨーロッパは国際的なイスラーム世界の信用経済の影響を強く受け、イスラーム経済の商業道徳を受け継ぎました。

手形、小切手は、ヨーロッパにも大きな影響をおよぼします。十字軍（一一世紀末〜一三世紀）に参加したテンプル騎士団はイスラーム経済の影響下に換金目的でヨーロッパ初の手形を発行しました。今で言えば、トラベラーズ・チェックといったところでしょう。

銀不足を補うために両替商が普及させた手形は、イタリア半島からヨーロッパ各地に伝えられ、キリスト教の祭日などに開かれた「大市（メッセ）」の決済手段として普及しました。メッセは「市」を意味するドイツ語ですが、今は幕張メッセのように「見本市」の意味で使われています。

やがて手形はユダヤ商人などにより北ヨーロッパに伝えられました。ユダヤ人が財産を没収されることを防ぐために工夫した無記名手形から、オランダでは政府発行の「国債」、イギリスでは商人が発行の「紙幣」が作りだされていきます。

先にわたしは『世界史の真相は通貨で読み解ける』（河出書房新社）という著作で、イスラーム世界の信用経済、金融技術が、北イタリアから北海沿岸、オランダ、イギリスに伝えられてヨーロッパの経済規模が拡大し、国債、紙幣という近代経済の「道具」が成長した過程を、「長期の手形革命」としてとらえる視点を示しました。経済の流れをヨーロッパ経済史としてとらえず、ユーラシアのビッグ・ピクチュア（「ユーラシア世界史」）のなかでとらえることが必要なように思われます。

3　モンゴル帝国を助けたムスリム商人

◉アッバース朝を乗っ取った遊牧トルコ人

中世のユーラシアでの遊牧民の活動は、①アラビア半島のアラブ遊牧民の活躍期、②トルコ人、モンゴル人など中央アジアの大草原の遊牧民の活躍期に大きく分けられます。穀物を自給できない遊牧民は商人との結び付きが濃密でしたから、それぞれの段階でユーラシアの市場経済が活性化しました。

①では、アッバース朝の下でムスリム商人による地中海・インド洋・ユーラシア内陸部・サハラ砂漠が連動する大きな商業圏が形成され、諸都市のバザール（市場）を結びつける諸商人の活動が安定して行われました。

②では、モンゴル帝国の下で、中国全土・中央アジア（「草原の道」の商業）・ロシア（毛皮取引）が新たにユーラシア商業に組み込まれ、ムスリム商人と中国商人・インド商人・イタリア商人などの連動が一挙に進みました。

アッバース朝の都バグダードは、唐の広州との間の定期的な交易、ロシアの毛皮の集散都市だったカスピ海北岸のイティル（ハザール・ハーン国の都、ヴォルガ川の河口）との交易、ソグド地方のサマルカンドを経由して長安に至るシルクロードの商業などとつながり、シリア、レバノン、エジプト、地中海の伝統的な経済圏との結び付きも強まりました。

アッバース朝の繁栄期は、「パックス・ロマーナ」（ローマの平和）になぞらえて、「パックス・イスラミカ」と呼ばれています。

いつの時代もそうなのですが経済が活況を呈すると貧富の格差が拡がり、政治的には不安定な状況が強まります。一〇世紀も同様で、先に述べたように貧しい人々の不満がシーア派の動乱として広がり、内戦にまで転化しました。

政治権力を握っていた富裕層は、シルクロード商人から中央アジアの草原地帯の遊牧トルコ人の青年を大量に買って軍事奴隷（マムルーク、一種の傭兵）として利用せざるをえなくなります。それが遊牧トルコ人のイスラーム世界への進出につながったのですが、そこにもソグド商人が介在していました。トルコ人のセルジューク部族が、アラブ人、ペルシア人のアッバース朝を乗っ取り、セルジューク朝を建てます。

◉モンゴル帝国が依存したムスリム商人と「アジアの大商業循環」

一三世紀には、モンゴル人が新たな波動を生み出しました。モンゴル人は、西アジア世界、次いで中華世界に進出し、中央アジアを中心に東・西の大商業圏を統合して、初めてユーラシアの大経済圏（「パックス・モンゴリカ」）を出現させます。

トルコ人の進出はビザンツ帝国にも政治危機を起こし、それへの対応として西ヨーロッパの十字軍の派遣、地中海経済の活性化が続きました。重量有輪犂《じゅうりょうゆうりんすき》（ゲルマン犂）の普及、馬・牛の農業利用、三圃《さんぽ》制などでヨーロッパ農業の飛躍（中世の農業革命）が起こり、寒冷な気候のために世界の後進地帯だったヨーロッパ経済が新たな発展期に入りました。

一三世紀から一四世紀にモンゴル帝国がユーラシアを軍事力により制覇すると、商業を重視し、元の都の大都（現在の北京）とイル・ハーン国のタブリーズを結ぶ、陸の経済の大動脈を整備しました。海でもペルシア湾・マラッカ海峡・台湾海峡が結びつき、インド洋・南シナ海の大市場がつながりました。

ペルシア湾口の港ホルムズと台湾海峡に面した福建の泉州が二大海港となり、インド洋と南シナ海の海路と「草原の道」が結び付いて、アジアの円環ネットワークが成長します。

陸路で元に至り、官僚として一七年間フビライ・ハーンに仕え、海路によりペルシア湾に戻ったヴェネツィア商人、マルコ・ポーロ（一二五四〜一三二四）の『東方見聞録』は、そうしたユーラシア商業の全般を見通す報告書でしたが、そこに記された「物産豊かな中国」と黄金の島「ジパング」の記述が、後にコロンブスの大西洋横断の航海を誘発することになります。モンゴル帝国の下でのアジアの円環ネットワークが大航海時代につながったのです。

一二五八年のフラグ（?―一二六五）によるバグダードの征服とイル・ハーン国（一二五八〜一三五三）の創設により、先に述べたようにユーラシア経済が元の大都（北京）とイル・ハーン国のタブリーズの二大都市を中心とする「草原の道」に移りました。ユーラシアの円環ネットワークが成立したこの時代は、「パックス・モンゴリカの時代」と呼ばれています。

4 「地中海商業の復活」とイタリア商人の活躍

◉ルネサンスの財源は?

十字軍の遠征、モンゴル帝国の大領域支配と商業の勃興などがあって、一一世紀から一五世紀前半にかけて地中海商業が復興し、ヴェネツィア、ジェノヴァなどのイタリア諸市がアジア経済と結び付くことになりました。中心になったのがアドリア海の最深部に位置する自治都市のヴェネツィア共和国です。ヴェネツィアは三〇〇〇隻の商船、三〇〇〇隻の軍艦を持ち、西アジア、北アフリカ、大西洋を商圏にし、イスラーム商人がインド洋からもたらしたコショウ、絹織物を買い集め、ヨーロッパに転売しました。毛織物などの内陸産業の成長を背景にミラノ、フィレンツェなどの地中海商業圏も復興します。フィレンツェのメディチ家のように、諸都市の金融業も活発化しました。

ヨーロッパの辺境の北欧でも、一二世紀頃に遍歴商人が大領主の領地に定住して商人ギルドを結成し、領主と交渉して自治権を勝ち取りました。都市法により支配される自治都市（自由都市）は、円滑に広域の商業を行うためのネットワークを成長させ、都市同盟を結成します。

先に述べたようにイスラーム世界では一〇世紀以降スンナ派とシーア派の戦闘が激化し、商業の中心がバグダード周辺から、エジプトのファーティマ朝（九〇九〜一一七一）の首都カイロ、イベリア半島の後ウマイヤ朝のコルドバに移りました。国際商業の中心が地中海に移ったことも、ヴェネツィア、ジェノヴァ、ピサ、アマルフィーなどのイタリア諸都市の成長につながります。

イタリア商人により、先進的なムスリム商人の「アラビア数字」と「十進法」が導入され、新しい計算法として、ヨーロッパに普及した。

ムスリム商人の取引法が模倣され、共同出資、共同経営、現金抜きの融資、手形取引、先物取引などを取り入れられます。「借方《かりかた》」「貸方《かしかた》」を正確に併記する複式簿記が一四世紀に取り入れられ、ヴェネツィア風の商業の方式として北イタリア諸都市に広がりました。

◉数学を支えた商人の発想

後にヨーロッパの経済、自然科学を支えた「アラビア数字」、代数学、複式簿記などはいずれもムスリム商人の大規模取引により成長した商業ツールであり、商人資本主義の成長の証しでした。数式で用いられる等号「=」は、ハカリが釣り合った状態を示していますから、商業と数学が密接につながっていたことがわかりますね。

先に述べたように国際的なイスラーム経済の成長は、通貨の素材となる銀不足を深刻化させました。九世紀に銀の主産地イラン高原のホラーサン地方、中央アジアのソグド地方を合わせて、毎年一五〇トンから一八〇トンの銀が産出され、バグダードのカリフの下に集められた銀は一五〇〇年の推定世界総生産の二五倍に達したとされます。世界経済は、現在とは全く違った状況にあったのです。

ムスリム商人は経済規模の拡大に対処するため、新たにインド数学を取り入れました。導入されたインド数字はイスラーム世界で改良され、八世紀から九世紀に「アラビア数字」になりましたが、そのうちの北アフリカで変形された数字が、ヨーロッパのアラビア数字の原型になりました。ヨーロッパにおけるアラビア数字の使用開始は一〇世紀と考えられています。それまでのヨーロッパではローマ数字が用いられていましたが、一〇本の指で数をイメージするために、大規模な商取引には対応できませんでした。大きな数は、I、V、Xなどが組み合わされるローマ数字では長大な記号の羅列になり、繁雑な手間が商人を悩ませていたのです。

それに対して、アラビア数字の十進法では「位取り」を組み合わせた、〇から九までの一〇個の記号を用いることで大きな数でも簡単に表記することができました。計算を容易にしたのがアラビア数字による十進法（アルゴリズム）ですが、ローマ数字になじんでいた学者、商人には奇跡のマジックに見えました。

ちなみに十進法の英語表記「アルゴリズム」は、九世紀のイスラーム世界の大数字者アル・フワリズミー（七八〇～八五〇頃）の名に由来します。アラビア数字を使った計算は、すべての数字操作の過程を書き残したため、検算も容易でした。

しかし、世の中は実務本位にはいかないものです。一二九九年、保守的なフィレンツェの両替商ギルドは、アラビア数字の使用を禁止しています。計算が繁雑なほうが利益を隠しやすかったからでしょうか。

十字軍（一〇九六～一二七〇）の遠征がイスラーム世界の文物を大量にヨーロッパに伝え、それが翻訳されてヨーロッパ文明に大変動を起こしました。アメリカの歴史家ハスキンズ（一八七〇～一九三七）は、『一二世紀ルネサンス』という著作で、イスラーム文明が大規模に翻訳されヨーロッパに流入した一二世紀を、「一二世紀のルネサンス」として再評価の必要があると主張しています。

複式簿記は、ルネサンス初期のフレスコ画家ジョットが活躍した一三〇〇年頃にイタリアに初めて伝わり、一三四〇年にジェノヴァで定着しました。

一四九四年になると、「複式簿記の父」（あるいは「近代会計学の父」）と称される数学者ルカ・パチョーリ（一四四五～一五一七）が、数学と商業数学の入門書の『算術・幾何学・比および比例全書』を出版します。その著作の一部分で、パチョーリは簿記の技法をわかりやすく解説しました。やがてその部分だけが、『計算および記録詳論』として別途刊行され、わかりやすさの故に大人気を博します。「経済」でも何でも、簡単、便利が第一のようです。

◉商業から派生したbankは両替商の「机」が語源

一〇世紀になると、政治的混乱によるコインの鋳造量の減少、経済活動の急激な膨張による「通貨」需要の急増、精錬に必要な木材の不足による銀産量の減少などが重なって、イスラーム世界の銀不足、コイン不足が深刻になりました。

コイン鋳造に必要な木材の不足については、東洋史家の宮崎市定氏が、「一〇世紀の西アジアは正しく社会的な一大危機に遭遇していたといえる。それは一口で言えば資源の枯渇である。特に森林資源の枯渇に悩まされたのであって、船をつくるにも木材なく、それは遠くヨーロッパから輸入せねばならなかった。すでに造船の木材に事欠くとすれば、鉱山業に使用する燃料資源にも窮していたのであろうことは想像にあまりある。不幸にして西アジアにはかわるべき石炭の埋蔵がなく、石油はあってもまだこれを利用する方法を知らなかった」と述べられています。

深刻な「通貨」不足に直面したムスリム商人は、ペルシア起源の送金手形（アラビア語でハワーラ、ペルシア語でスフタジャ）、持参人払いの為替手形（サーク、英語のcheckの語源）、約束手形（ルクア）などを発行して、銀貨不足を補うための信用経済を発達させました。手形、為替の普及には、必ずそれらが銀貨に換えられるという商人への「信用」が、大前提になりました。

イスラーム世界の大都市では、ディナール金貨とディルハム銀貨、地方通貨の両替を行った「サッラーフ」と呼ばれる両替商が、預金、貸し付け、送金の業務も兼ねました。銀貨を「サッラーフ」の下に持ち込むと、手数料を差し引いて小切手帳が発行され、限度額の範囲で市場での買い物が自由にできたと言われます。現在のカードの起源になりますね。商人がバグダードで発行した小切手をモロッコで現金化することができるほど、為替、小切手は広域で流通しました。

こうした信用経済は、ムスリム商人と取引があったヴェネツィアなどのイタリア諸都市に波及しました。フィレンツェのメディチ家の銀行は、ヴェネツィア、ナポリ、ローマ、ジュネーブ、リヨン、ブルージュ、ロンドンなどに支店を設け、ヨーロッパ各地に手形の取引をする代理人を置きました。

『コーラン』では利子をとって金を貸すことを禁止していましたから、イスラーム世界では両替による高額の手数料を利子に置き換えました。現在、銀行による外貨預金の手数料がきわめて高いのは、そうした慣習の名残と考えられます。当時のイスラーム世界では、ディナール金貨、ディルハム銀貨だけではなく、各地で造られた多種多様の貨幣が流通していたことが巧みに利用され、「サッラーフ」と呼ばれる両替商が両替料として利子をとったのです。ムスリム商人の両替システムは、十字軍運動期（一〇九六～一二七〇）にイタリア半島、イベリア半島に広がりました。

本来ヨーロッパでは、両替、為替、送金、保険などは取引を行う商人自身が担いましたが、次第にそうした業務に特化した銀行が現れます。ジェノヴァでは一二世紀、ヴェネツィアでは一三世紀、フィレンツェを擁するトスカナ地方では一四世紀初に銀行が現れています。

メディチ家の銀行が有名ですが、フィレンツェの銀行は一三五〇年頃には八〇を数え、両替、為替・振替、送金、保険、支配層・商人などへの出資により巨利を得ていました。ヨーロッパの金融資本主義のはしりです。

南ドイツのアウグスブルクのフッガー家は、織布工から身を起こしたヤコブ・フッガーが鉱山経営で財をなした後、銀行業でも大成功して晩年の一〇年間は年平均で五四パーセントもの利益を上げたとされています。ハプスブルク家のカール五世が神聖ローマ皇帝に選出された際にフッガー家の借入金に頼ったことは有名な話で、一六世紀前半が大金融業者の「フッガー家の時代」と呼ばれるほどです。

一三世紀以降、イタリア商人のヨーロッパ各地への移住が進むと、イスラーム世界からイタリア諸都市に伝えられた手形決済、帳簿決済などがヨーロッパ各地に広がりました。ですから「銀行」を意味する英語のｂａｎｋの語源は、イタリア語のｂａｎｃａになります。バンカは、もともとは両替商が市場で商売に使う「板」の意味です。イギリスで発行された紙幣も、イタリアから移住してきたロンドンの金匠《きんしょう》が発行した金地金の「預かり証」がその原型になりますが、もともとは商人が遠くの土地に「金」・「銀」を送るために使った手形、為替（預かり証、引換証）でした。

5　中国商人とムスリム商人を統合した元

◉宋の商業の成長と世界初の紙幣帝国・元

モンゴル帝国が成立する前夜は、ユーラシア東部の中華世界の著しい経済成長の時期でした。北のアワ、ムギを中心とする経済が、唐末から北宋にかけて長江デルタの生産性が高いコメに比重を移します。ベトナムから二期作（場所によっては三期作）が可能な占城稲《せんじょうとう》（チャンパ米《まい》）が伝えられたことで、ムギよりも数十倍も生産力の高いコメ経済が発達して、中国の農業経済の規模が一挙に拡大したのです。

「江浙熟《せつこう》すれば天下足る」という言葉があるように、長江デルタ（江蘇《こうそ》、浙江）のコメが豊作なら、中華世界の食糧は大丈夫というような状態が生み出されたのです。南部の浙江、福建、広東などの沿海部では、海外貿易も盛んになりました。宋代になると唐代には広州にのみ設置されていた市舶司（海上貿易を担当する役所）が沿岸の七つの都市（広州、泉州、明州など）に増設され、対外貿易が拡充されました。

一一世紀から一二世紀は、地方に「鎮」、「市」と呼ばれる商業都市が多数出現し、水陸交通の要地、寺院の門前などには「草市」とよばれる小規模な市場が成長しました。飲茶の流行に対応して陶磁器の製造も盛んになって、景徳鎮などの世界的な焼き物都市が出現します。

ｃｈｉｎａが「磁器」を意味するように、ガラス質（石英）を含む粘土で作られる磁器は世界でも中国でしか生産されない高級な焼き物であり、「宋磁」として東南アジア、イスラーム世界などに輸出されました。そうしたことから「海の道」は「陶磁の道（セラミック・ロード）」とも呼ばれます。宋の時代は、中国の「商業革命」の時代と考えることができるのです。

反面、北方の遊牧民に対する備えは弱まり、モンゴル高原の遼《りょう》、満州の金に悩まされた宋の時代の後に、モンゴル人の元、満州人の清が明を挟んで中国を支配することになります。モンゴル帝国はムスリム商人と結び付きましたが（ムスリム商人は「色目人《しきもくじん》」として優遇された）、農業民と遊牧民の複合的性格が強い清帝国では中国商人が活躍しました。

宋代の経済の急激な膨張は、もともと発行規模が大きかった銅銭の流通規模を、ひとまわりもふたまわりも大きくしました。北宋（九六〇〜一一二七）の銅銭の鋳造量は、なんと二六〇〇億枚以上に達しています。銅銭は材料の銅さえあればいくらでもつくれるのですが、原材料の銅の採掘がとても追いつかなくなります。そこで宋は、四川などの周縁地域では、重い鉄を貨幣の素材として採用せざるをえなくなります。

ところが鉄銭《てつせん》は価値が低い上にとても重く、高額の取引には向きませんでした。そこで四川の商業都市、成都の商人は「交子舗《こうしほ》」を設けて鉄銭を預かり、「預かり証」として「交子」を発行しました。商人の莫大な資産を裏付けとする「信用」の創造です。鉄銭の預かり証の「交子」は、鉄銭と同様に使えました。かさ張る鉄の鋳貨があまりにも不便でしたから、「交子」には合理性がありました。それには、高度な紙の製造技術、印刷技術が前提になりました。

鉄銭といつでも交換できる「交子」は便利だったのですが、詐欺などの経済犯罪のリスクも膨らみました。甘い汁を吸おうとして預かった鉄銭の何倍もの「交子」を発行する悪徳業者が横行し、トラブルが多発します。そこで北宋は紛争の多発を口実に、ウマ味のある「交子」発行権を商人から取り上げてしまいます。

一〇一三年、北宋は三六万貫の鉄銭を準備し、それに八九万貫分を上乗せして一二五万貫の「官交子（後に銭引《せんいん》と改称）」を発行しました。実際の鉄銭の三・五倍の額の発行ですから、政府はこっそりと巨額の発行益を手にしました。その「交子」こそが、世界初の「紙幣」です。元の時代になると、政府は民衆から富を略奪するのに便利な紙幣を全面的に取り入れ（「交鈔《こうしょう》」と呼んだ）、軍事ビジネスの手段として便利に活用しました。

『円の支配者』の著者であるドイツの経済学者リチャード・ヴェルナー（一九六七〜）は「交子」について、「皇帝が発行し、玉璽を押した紙幣だけが通貨なのだ。皇帝が中央銀行だった。ほかはいっさい貨幣の創造が認められていなかった。違反すれば死刑である」と述べています。皇帝が絶対的な支配権を持つ中華帝国の仕組みを利用して、モンゴル人は貨幣の素材を「銅」から安い「紙」に替え、「ソフト・マネー」である紙幣を全面的に流通させたのです。

紙幣は発行が簡便なため、濫発が常態になりました。民衆は紙幣の発行量を確認する術を持ちませんでしたので、気が付かないうちにインフレが進んで民衆は負担を背負わされたのです。

◉元の財政基盤を固めたムスリム商人アフマド

モンゴル人の中央アジアの大草原征服は、最初は商人から税をとるためでしたが、やがて征服が牧畜民、農業民を囲い込む軍事ビジネスとなり、パッチワーク的に「不可視の帝国」の建設が進められました。抜け目のないムスリム商人が、モンゴル人のパートナーになったことは言うまでもありません。元は、ムスリム商人を色目人として優遇し、中国人に対しては高圧的な姿勢で臨みました。

元は中国では通貨を紙幣に統一して略奪しやすい体制をつくり、国際的には西アジアの銀経済にリンクしました。塩の専売収益が元の歳入の八割を占めましたが、塩商人は塩を購入する際に、紙幣ではなく銀で手形を購入しなければならないとされました。元のモンゴル人は、イスラーム商人のユーラシアの銀経済圏にも積極的に参入したのです。

フビライを助けて旧南宋地域の徴税方式を生み出したムスリム商人アフマドの事蹟は、マルコ・ポーロ（一二五四〜一三二四）の『東方見聞録』にかなり詳しく記されています。

一二七一年、元（一二七一〜一三六八）を創建したフビライ（一二一五〜九四）は、皇后チャブイの宮廷に仕えていたムスリム商人のアフマド・ファナーカティー（?〜一二六八）を財務長官に抜擢します。フビライの信任を得たアフマドの一族は、一二七〇年には元の財務の全権を握るようになりました。

一二七九年、元が南宋を征服すると、アフマドは江南の経済支配の体制作りに専念。塩の専売制、江南諸都市での商業税の創設などで、元の財政の基盤づくりに辣腕《らつわん》を振るいました。フビライは彼の能力を高く評価して一族を厚遇し、アフマドの引きで、多くの中央アジアのムスリム商人が地方長官や徴税官に任命されました。アフマドは一大商人閥を築きあげると、汚職、人事の不正、婦女に対する暴行など、その地位を利用して欲しいままに振る舞いました。

しかし、彼らが実施したイスラーム世界の厳しい徴税請負方式による税の徴収は、官僚が賄賂を取り放題だった中国の徴税方法を覆したことから評判が悪く、既得権を持っていた人々から敵視されました。

一二八〇年、アフマドは敵対する派閥の手で暗殺されてしまいます。その後、アフマドの生前の不正蓄財、権力濫用などの旧悪が次々と暴き出されて一族は滅ぼされ、それでも怒りが収まらないフビライは、アフマドの墓を暴いてその死体を大都の通りにさらしました。つまりフビライは、アフマドにすべてを背負わせたのです。

アフマドは元で銅銭の使用を全面的に禁止し、「交鈔」という紙幣に通貨を一元化しました。流通を重視するモンゴル人とムスリム商人にとって、紙と交換にモノを取り上げることのできる紙幣は、当然のことながら征服ビジネスの有力な手段とみなされたのです。

フビライに一七年間役人として使えたヴェネツィアの商人マルコ・ポーロは『東方見聞録』で「交鈔」について、「純金や純銀の貨幣と同等の格式と権威をもっていた」、「紙幣は法的に認証されたものである」と記し、同時に「フビライはこの紙幣を世界中の財宝を買い占められるほどつくった」と驚嘆しています。金貨、銀貨に慣れ親しんでいたマルコ・ポーロにとって、紙幣による富の獲得は、合法的略奪に見えたのです。

短期間で元が滅び去った後、交鈔が価値を持たない紙くずの山と化したことは言うまでもありません。紙幣は自らは価値を持たない「モノとの交換証」ですから、発行元が潰れたことにより、単なる紙クズに変わってしまったのです。

◉「草原の道」により再編されたユーラシア商業

フビライは、一二七九年、辛くも余命を保っていた南宋を滅ぼし中国全体を支配下に組み入れました。モンゴル帝国は、モンゴル高原・イスラーム世界の東半分・中華世界・ロシアを支配する大帝国になります。「ウマ」を巧みに乗りこなす遊牧民が、軍事征服を最大限にビジネスに活用して巨万の富を得たことは、地政学的優位を生かしたことによる経済の大逆転でした。遊牧民の軍事ビジネスにより、イスラーム帝国（イル・ハーン国）と中華帝国（元）のふたつの大農耕地域が、モンゴル人の収入源に変わったのです。軍事征服ビジネスは、長く引き継がれていきます。

モンゴル帝国は、ユーラシアの「商業革命」を起こしました。陸上では中央アジアの「草原の道」を商業の中心とし、それとアッバース朝以来のインド洋と南シナ海・東シナ海を結ぶ海洋世界を結合したのです。フビライは、ペルシア湾口のホルムズと台湾海峡の泉州を結ぶ「海の道」とウマが行き来する「草原の道」を結びつける大商業路、つまり「ユーラシアの円環ネットワーク」を「帝国の大動脈」とする巨大市場をつくりあげたのです。モンゴル帝国は、地政学的優位と強大な騎馬軍団で商業インフラの秩序を維持し、商人たちのアジア規模のモノの循環を管理したのです。

◉共働するムスリム商人とモンゴル貴族

流通を重視するモンゴル帝国では遊牧民も商業に熱心であり、モンゴル貴族とムスリム商人の共同出資による「オルトク」が活躍しました。商人とモンゴル貴族がウィン・ウィンの関係になったのです。「オルトク」は、トルコ語で「仲間」、「組合」、「パートナー」ほどの意味で、特権商人の仲間組織、共同出資の組織でした。

モンゴル帝国の貴族は集めた銀を「オルトク」に委託して運用してもらい、他方で「オルトク」に対しては旅行中の安全の保障、帝国の道路網の優先的な利用などの多くの特権を与えました。「オルトク」が、金融、徴税などの帝国の業務を請け負う場合もありました。

元の経済を支配したムスリム商人は、自分たちは紙幣（紙の引換証）を信用せず、西アジアの「国際通貨」の銀を重視したとされます。先が見えていたのですね。

モンゴル人も、銀を重視しました。フビライは地方財政を農民からの徴税で維持する一方、中央の財政は塩の専売と商人にかける商税で賄いました。元の歳入の八割は塩の専売によったとされます。元の政府は中国人の塩商に塩を売り渡す際には、「塩引《えんいん》」（塩の引き換え証・販売許可証）という手形を銀で買い取らせています。塩商は「塩引」と引き換えに塩を受け取り、内陸各地で販売して利益を得たのです。

また長江以北の農民からは、戸別に銀で納税をさせました（包銀制《ほうぎんせい》）。銀の六割以上を産出する雲南地方には多くのイスラーム教徒を移住させ、銀の採掘にあたらせています。明代の有名なイスラーム教徒の航海士、鄭和《ていわ》（後述）は、元代に銀の採掘のために雲南地方に移住したイスラーム教徒の子弟です。

ハーンの下に集められた年に約一〇トンあまりの銀は各地のモンゴル貴族に分け与えられ、ムスリム商人の手で西のイスラーム経済圏に還流しました。中国からの銀が、銀の枯渇で行き詰まっていたイスラーム経済を一時的に蘇らせたのです。一三世紀に、イスラーム経済が落ち着きを取り戻したのはそのためです。

6　ポスト・モンゴルのユーラシア

◉対峙する明・ティムール帝国と縮小するアジア商業

モンゴル帝国は、①東アジアの大元ウルス、②中央アジアのチャガタイ・ウルス、③西アジアのフラグ・ウルス（イル・ハーン国）、④ロシアのチャガタイ・ウルスの諸ウルスからなっていましたが、それぞれの地域の支配は、①広域支配、②軍事力による圧政、という共通点がありました。「ウルス」というのは土地ではなく人的結合からなる遊牧的社会集団で、「人間の集団」を指しています。遊牧世界は、人（部族）の結びつきにより成立していたわけです。モンゴル帝国の滅亡後にユーラシアに分立した諸帝国では、モンゴル帝国の部族の結合による広域支配がそのまま受け継がれました。帝国の中心になった大元ウルスで農民の大反乱（紅巾の乱）が広がり、そこから分かれて大勢力となった朱元璋の軍が、モンゴル勢力をモンゴル高原に追いやりました（北元）。

一三六八年、中国中心主義（シノセントリズム）の立場に立つ農業帝国の明（一三六八～一六四四）が、江南の南京を都として成立します。明はモンゴル帝国時代の「アジアの円環ネットワーク」から離脱し、海禁（商人の対外貿易の禁止）と朝貢貿易（勘合《かんごう》貿易）により中華世界の再建を目ざしました。

しかし、モンゴル帝国の滅亡期に雲南地方の風土病のペスト（黒死病）が中国に蔓延し、さらにモンゴル帝国のウマのネットワークに乗ってペストを媒介するノミが、黒海からエジプト、北アフリカ、イタリア半島、ヨーロッパへと持ち込まれ、一四世紀後半には、エジプト、北アフリカ、ヨーロッパの人口が三分の二に激減します。モンゴル時代のユーラシアの大商圏がペストの大流行で壊滅状態になったのです。ルネサンス期の傑作と言われるボッカチオ（一三一五～七五）の『デカメロン』（十日物語）は、ペストから逃れて邸宅に立てこもるフィレンツェの一〇人の男女が一〇日間に、退屈と恐怖を紛らわすために語る一夜に一話ずつの話を集めた形式になっています。モンゴル帝国の衰退期に、東アジア、地中海世界、ヨーロッパがペストにより一挙に衰退期に入ったのです。

そうした関係もあって、中央アジアのチャガタイ・ウスルがモンゴル帝国再興の動きの中心になりました。チャガタイ・ウルスから出たトルコ系遊牧民のティムール（在位一三七〇～一四〇五）は、モンゴル帝国の再興を掲げてハーンの末裔を押し立て、自らはハーン家の女婿、アミール（軍司令官）と称してイスラーム世界の再統合に成功します。明がユーラシア世界からの離脱による中華帝国の再建を目指し、ティムールがモンゴル帝国の再建の動きを西方に広めたという図式です。

ティムールはイスラーム世界の統合の後、一四〇五年に二〇万の大軍勢で永楽帝（在位一四〇二～二四）が支配する明を攻めますが、高齢のティムールは遠征の途上に自領で病死して遠征は中止されました。カリスマ支配者を失うとティムール帝国は弱小化し、モンゴル帝国の再建は挫折していきます。

一四〇五年は、足利義満が京都の金閣寺で永楽帝の使節から「日本国王」の金印を与えられて勘合貿易の体制に加わった年ですが、同じ年に永楽帝はイスラーム教徒の宦官、鄭和に二万七〇〇〇人の乗員からなる大艦隊を率いさせてインド洋への遠征を行っています（鄭和の南海遠征は全体で七回におよびます）。明はユーラシア経済からの離脱を国是とし、商人の対外貿易を禁止する海禁政策をとりましたが、海からの国威発揚の外交戦を画策したのです。

弱体化したティムール帝国は一五〇七年にトルコ系の遊牧民ウズベク族に破れ、最後の皇帝はアフガニスタンに逃れました。その後ティムール帝国の残党は、一五二六年に北インドに侵入してムガル帝国（ムガルは「モンゴル」の意味）を建て、軍事力で多神教のヒンドゥ社会を支配するようになります。

明帝国も、①モンゴル人の再度の台頭、②大航海時代の影響が東アジアにおよんだことを背景に、中国商人の大規模な密貿易、博多商人・ポルトガル商人の進出による海禁政策の行き詰まり、③豊臣秀吉の朝鮮出兵、④満州人の台頭などにより弱体化し、一六四四年に大規模な農民反乱（李自成の乱）により滅亡します。

一七世紀の中期で、ポスト・モンゴルの第一段階が終わります。

◉オスマン帝国・清帝国・ロシア帝国の軍事ビジネス

ユーラシアの大遊牧帝国の支配の第二期は、①地中海・西アジア、②インド、③東アジア、にそれぞれユーラシア規模の大規模な軍事帝国が成立し、新たに④ユーラシア北部の大森林地帯、中央アジアの草原にロシア帝国（後述）が出現した時期になります。各地の軍事政権を経済面で助けたのが、特権的な政商でした。

ティムール帝国と明帝国が滅亡した後、ユーラシアの乾燥地帯は、トルコ人によるオスマン帝国とムガル帝国、東の満州人・モンゴル人による清帝国に三分されていきます。オスマン帝国、ムガル帝国、清帝国はモンゴル帝国から多くを学んだ、軍事ビジネスを追求する帝国でした。

オスマン帝国はトルコ人の騎馬軍とバルカン半島のキリスト教徒の子弟からなる「新しい兵士」（イエニ・チェリ）により軍事支配の体制を固め、ムガル帝国は支配者のトルコ人に対して騎馬軍団の保持の代わりに俸禄を与えるマンサブダール制（軍人官僚制）、清帝国では、モンゴル帝国に学んで兵農一致の八旗制により満州人が組織され、モンゴル人、漢人にも八旗体制が採用されました。清の歳入の大部分が軍事費に費やされたことは、よく知られているところです。

またロシア帝国は、一六世紀初めにキプチャク・ハーン国（ジョチ・ウルス）の滅亡により没落した遊牧トルコ人をコサック（武装騎馬軍団）として利用し、周辺への領域拡大、治安の維持などにあたらせました。ビジネスとしての軍事征服を積極的に利用したのです。

◉西のトルコ人と東の満州人による大帝国

ユーラシアで最後に勝ち残った遊牧民は、トルコ人と満州人でした。ユーラシアの「西」では、ティムール帝国の圧迫もあって「トルコ半島から東地中海」を中心に三大陸にまたがるトルコ人のオスマン帝国がアラブ人を支配下に置いてスンナ派の中心勢力になりました。一四五三年五月、オスマン帝国の皇帝メフメト二世はコンスタンティノープルを占領してビザンツ帝国（ギリシア人が支配するローマ帝国）を倒し、その領域をそのまま引き継ぎます。

コンスタンティノープルはイスタンブールと改称され、グラン・バザール、エジプト市場が西アジア・東地中海の商業の中心になりました。オスマン帝国はヴェネツィア海軍を撃破して東地中海の商業覇権を握り、シリア、エジプト、さらにはその西の北アフリカを征服します。そのために、イタリア商業の中心は遠く離れたジェノヴァに、さらに大西洋のアントウェルペンに移動していきます。

オスマン帝国は、ヨーロッパを合わせた以上の大領域を支配する多民族からなるイスラーム帝国で、地中海、北アフリカ、西アジア、東欧をイスラーム教により支配しましたが、一九世紀になると、バルカン半島やエジプトの民族主義の台頭、ヨーロッパ諸国（オーストリア、フランス、イギリス）とロシアの台頭で力を弱め、第一次世界大戦により崩壊しました。オスマン帝国の領域は三〇数か国に分裂し、中東、北アフリカで混乱が今も続いています。

ユーラシアの「東」では、長い間モンゴル人との間の覇権争いに明け暮れてきた満州人が、英雄ヌルハチの下で軍事社会の体制（八旗）を整えて満州に後金を建国。明が大農民反乱で倒れた状況を利用して中国に進出し、①中国文明の尊重、②中国の満州化（弁髪令による）、③反清活動の弾圧、を基本とする清帝国が建国されることになりました。

清帝国はチベットのラマ教を王朝の宗教として、ラマ教の熱心な信者だったモンゴル人をコントロールし、内モンゴル、青海、東トルキスタン、チベットなどの広範な地域を征服。農耕地帯と遊牧地帯を統合する大領域を、軍事力により複合的に支配しました。

二〇世紀初頭に清帝国が辛亥革命で倒れると軍閥が乱立する時代に入り、一九四九年に「人民解放軍」を擁する中国共産党が支配権を掌握して、社会主義に基づく中華人民共和国（中国）を建国し、清帝国の「世界」とも言える多民族による複合的な大領域を、「近代国家」の概念により統治しようとしていますが、古い帝国体制の克服は容易ではありません。

◉ユーラシア帝国に急成長したロシア

モンゴル帝国の滅亡後のユーラシアの最大の変化は、北の森林地帯のロシアの巨大化でした。モンゴル帝国の時代にトルコ系遊牧民に二〇〇年にわたり支配されたロシア（キプチャク・ハーン国）では、ロシア正教の信仰が盛んになってロシア民族が形づくられていきます。一四八〇年、モスクワ大公国のイワン三世がキプチャク・ハーン国の支配を脱すると、一四五三年にコンスタンティノープルが陥落してギリシア正教が保護者を失っていたことを受けて、「ツアーリ（ローマ皇帝の後継者）」を称し、イワン四世が初代のツアーリ（カエサルの意味、ローマ帝国ではカエサルは皇帝の呼称だった）になります。ロシア帝国は、中央アジアとヨーロッパをつなぐルートからの遊牧民の侵入を遮断し、ヨーロッパが発展できる土台を作りだしました。

ロシアがコンスタンティノープルの後を継いでツアーリ（皇帝）を称するのがいかに横紙破りの行為だったかについて、イギリスの歴史家A・トインビーは『試練に立つ文明』で、次のように記しています。

一五四七年には、イワン四世（雷帝）は自ら「皇帝《ツアー》」すなわち「東ローマ皇帝」と称したのでありますが、子の皇帝の位は空位になっていましたが、考えてみれば彼のこの僭称《せんしよう》はずいぶん大胆な思い上がりだったのであります。というのは過去においてはロシアの大公はコンスタンティノープルの「全キリスト教会の教長」の下にあるキエフあるいはモスコーの「大主教」の境界階制上の部下であったからであります。ところが、このコンスタンティノープルの「教長」

はさらに政治上ではコンスタンティノープルにおけるギリシア皇帝の配下に属していたのです。
ところでその皇帝の威容、称号、大権をいまやモスコー人イワン大公が僭称しようというのであります。一五八九年に最後の決定的な処置がとられました。それは、トルコ人の一介の下僕となっていたコンスタンティノープルの現職の「全キリスト教会の教長」が、モスコー訪問中に、それまでは彼の配下であったモスコーの「大主教」を独立の一「教長」の地位にまで昇格させせることを納得させせられた、あるいは強制されたことであります。

一六一三年、三〇〇年続くロマノフ家の支配が始まります（ロマノフ朝、一六一三〜一九一七）。ロシアの王は、もともとは毛皮商人の親玉のような存在でしたが、ロマノフ家が急速に帝国の体制を整えていきます。ロマノフ王朝は毛皮需要の激増でロシアの毛皮が枯渇していたのを受けて、一五七八年から一六三六年にかけてトルコ系のコサック（カザーク）に広大なシベリア（新たな毛皮の供給地）を征服させせました。その結果、ロシアの領土は日本の面積の四〇倍以上に達することになります。

コサックはトルコ系遊牧民などからなる軍隊で、オスマン帝国、サファヴィー朝を圧倒する強力な騎馬軍隊に成長しました。今度はロシアが、イスラーム世界を軍事的に圧する番です。寒さで食糧が乏しいロシアは、その分侵略性を強めることになりました。

ロシア帝国は「北」から現れた軍事大国として、「東」の清帝国と中央アジアの大乾燥地帯の支配を二分します。

ヨーロッパとの毛皮交易が盛んになると、オランダ、イギリスの繁栄を知ったピョートル一世（伝一六八二〜一七二五）は海洋進出を目指し、スウェーデンとの北方戦争（一六五五〜六一）でバルト海を制覇。バルト海への入口に「ヨーロッパへの窓」として港湾都市のサンクト・ペテルブルク（ピョートルの砦）を作り、新たな首都としました。しかし、バルト海から大西洋に進出するのは困難であり、ロシアはピョートルの遺言に基づいてシベリアの東のオホーツク海からアジアの海域へ進出する政策に転換します。探検を進めたお雇い外国人、デンマーク人のベーリング（一六八一〜一七四一）は、ベーリング海峡の存在、シベリアの対岸にアメリカ大陸があることを明らかにします。その探検の副産物として、世界で最も良質な毛皮獣と言われるラッコが北太平洋に広く分布することが明らかになり、ロシアの毛皮貿易の中心が森林地帯から北太平洋に移っていきます。ロシアの毛皮商人は、千島列島、アラスカ、カリフォルニアにまで進出しました。ラッコ資源が枯渇すると、一八七五年にロシアは日本との間で千島列島を南樺太の居住権と交換し（千島樺太交換条約）、一八六七年にアラスカを南北戦争直後のアメリカに1エーカー（約四〇四七平方メートル）あたり二セントという二束三文の値段で売却します。

ナポレオンのモスクワ遠征をロシア軍が撃退したことから、ロシアは陸軍大国として名を轟かせ、イギリス勢力のアフガニスタン、イラン、チベットなどへの進出と対抗することになります。それは「グレート・ゲーム」と呼ばれました。海軍に偏った小国のイギリスは、強大なロシア陸軍に対抗するのが困難だったのです。イギリスが日本の明治維新を陰で支援し、日英同盟で日露戦争の日本を支えたのは、中国におけるイギリス商人の利益を守るための深謀遠慮だったのです。

第5章 「大航海時代」以降に商業民が育てた海の資本主義

1 「海の発見」によるユーラシアの相体化

◉大西洋から成長する海の資本主義

五〇〇〇前に文明が誕生して以後五〇〇〇年前までに、人類の「世界」は①ユーラシアの大乾燥地帯から、②北の草原地帯、さらにその北の③ロシアの森林地帯、④南のアジア・モンスーン地帯とインド洋、⑤地中海の北のヨーロッパへと膨張を続けました。ユーラシアが唯一の「世界」だったのです。

ところが五〇〇年前にユーラシアの周縁部のヨーロッパが、大西洋（ユーラシアの約二倍の面積）と新大陸（南・北アメリカ大陸。ユーラシアの七割五分の面積）を新たに「世界」に加えることになります。それらの地域は諸文明が栄えたユーラシアとは別の開発が遅れた地域で、ヨーロッパ人は天然痘のパンデミックを利用して「植民地」として作り直しました。彼らは、プランテーション（商業的な大規模農業）と大西洋の商業、奴隷貿易を組み合わせて「海の資本主義」を成長させます。つまりユーラシアの諸帝国とは全く違う仕組みを持つ海の「世界」を、新たに世界史に組み込んだのです。地球のイメージが大きく変化しました。広大な海から見れば、ユーラシアも「島」にすぎません。

後発地域のヨーロッパの歴史が詳述されるようになるのは、一九世紀中頃以降、ヨーロッパが大成長してユーラシアの「世界」を飲み込んでいったからです。

◉ポルトガル人を「海」に引き寄せた聖ヨハネ伝説

世界史は、思いがけないかたちで連続しています。なんと大航海時代も、モンゴル帝国の延長線上に位置づけられるのです。ユーラシアの乾燥地帯の歴史はモンゴル帝国の時代に頂点に達し、ユーラシアの東西の経済が統合されました。そうした動きは、どのようにユーラシアの辺境のヨーロッパの変化を引き起こし、大西洋と新大陸を「世界史」のなかに組み込む「大航海時代」に導いたのでしょうか。

それを解くカギが、「聖ヨハネの国（プレスター・ジョン）の伝説」です。話は、十字軍時代に溯ります。中央アジアのネストリウス派の信者からシリアの聖職者に、中央アジアに「聖ヨハネの国」というキリスト教の大国があり、イスラーム教徒のセルジューク朝と戦って勝利を収めたという情報が寄せられました。それは根拠のない話ではなく、宋の時代にモンゴル高原を支配していた遼《りょう》が満州人の金に敗れて中央アジアに移動して西遼を開き、セルジューク朝軍と戦って破ったという話がもとになっています。十字軍は最初の遠征でイェルサレムをトルコ人から奪回しましたが、トルコ人が強力であったために後は連戦連敗の情けない状態だったのです。

そうした状況下に、モンゴル高原にモンゴル帝国が勃興してきますから、ローマ教皇もフランス王も「聖ヨハネの国が実在したのか？」ということで大変な関心を持ち、宣教師のプラノ・カルピニ（一一八二〜一二五二）（教皇）、ルブルック（一二二〇〜一二九三）（フランス王ルイ九世）などを送って情報を収集させせました。そうした動きのなかで、ヴェネツィアの商人マルコ・ポーロという特異な才能を持つ商人がモンゴル帝国（元）に赴いて一七年間フビライ・ハーンに役人として仕え、『東方見聞録』という厖大で、正確なモンゴル帝国の報告書を発表します。同書は戦争に巻き込まれてジェノヴァで投獄されたマルコ・ポーロが口述し、ジェノヴァの文人ルスチアーノが記述したことになっていますが、個人が記憶しておけるような内容ではありません。マルコ・ポーロは、中国の豊かさ、経済規模の大きさや、黄金がタダのように安いジパング島の情報などを伝え、商人たちに大きな夢を与え、同時にモンゴル帝国が「聖ヨハネの国」ではないことも明らかにしました。でも、ヨーロッパ人は聖ヨハネの国の伝説を捨て切れず、最終的にはキリスト教徒が多いエチオピアが「聖ヨハネの国」ではないかと、考えるようになりました。

先に述べたように一四五三年にオスマン帝国がコンスタンティノープルを占領してビザンツ帝国を倒しますと、地中海経済が一挙に衰退します。強大なオスマン帝国が壁になって、アジアとの貿易が衰退したためです。そこで多くのイタリア商人がポルトガルのリスボンに商業拠点を築き、大西洋貿易の活性化を目指しました。そうした時代風潮を受けて、エンリケ航海王子、バルトロメウ・

ディアス、コロンブス、カボットなどの海の商人、航海士が登場することになります。モンゴル帝国の時期の文明交流で、中国の羅針盤、火薬などがヨーロッパに伝えられたことも、大きな意味を持ちました。

◉世界の商業化を進めた海の風系の発見

地表の七割は海です。しかし、海は砂漠と同じでそのままでは経済価値をもたず、商業に活用されることで初めて価値を生みました。ただ大西洋はユーラシアを中心とする世界の辺境で、目立つような文明が沿海部になかったために、本来は経済価値の低い海でした。海の商業により初めて価値が持てたのです。ヨーロッパが急速に成長できたのは、地表の七割を占める海の構造が理解され、その総合的な利用が始まったからです。

地球では、赤道海域と北緯・南緯三〇度の海域の間での大気と水蒸気の大循環が繰り返され、それが世界史の土台になっています。暑い赤道海域で大気と蒸気の上昇が起こり、成層圏にまで達します。それが上空で冷却されて大量の雨を降らしながら移動し、カラカラに乾いて、北半球では北緯三〇度（回帰線）の地中海、西アジア、中央アジア、南半球では南緯三〇度のオーストラリアあたりで降下しているのです。

北回帰線で風は二手に分かれ、一部は赤道へ、一部は極地へと向かいました。極地に向かう風は、地球の自転により偏西風に変わります。

大航海時代に海の世界が開発されたのは造船技術が革新されたからではなく、そうした地球を吹く風の体系が発見されたことによります。複雑な地球規模の風の循環（世界の風系）と、それに伴う海流のつながりがおぼろげながら解明されたことで、世界の海を利用することが可能になったのです。その結果として、地表の七割の海洋が新たに「世界」に加わり、新たな地球認識を我が物にしたヨーロッパが世界史をリードするようになったのです。

◉モロッコ沖の「海の回転」が世界の風系解明の起点

大航海時代はポルトガルとスペインを担い手とし、それまでのユーラシアから離れた大西洋・新大陸（南・北アメリカ）、インド洋の解明が進んだ時代を指します。そうした動きの中心になったのが、ジェノヴァなどのイタリア商人が、大西洋貿易の拠点にするために移住したリスボンでした。

大国スペインに周囲を囲まれたポルトガルは食糧を自給できない貧しい国であり、農地の多いモロッコへの進出に活路を求めて海上交易の要衝セウタを攻撃したものの失敗。そこで、エンリケ航海王子は、アフリカ内陸部に存在するとされた大キリスト教国、聖ヨハネ（プレスター・ジョン）と提携してモロッコのイスラーム勢力を排除しようとしました。また、イスラーム商人が独占していたサハラ砂漠の岩塩を掘り出し、ギニア（現ガーナ付近）でバカ安い「金」と交換する「濡れ手で粟」の塩金貿易への参入を試みます。資源に乏しいポルトガルは、商業立国を目指さなければならなかったのです。

ピーター・バーンスタインの『ゴールド』によれば、モロッコから黄金の国ギニアまでの距離（地中海横断にほぼ等しい、約三二〇〇キロ）をラクダだと約五五日、ジブラルタルからギニアまでの距離は約二倍だが、船だとほぼラクダの二倍の速度で移動できるので、必要とする日数はほぼ変わらない。しかし、ラクダが運べる荷物が〇・四トンであるのに対して、船はひとりあたり三トンから一四トン運べるから、船が優位であると説いています。ポルトガル商人が、海からイスラーム商人に勝利できる条件があったのです。

商業王国ポルトガルの実力者、エンリケ航海王子（一三九四〜一四六〇）は、南部のリグレス岬に航海士の養成施設をつくり、羅針盤、イスラームの三角帆を取り入れた四〇年以上の探検事業によりギニアとの貿易を実現しました。その際の困難には、次のようなものがありました。

①海が途切れて地獄につながる滝がある、赤道が近づくにつれて海水温があがり航海不能になるというような迷信。
②モロッコから通年吹き付ける風でアフリカ沿岸からポルトガルに戻るのが困難。
③サハラ砂漠にから吹き出す風による沿岸航海の難しさ。

航路を拓く際に一番困難だったのは、②でした。その困難は、イスラーム世界から取り入れた、逆風でもジグザグに前進できる三角帆（ヨットと同じような縦帆）の採用と、モロッコの海岸線から約一〇〇キロ離れたカナリア諸島に渡り、そこから北東に転じて北緯三〇度付近に至り、南西からの偏西風に乗ってポルトガルに戻るという新しい航路の発見により解消されました。その航路を、ポルトガル人は、「ヴォルタ・ド・マール（海の回転）」と呼びました。それが、世界の海の風系が解明されていくきっかけになったのです。コロンブスはひとまわり大きな視点で、カナリア諸島とカリブ海を季節風、メキシコ湾流、偏西風で結ぶという、「海の回転」を発見しました。その後も「海の回転」を発見しようとする営みが積み重ねられ、風を利用する大洋の構造が明らかにされていきます。

エンリケの探検事業は、ギニアの金と結び付くことにより大きな利益をあげました。探検に参加した冒険商人のヴェネツィア人カダ・モストは、ニジェール川流域で現地人との間で行われていた金と塩との無言の貿易について記しています。金貿易への海からの参入は、比較的容易だったのです。ポルトガルは四〇年代の半ばにはギニアで大量の金と奴隷の取引ができるようになり、五二年にはポルトガル初の金貨が鋳造されることになります。

エンリケは、ギニア貿易の王室独占を守るためにアフリカ沿岸の海図を国家機密とし、貿易を許可した商人からは税を取り立てました。一五〇〇年代初めには、年間約七〇〇キロの金がアフリカからポルトガルに運ばれたと言われます。

2　インド洋へのヨーロッパ商人の進出

◉ポルトガル王室のコショウ貿易

エンリケ航海王子が六七歳で世を去ると、多額の納税と引き換えに大商人にギニア貿易が委託されました。航路は南へ、南へと延び、コンゴの奥地に「聖ヨハネの国」があるらしいという情報が新たに入ってきます。そこでバルトロメウ・ディアス（一四五〇？〜一五〇〇）が探索にでかけたのですが暴風にあって漂流し、嵐の後、南に向かうべき船が東に航行していることに気がつきました。そうした経緯でアフリカの最南端を発見したディアスは、そこを「嵐の岬」と命名します。

ところが、ポルトガル王マヌエル一世（在位一四九五〜一五二一）は岬の呼び名を「喜望峰」に改めます。王はムスリム商人に扮装させてインドのコショウの産地に派遣していたコヴィリアンから、アフリカの最南端を越えればイスラームの海であり、そこからコショウの産地インドに到達できるという情報を得ていたからです。コショウは、森のドングリを使って飼育した大量のブタを秋に大量に屠殺し、ハム、ベーコンなどに加工する際に、殺菌剤、あるいは調味料として珍重されました。コショウはローマ時代以来の戦略商品で、ムスリム商人とイタリア商人が膨大な利益をあげていました。ポルトガル船が喜望峰を迂回してインド洋から直接コショウを運べば、一挙に莫大な富を獲得できたのです。

でもポルトガルでは、その後一〇年もの間飢饉が連続し、皇太子の不遇の死などもあってインドへの探検航海が実施されませんでした。その空白の期間に、なんとか一番先にアジアに到達してマルコ・ポーロの『東方見聞録』に書かれた「ジパング島の黄金」を独り占めしようと画策したのが、後述するコロンブスということになります。

一四九七年、ヴァスコ・ダ・ガマ（一四六〇頃〜一五二四）は四隻、約一七〇人の乗組員を率いて喜望峰を越え、途中のケニアでアラブ人の水先案内人を雇い、首尾よくコショウの集散地カリカットに到達しました。

そこでなんとか安価なコショウを手に入れたのですが、帰路にガマ艦隊はインド洋を迷走して約一一〇人の人命を失う苛酷な航海を体験します。しかし、インドで購入したコショウは、市場で約六〇倍の価格で売却できました。それだけコショウには、ムスリム商人、イタリア商人などの中間マージンが上乗せされていたということになります。

マヌエル一世は、コショウ貿易を王室事業にして毎年インドに貿易船を送り、「ポルトガルとインド洋の王」と称するようになります。ポルトガルは小規模ではありますが、大西洋とインド洋を結ぶコショウ貿易の幹線航路をつくりあげることに成功します。

ポルトガル船は一隻でヴェネツィアの年間買い付け量の半分近い二〇ポンドをヨーロッパに運び、買い付け価格の一三倍から一六倍でリスボンで販売しました。

●ポルトガルの「アジアの海の商業帝国」

ヨーロッパから遥かに離れたアジアの海を長期にわたり支配することは、当時の航海技術やポルトガルの経済規模では困難でした。ポルトガル人はイタリア商人が地中海でやったように、インド洋の要地に砦を兼ねた商館を築き、その間を小型の大砲を装備した商船を航海させて海洋帝国を築きました。人口一〇〇万人のポルトガルには到底無理なシステムだったのですが、それ以外の方法がみつからなかったのです。

ポルトガルのアジア商業の拠点になったのが、一五一〇年に征服されたインド西岸の「黄金の都」、ゴアでした。ゴアはやがて、人口二〇万人を超える都市に成長します。翌一五一一年には東南アジアの商業の中心、マラッカ海峡に面したマラッカ王国を征服。チョウジ、ニクズクという高価な香料の産地、モルッカ（香料）諸島にまで進出しました。

ポルトガル商人は明との勘合《かんごう》貿易を望んだものの拒絶され、その後中国の沿岸を北上して福建の月港、浙江の雙嶼港《そうしょこう》などを拠点とする明の密貿易商人のネットワークに参入。明の密貿易商人、博多の商人などとともに、日本の銀（当時の日本は、最盛時に世界の銀の三分の一を産出する銀産地）と明の生糸、絹織物、綿布などの売買を仲介して、イエズス会領となった長崎と、明のマカオを結ぶ定期貿易を展開しました。

しかし小国のポルトガルが広大なアジア海域で商館と艦隊を維持するのは難しく、ポルトガルの時代は短期で終わりました。一七世紀に入ると、海運大国オランダが進出します。日本でもポルトガルの優位は、経済と宗教を分離するオランダに奪われていきました。

3　「旧世界」に従属的に組み込まれた新大陸

◉そこにユーラシアの七割五分の面積の新大陸があった

ユーラシアの乾燥地帯では帝国の興亡が長期間繰り返されてきましたが、一三世紀にモンゴル帝国がユーラシア規模の大帝国を樹立したことで、ユーラシアの世界も新たな段階に達しました。モンゴル帝国の下で急速に進んだ東西文明の交流が、「辺境」のヨーロッパ人の世界認識を大きく変化させます。

マルコ・ポーロなどの中国情報に刺激されたコロンブスは、陸のオスマン帝国を避けて海から中国へ行こうとして西航し、①大西洋横断航路の開発、②新大陸の発見をなしとげました。それ以後、大西洋航路の開拓と新大陸への移住が進みます。世界の歴史に、大西洋と新大陸への膨張が加わったのです。たとえばマゼランの世界一周のスポンサーも、西まわりでモルッカ（香料）諸島への航路を開発しようとしたドイツの大商人フッガー家でした。フッガー家が、スペイン王室に探検資金を提供し、航路の開発をうながしたのです。そのように約三〇〇年の間、王室とともに商人たちが大西洋の開発を促し、ヨーロッパとアメリカ大陸（新大陸）を大きく変えていったのです。

しかし、商品になる物品に乏しい大西洋と新大陸では、各地の特産物の売買で利益を上げるアジア型の商人資本主義はとても無理でした。そこで、商人が商業的農業・工業・鉱業などによる「海の資本主義」を成長させていくことになります。

海で富を得るには商業が前提であり、商人たちに活躍のチャンスが与えられました。試行錯誤のなかで、ヨーロッパを市場とする商品作物の大規模栽培が始まります。①資本主義経済、②プランテーション、③新大陸の植民地経営、が真っ新な大西洋世界を商人資本主義の有利なフィールドに変えていきます。

◉起業家コロンブスが見続けた夢

どんなに難しい試みでも、一度実現されてしまうと簡単に見えるという意味の言葉に、「コロンブスの卵」があります。コロンブス（一四五一～一五〇六）は、実際には大西洋の先の新大陸の存在を明らかにするという壮挙を行ったのですが、彼自身は死ぬまで儲けの多いアジアへの航路を発見したと信じ切っていました。コロンブスの航海は大変な見当違いだったわけです。でも、評価すべきは正面切って苦難に挑戦するコロンブスの起業家魂です。

コロンブスはフィレンツェの地理学者、トスカネリ（一三九七～一四八二）の地球球体説による海図を信じ、大西洋上のカナリア諸島から約三〇日西に航海すれば、マルコ・ポーロが『東方見聞録』で描いたチン海（中国沿岸の海）の中の最大の島ジパングに到達でき、その黄金を独占できると考えていました。

彼は、マルコ・ポーロの『東方見聞録』に記された、指二本の厚みをもつ黄金の板で屋根、壁、床が作られた黄金宮殿の実在を信じ、ジパング（日本）への一番乗りによる安価な黄金の独占（創業者利得の獲得）が可能と考えていたのです。まさにコロンブスは、経営学でいうところの「ブルー・オーシャン」を目指したのです。

一四九二年、コロンブスはグラナダ王国を倒して「レコンキスタ」（国土回復運動）を完成させたスペイン女王イサベル（在位一四七九～一五〇四）から航海の支援を得ることに成功します。女王との間の仲介の労をとったのが、コンベルソ（スペインに留まるためにカトリックに改宗したユダヤ人）のアラゴン王国の計理官ルイス・デ・サンタンヘルでした。航海費用の一部はジェノヴァの銀行、商会が工面したという説があります。起業家コロンブスの航海が、ユダヤ商人のネットワークに助けられたことは間違いのないところです。

◉トレード・ディアスポラの拡散

簡単に航海できる大西洋横断航路が発見された後、大西洋にヨーロッパ、アフリカ、新大陸をつなぐ国際商人のネットワークが形成されていきます。アメリカの歴史家フリップ・カーティン（一九二二〜二〇〇九）は、一九八四年に著した『異文化間交易の世界史』で、国際交易は文化が異なる人々の交易であり、そこには常に仲介集団としてのトレード・ディアスポラ（「交易離散共同体」）が介在したと説いています。

商人はまず出身地から遠く離れた都市（交易の拠点となる都市）に異邦人として移住し、言語、取引習慣、生活などを学んで異文化間交易のノウハウを身につけ、その後交易ルートに沿って移住して交易対象となる協同体との交易を行い、出身地域との交易促進に努めるという道筋をたどったとされます。

交易が盛んになるにつれて商人の居留地は徐々に増え、商人の共同体が互いに結び付いて交易ネットワーク（出身地から離れて外地に住む商人の交易離散共同体）が形成されます。つまり、海域に広がる同質の国際商人が互いに結び付くことで国際的な商取引が促進されたのです。

大西洋は、国際商人となった各地の商人の離散共同体により、ネットワーク状の特殊な商業空間として開発されていきました。

先に述べたようにコロンブス（一説によると母方の一族が改宗ユダヤ人）とサンタンヘルが結び付いた背後には、イベリア半島でのイスラーム教徒との戦争（レコンキスタ）の際に資金を提供してきたユダヤ人（スファラディウム）の国外追放（第二のディアスポラ）の動きがありました。コロンブスが大西洋横断の航海に出たのは、改宗を拒むユダヤ人がスペインから追放される日だったのです。コロンブスが三隻の船でパロス港を出港したその日に、一〇数万のユダヤ人がスペインを離れています。

「スファラディウム」と呼ばれる十数万のユダヤ人は徒歩で国境を越えてポルトガルに移住しましたが、四年後にはポルトガルからも追放され、イスラーム世界、フランス、北海周辺に移住しました。また、約五万人がジブラルタル海峡を越えてモロッコへ、あるいは船でオスマン帝国へと逃れたとされます。イスラーム社会ではユダヤ人に対する差別がなく、商業活動がしやすかったからです。

ユダヤ人の一部は、自由に活動できる大西洋・新大陸に移住して離散共同体を組織し、海の資本主義の形成に尽力します。

◉「アジアの海」と取り違えられたカリブ海

一四九二年八月三日、コロンブスはサンタ・マリア号を旗艦とする三隻の一〇〇トンあまりの小型艦船（乗組員一二〇人）を率い、スペイン南部のパロス港を出港。カナリア諸島で一か月ほど風待ちした後、約三〇日の航海で運よくカリブ海の「へり」に位置するバハマ諸島のグワナハニ島（サンサルバドル島と命名）にたどり着きました。カリブ海はそれ以降スペイン人の交易と政治支配の拠点になります。

コロンブスはカリブ海をチン海（中国の海）と取り違えて、「ジパング」島捜しを続行します。最大の島のキューバは、大陸の一部と誤認されました。先住民の首長が黄金の装身具を身につけ、黄金の出先を島の中央部の「シバオ」と語ったことで、コロンブスはハイチ島（エスパニョーラ島と命名）を「ジパング」と勝手に誤認してしまいます。言葉が通じないなかで、コロンブスが勝手に思い込んでしまったというのが実情でしょう。

しかし、コロンブスが帰路の船中で支援者のサンタンヘル宛に書いた書簡は印刷されて公刊され、ヨーロッパの人々を驚かせました。ともあれコロンブスの誤解により、ハイチ島に建設されたサントドミンゴがスペインのカリブ海支配の拠点になります。

コロンブスの最大の功績は、「冬のモンスーン」に乗ってカリブ海域に至り、メキシコ湾流に乗ってアゾレス諸島まで北上し、そこから偏西風に乗ってヨーロッパに戻るという、簡単な大西洋往復航路を開拓したことにありました。彼が手軽な航路を拓いたことにより、地中海とカリブ海の結び付きが日常化したのです。その結果、ヨーロッパとアメリカ大陸（「新大陸」）がひとつの経済世界に変わっていったのです。

◉各地の生態系まで変えた「コロンブスの交換」

大航海時代に、「旧大陸」と「新大陸」の間で地球の生態系を変える規模の動・植物の移動が進みました。アメリカの歴史学者アルフレッド・クロスビー（一九三一～二〇一八）はそれを「コロンブスの交換」と名付け、それが一般的な呼称になっています。

「新大陸」から西周り、東周りでユーラシアにもたらされた多様な作物は、ヨーロッパ社会を豊かにしました。寒冷なアンデス高地のジャガイモが北ヨーロッパの食の安定をもたらし、メキシコからもたらされたサツマイモが東アジアの救荒作物となり、キャッサバ（実のタピオカは日本でも一大ブームを引き起こしています）が黒人奴隷の食糧からアフリカの主食になりました。アメリカ大陸の主穀トウモロコシも、ユーラシアの広域での栽培が広がります。身近なところでもアメリカ産のトマトがなければパスタやピザが、トウガラシがなければキムチもエビチリもありません。

他方、ムギ、サトウキビ、ヒツジ、ブタ、ウシ、ウマなどの「旧大陸」の動・植物が『新大陸』に持ち込まれ、その一部はヨーロッパ向けに大量生産されました。西部劇映画で「インディアン」が巧みに乗りこなすウマもアメリカではすでに絶滅しており、スペイン人が征服の際に持ち込んだ家畜です。広大なアメリカ大陸の交通ではウマは大変に有用でした。

ヨーロッパ商人は、自分たちが慣れ親しんでいた儲かるユーラシアの農作物を「新大陸」で大量に栽培し、ヨーロッパ市場で売って利益を上げる仕組みをつくりあげます。大きく見れば、そうした仕組みにより商業資本主義が大きく成長を遂げたのです。

新大陸の植物は、すぐには商品にはなりませんでした。人間は保守的であり、商人による長期間の宣伝がなければなかなか商品にはなりません。たとえばコロンブスは、新大陸のトウガラシに着目してコショウ以上にヨーロッパで売れるのではと目論んだのですが、結果は空振りでした。辛すぎたのです。しかし、現在トウガラシは、タイなど東南アジアの代表的調味料になり、日本の激辛ラーメン、明太子、韓国のキムチ、欧米のタバスコなど、コロンブスが目をまわすくらいの世界的な調味料・香辛料になっています。トマト、ジャガイモなどの作物も同様でした。商品は、宣伝により商人が作っていくのです。

ですから商人は、すでに評価の定まったサトウキビなどの商品作物を、「新大陸」の「広大な土地」とアフリカの黒人奴隷の労働力を結び付けた大農場（プランテーション）で大量に栽培し、ヨーロッパ市場で商品として安く売り出したのです。

◉アメリカ大陸の存在を明らかにしたメディチ家の商人

航海技術でポルトガルに大幅に遅れていたスペインは、「アジア」（新大陸をそう思い込んでいました）との貿易の利益を独占するために政治力を総動員します。一四九三年、王室と関係が深い教皇アレクサンデル六世（一四三一〜一五〇三）を担いで「植民地分界線」を一方的に定め、ポルトガルが反対すると、翌年に境界線を若干西方に移動させるトルデシリャス条約でポルトガルを取り込みました。スペインとポルトガルが大西洋を二分すると宣言することにより、他国を締めだそうとしたのです。

締め出される側のオランダは、ローマ法にある「公海」の規定に基づき、大西洋は二国のものではなく諸国の公共財であると主張し、イギリス、フランスなどとともに私掠船《しりやくせん》、海賊船でスペイン船の積み荷を強奪する行為にでました。

フィレンツェの商人で名門メディチ家（ルネサンスのパトロンとして有名な大商人の一族）の代理人だったアメリゴ・ヴェスプッチ（一四五四〜一五一二）は、一四九三年から翌年にかけてスペイン船でカリブ海、ブラジル北岸までを航海。その後、ポルトガル王マヌエル一世（一四六九〜一五二一）の下で一五〇一年から四年にかけて、二度にわたりブラジル沿岸を航海しました。彼は、南アメリカの緯度が、アジアの最南端のマレー半島や喜望峰の遥か南にまで延びていることから、コロンブスが発見した大陸は「新大陸」に違いないと確信し、「新大陸」に関する報告書を書きあげます。

それに注目したのが、ドイツの地理学者ヴァルトゼミューラー（一四七〇〜一五二〇）でした。彼は、一五〇七年に「新大陸」に関するアメリゴ・ヴァスピッチの報告を収録した『宇宙誌入門』を発刊。それに付された世界地図で、新大陸にアメリゴ・ヴェスピッチの名に由来する地名、「アメリカ」を付けました。それが現在のアメリカ大陸の名の由来です。メディチ家の商人が、新大陸の存在を最初に明らかにしたということです。

◉天然痘パンデミックを利用したスペイン人の野蛮な征服

大航海時代は、宗教国家スペイン、ポルトガルが宗教的価値観に基づいて新大陸を征服し、新大陸の植民地支配の幕を開きました。それが、一九世紀に植民地支配が地球全体に波及する出発点になっていきます。

スペインでは、新大陸を野蛮な異教徒が住む「自然の土地」と考える征服者（コンキスタドール）たちがキリスト教の布教を名目に、ウマと大砲と銃で、大規模な武力征服を繰り広げました。イスラーム教徒と長期間「レコンキスタ」を戦ってきたスペインにとって、軍事征服は当たり前だったのです。コンキスタドールの征服が成功した背景には、スペイン人がもたらした恐るべき天然痘のパンデミックがありました。一六世紀の七十余年間に、延べ八〇〇〇万人から一億人のインディオが命を落としたとされます。インディオは絶望的な恐怖のなかで征服されていったのです。

コロンブスの後を継いだコルテス（一四八五〜一五四七）、ピサロ（一四七〇頃〜一五四一）などの冒険的な征服者（コンキスタドール）は、遠征に必要な費用を金融業者などから借り入れて船と兵を集めて無法な遠征を行い、征服した土地を植民地として支配したのです。メキシコのアステカ帝国、ペルーのインカ帝国はコルテス、ピサロなどのコンキスタドールにより武力征服され、スペイン王室の支配の拠点になっていきました。

スペイン人は、メキシコをヌエバ・エスパーニャ（新スペイン）と命名したことでわかるように新大陸のスペイン化を目指し、各地にまず都市を建設し、そこを拠点として農村を支配しました。アステカ帝国の首都を破壊して作られたメキシコ・シティは、人口一万人を超えます。スペインは一五七〇年頃までに、アメリカ大陸に一九〇余の人口数千人規模の都市を建設して、支配網を作り上げました。

スペイン人はカトリックの布教を商業に先行させましたが、植民地との商業は王室が管理するセヴィーリアの通商院が独占しました。後述するように、ペルー、メキシコから大量の銀が産出されるようになるとスペイン王室は銀により一時的にヨーロッパを代表する経済大国に躍進したものの、宗教を先行させてプロテスタントとの宗教戦争に大金を投入し、急激に財政を悪化させました。戦費の増大に悩んだスペイン王室は、新大陸からの継続的な銀の流入をあてにして、南ドイツのフッガー家やジェノヴァ商人との間に王室収入を担保とする借入金契約（アシェント）を結び、財政赤字をどうしようもないほど拡大させました。一五五七年から一六五三年までの間に、スペインはほぼ二〇年ごとに七回の国家破産（デフォルト）を繰り返し、資金を貸し付けていたイタリアのジェノヴァともどもに衰退していきます。

その間、スペイン国内では二、三パーセントの貴族、教会関係者が、九七パーセントの土地を支配し、役人の賄賂も常態化していました。「スペイン人がアメリカの征服で手に入れた金、銀は、宝くじの一等に当たった浪費家の富」のように扱われ、スペインは厖大な戦費で自国産業を窒息させ、逆に銀が流れた先の国の工業を成長させるという皮肉な結果を生み出したのです。

フランスなどの国々では、王が官僚、常備軍を強化するための財源を、植民地経営、対外貿易に求めました。王は特権商人（政商）と結び付いて商業・貿易を請け負わせ、王権の強化のための財源を確保します。重商主義です。ヨーロッパの主権国家は、体系的に「海の商業」を取り込み、内なる農業から外なる「海の貿易」、植民地経営を財政の中心を移すようになります。

植民地からの利益が得られなかった庶民は、王と貴族、政商が組んで富を独占する重商主義に反対し、自由放任を求める動きを強めていきます。一八世紀後半にイギリスの経済学者アダム・スミスは『国富論』を書き、経済は「神の見えざる手」により調整されるのだから統制の必要はないとして、「貿易の自由」と「小さな政府」を求めました。

4　海の商人が開発したプランテーション

◉世界商品となったサトウ

ヨーロッパから見ると、大西洋世界は商業を媒介にしなければ収益が得られない不毛の空間でした。商人は利益の上がる商品作物探しに血眼になります。プラント・ハンターと言われる人々が、商品となる食料、香料、薬材、繊維などを世界中で探しまわり、各国が植民地や本国に植物園を競って建設したのは、「儲けの種」探しのためだったのです。

大航海時代に抜きん出たヒット商品になったのが、「旧大陸」ですでに大きな利益をあげていたサトウキビでした。サトウの原産地はニューギニアですが、インドを経由してイスラーム世界において大流行します。ムスリム商人は薬剤として大々的にエジプトで生産しましたが、サトウは儲かる甘み食材、調味料として、大航海時代頃にはマディラ島、サン・トメ島などの大西洋の島々で栽培されるようになっていました。オスマン帝国の台頭で地中海市場を失ったジェノヴァなどのイタリア商人が、サトウに目をつけたのは当然だったのです。

サトウ産業から資本主義経済が始まったことはよく指摘されますが、そこでジェノヴァ商人などとともに活躍したのがユダヤ商人でした。経済史家ゾンバルトは、一四九二年にユダヤ人が、赤道アフリカの沿岸のサン・トメ島に最初のサトウの大規模農場を創設したことを指摘しています。一五五〇年頃になると、製糖所と煮沸がまを備えた大規模農場が六〇を数え、一年に一五万アローブ（一アローブは二五ポンド）のサトウを生産するようになっていたとされます。

新大陸では、最初にブラジルでサトウキビの栽培が始まりました。一五四九年、初代総督としてブラジルに赴任したトマス・デ・ソウサが、ブラジル北東部でサトウ生産を始めます。ソウサは改宗ユダヤ人であり、その下でサトウキビの農場経営に取り組んだ者の多くも、改宗ユダヤ人だったとされています。大西洋商業の中心になるサトウキビ栽培では、ユダヤ商人が主導的役割を果たしていたのです。

ブラジルの農園で作られた粗糖は、オランダ商人が買い集めてアムステルダムで精製し、ヨーロッパ各地に売りさばきました。

一五八〇年にスペインがブラジルを併合すると、折からオランダ独立戦争（一五六八〜一六四八）を戦っていたオランダのサトウ商人をブラジルから追放します。そこでやむなくオランダ商人は、カリブ海域にサトウ・プランテーションを移し、自分たちだけでは十分な量を賄えないため、栽培技術を教えてイギリス人のサトウキビ生産を促しました。

カリブ海では、一七世紀にオランダ領キュラソー島、イギリス領バルバドス島にサトウキビ農場が広がります。両島ともユダヤ人の居住が多く、バルバドス島では白人自由民の約三割がユダヤ人だったとされています。

◉奴隷貿易が盛んになった理由

亜熱帯で育つサトウキビは季節に関係なく一年半程度で収穫が可能ですが、収穫後急激に甘みが低下したため、搾汁、加熱、蒸溜を連続的に繰り返して素早く粗糖に変えなければなりませんでした。サトウキビのプランテーションで、農場の中に簡単な製糖工場が付設されていたのはそのためです。商人資本主義により、農業と工業を結び付ける経済方式が、サトウのプランテーションに誕生したのです。

プランテーションには多くの働き手が必要でしたが、スペイン人が持ち込んだ天然痘の流行による新大陸の先住民の激減で働き手の現地調達が難しくなり、天然痘に対して免疫がある黒人奴隷に依存するようになりました。きわめて奇形的な現象なのですが、商人資本主義と連動するかたちで奴隷貿易が大規模化し、「労働力」として人間そのものが商品にされていったのです。

一六世紀から一八世紀のヨーロッパでは、ヨーロッパの諸港からアフリカ西岸諸港に織物、日用品、アルコール飲料、銃などを輸出して黒人奴隷を買い入れ、それをブラジル、カリブ海域、アメリカ南部のプランテーションに労働力として売り、そこで買い入れたサトウ、タバコ、綿花などをヨーロッパに運び、販売（あるいは加工して販売）する大西洋三角貿易が、ヨーロッパ経済を牽引するようになります。

歴史的な積み重ねが浅いカリブ海域に誕生した大農場は、ヨーロッパ市場に商品としてのサトウを供給するために、土地、労働、食糧などを商品として購入することを前提にした生産方式で、資本主義経済の起源と考えられています。天然痘に抗体がある黒人奴隷の「労働力」を「商品」として大量に購入し、労働力としてドライに利用したことが、プランテーションの「肝」になります。アメリカの歴史学者ウォーラーステインは、「資本主義」の特色を「あくなき資本蓄積」に求めています。しかし、この時期のイギリスのプランターは、地代・金利収入に依存するジェントリーを理想としており、資本主義的経営を永続させようとは思っていませんでした。

歴史過程で現れる偶発的な条件の組み合わせは、「歴史の女神」の采配つまり「偶然」であり、「必然」では説明できない中途半端なケースが多いようです。海から産まれた資本主義経済も、所詮は歴史の産物なのです。天然痘の大流行、耕作放棄地の大量出現、天然痘に強い黒人奴隷の使役が、予期せぬかたちで結びついたのです。

初期のサトウ生産の中心、バルバドス島でのユダヤ人の農場経営について、佐藤唯行氏の『英国ユダヤ人』は、「バルバドス島のユダヤ人は、プランターあるいは商人として成功すると、ロンドン郊外の高級住宅地で余生を送るために帰国し、これとは逆に、同島に人脈を持ち、進取の気性に富むロンドンのユダヤ商人の次・三男が、富と成功を求めて、同島へ来住するという、ひとつの生活類型が確立されていた」と述べています。

プランテーションでは、奴隷を一〇〇人使用してサトウキビを栽培すれば、年間八〇トンのサトウの生産が可能であり、一年半で奴隷の購入費用が回収できたと言われます。そのように、奴隷の購入資金の回収が簡単だったことが、プランテーションの規模の拡大、奴隷労働の増加につながりました。

奴隷貿易は、アフリカ西岸のダホメー王国が主な奴隷の供給地で、ヨーロッパ人から鉄砲を入手して戦争を繰り返し、戦争捕虜を奴隷として奴隷商人に売却しました。カリブ海の小国トリニダード・トバコの初代首相で歴史学者のE・ウィリアムズは、一八世紀前半のリヴァプールの奴隷貿易船の利益率は一〇〇パーセント以上におよんだと述べています。運ばれた奴隷の数については諸説ありますが、最近の研究では、一六世紀から一九世紀後半までの間に約一二五〇万人の働き盛りの奴隷がブラジル、カリブ海域に送られたとされています。プランテーションは、ブラジル（コーヒー）、キューバ（サトウ）、アメリカ南部（綿花）というように引き継がれていきました。奴隷労働が禁止されたのは、イギリスでは一八三三年、ブラジルでは一八八八年です。黒人奴隷を商品として扱う奴隷労働は、植民地で成長した歪んだ形の商人資本主義の産物です。

5　世界をめぐった新大陸の銀

◉アジア経済を変動させたポトシ銀山

新大陸の銀や金は、ヨーロッパ、アジアの経済規模の拡大に貢献しました。

ペルーやメキシコの大量の銀は、一六世紀から一八世紀にかけて、国際的取引の決済手段としてヨーロッパ、アジアに流れ出します。銀を支配したスペインは、輸送の便を図ってメキシコで大量の銀貨を鋳造しました（スペイン・ドル、あるいはメキシコ・ドルと呼ばれます）。一〇世紀以来、経済規模が拡大したユーラシアは深刻な銀不足に悩まされていたのですが、メキシコで鋳造された大量の銀貨が流入し続け、経済のバランスが回復されました。銀の多くは、最終的にオスマン帝国、ムガル帝国、清帝国に還流していきました。輸送の便を図ってメキシコの鋳造所で鋳造された「メキシコ・ドル」（スペイン・ドルとも呼ばれる）が、ヨーロッパとアジアの広大な地域の経済を立て直したのです。メキシコ・ドルは、イギリスのポンド、アメリカ・ドルの前身となる世界初の「世界通貨」としてヨーロッパ・アジア各地で広く用いられて、国際取引の決済手段になりました。

メキシコ・ドルはヨーロッパで、後述するように「価格革命」という長期のインフレを引き起こしました。ヨーロッパでは、一二世紀以来、ザクセン地方、ボヘミアなどで銀山が開発され、織物商人だった南ドイツのフッガー家が一五世紀後半以降、ヨーロッパの銀取引を牛耳ります。メディチ家はローマ教皇に融資し（その返済のために教皇がドイツで販売した贖宥状の発売が宗教改革の原因になりました）、神聖ローマ帝国の皇帝に皇帝選挙の際の買収資金を貸し付けるなどして、ヨーロッパの政治と経済を牛耳りましたが、安価な新大陸の銀が大量に流入すると銀山経営が行き詰まり、フッガー家のヨーロッパ経済支配は終わりを告げます。

◉初の世界通貨はメキシコ・ドル

世界が「新大陸」の銀でつながる時代は、一五四五年、インカ帝国が放棄していたポトシ銀山（ボリビア）をスペイン人が再開発したことから始まりました。富士山よりも高地にあるポトシ銀山は短期間で世界一の大銀山となり、鉱山都市のポトシはヨーロッパ最大のパリと肩を並べる大都市に成長します。鉱山の労働力として利用されたのが、強制労働を強いられた先住民のインディオでした。

メキシコでも、一五四六年に標高二二五〇メートルに位置するサカテカス銀山が発見されます。一五五二年、南ドイツから水銀アマルガム法という銀の精錬技術が移植されたことにより、一六世紀後半から一七世紀にかけて銀産量が激増しました。

スペイン王カルロス一世（在位一五一六～五六）は、本国の造幣規則に基づき、メキシコで大量の銀貨（「メキシコ・ペソ」）を鋳造させましたが、その発行額は一五三五年から一九〇三年までになんと三五億五〇〇〇万ドルにおよびました。厖大な量の銀貨は、キューバのハバナ港からセヴィーリアの通商院に運ばれます。一挙に銀貨が流れ込んだヨーロッパ経済は、慢性的なインフレ状態に陥りました。

ちなみに「ドル」というのは和製英語で、英語のダラー、スペイン語のドレラ、ドイツ語のターラー（ターレル）と遡ることができます。

「新大陸」の銀が流入する直前、ヨーロッパの銀の主産地だったにボヘミアの聖ヨアヒムスタール（タールはドイツ語で「谷」の意味、現チェコのヤーヒモフ）銀山で大量の銀が産出され、一五一七年に当時最も信用が厚かったフィレンツェのフローリン金貨と同価値の大きな銀貨が発行されます。折からの銀貨不足もあってその銀貨はヨーロッパ全体で通用することになり、銀貨の一般的な呼称が「ターラー」になりました。そのために、スペイン・ペソも「スペイン・ダラー」と呼ばれるようになります。

先に述べたように新大陸で製造された「ドル」の約四〇パーセントはスペイン王室に収まりましたが、銀に頼るスペイン経済は停滞し、新大陸の銀の多くが宗教戦争の傭兵の給与、物資購入費、金融業者に対する利子などとしてヨーロッパ各地に流れ出しました。

東アジアでも、メキシコのアカプルコから大量の「メキシコ・ドル」がマニラに流れます。東アジアには銅銭という通貨が広がっていましたから、「メキシコ・ドル」は商品として重さで取引されました。「新大陸」の銀貨が「国際通貨」として、世界経済を初めてひとつながりにしたわけです。

大量の安価な銀の流入は、ヨーロッパでは活かしきれない過剰な「資本」を生みだしました。そこで、有利な投資先を求めて「資本」が地球規模で移動する新たな経済現象が起こります。「資本」の移動が、一六世紀から一八世紀の「世界経済の中心」の移動を演出していきます。

6 「価格革命」で活性化したヨーロッパ経済

◉六倍以上に増えた銀の供給

新大陸から流れ込んだ銀が、ヨーロッパ経済を蘇らせました。「大航海時代」以前のヨーロッパの銀の年産量は、約三万キロでしたが、一六世紀後半にアメリカ大陸からスペインに流れ込んだ銀は実に年二〇万キロを超えました。しかも、「新大陸」の銀は、旧インカ帝国の強制労働制度を利用して掘り出されたために、きわめて安価でした。一五九五年、「新大陸」からヨーロッパに送られた輸出品の九割五分が銀だったとされますから、銀の価格が下がったのは当然です。

貨幣価値の下落によるインフレの長期間の持続は、物価を慢性的に上昇させました。一六世紀から一七世紀にかけての一〇〇年間に、ヨーロッパでは銀価が三分の一に低下（物価は逆に三倍に値上がり）するという経済変動が起こります。それが、「価格革命」です。この時期は、ヨーロッパ史では「長期の一六世紀」と呼ばれる経済の成長期ですが、ほぼ固定された地代で生活する領主層の資産価値はインフレにより持続的に下落し、商工業者が躍進しました。

一六一〇年代、イタリアで最も信用度が高いジェノヴァの長期国債の金利が長期間一パーセント台に低迷したのも、没落を続けるスペインやイタリア諸都市での儲け口がなくなってしまったためでした。「新大陸」から大量の銀が流入しても儲けをあげる場が限られたために、貯蓄、不動産購入に向けられるのみでデフレが続き、経済が低迷したのです。

不景気に苦しむイタリア諸都市からの多くの「資本」が、活況を呈する北海周辺のオランダ、イギリスに大量に流れ込んだのは当然でした。資金が儲かる地域に移動するのは、経済と歴史の法則です。そうした「資本」の移動が、覇権の移動につながりました。ヨーロッパ内の商業の主導地域は、北イタリアからシャンパーニュ大市（一四世紀に衰退）、ブルージュ（一五世紀の衰退）を経て、一六世紀になるとアントウェルペンに移動します。

◉「商業革命」とアントウェルペンの隆盛

新大陸の銀で購入されたインド、東南アジア、中国の物産は、イタリア諸都市ではなくイングランドとネーデルラントの毛織物、バルト海の穀物、フランスのワインなどとの取引で経済成長が著しい低地地方（ネーデルラント）のアントウェルペンに持ち込まれました。ヨーロッパ経済の中心が、イタリア半島からネーデルラントに移ったのです（商業革命）。

「資本」も北に移動しましたが、ヒトの移動もそれに伴って進みました。第二のディアスポラでスペイン、ポルトガルを追放されたユダヤ人も、ヨーロッパではアントウェルペンを移住先にしました。ヴェネツィア大使グッチャルディーニは、何百艘もの船が一日に往来し、毎週二千もの荷馬車がやってくるとアントウェルペン（英語ではアントワープ）の盛況を、羨ましげに報告しています。

「新大陸」の銀、アジアのコショウなどの物産が運び込まれたアントウェルペンは、イタリア諸都市とは異なり諸地方の商人を集める、新タイプの経済都市へと成長しました。一四世紀に人口五〇〇〇人だった人口が、一六世紀中頃にはヨーロッパ各地からの商人の流入で一〇万人以上に増加しています。アントウェルペンでは商品のみならず、有価証券が盛んに取引されました。それまで諸都市の為替市場は年に四回程度開かれただけでしたが、アントウェルペンでは一五三一年に一年中為替の取引が行われる常設の有価証券取引所が開設されます。

スペインの財政を実質的に支配していたフッガー家、リスボンでアフリカ、新大陸の貿易、アジアの香料貿易を支配していたウェルザー家などもアントウェルペンに支店を設け、スペインやイタリアの銀行家も同市に代理人を送り、諸国の国王も財務官を駐在させました。有価証券取引所には、「すべての国と言語の商人のために」というスローガンが掲げられていたと言われます。

取引所では「裏書《うらがき》」や「割引」による手形取引だけではなく、債務証書などの有価証券、公債も売買され、証券取引の場になりました。イギリス王室の海外負債管理の仕事に携わっていた王室金融代理人のトーマス・グレシャム（一五一九〜七九、「悪貨は良貨を駆逐する」のグレシャムの法則で有名）も、一六世紀中頃にアントウェルペンの有価証券取引所をモデルにして、ロンドンの王立取引所を設立しています。アントウェルペンからロンドンへと信用経済が伝播したのです。

一五六八年、八〇年間続くことになるオランダ独立戦争（一五六八〜一六〇九）が勃発すると、スペイン財政が破綻して兵士への俸給が支払いが不能となり、アントウェルペンは一五七五年、一五八五年と繰り返しスペイン軍により略奪されます。さらにはスペイン軍によるスヘルデ川河口の閉鎖により、中流に位置するアントウェルペンは急激に衰退します。経済の中心は、オランダのアムステルダム、最終的にはイギリスのロンドンに移ったのです。

◉密貿易で海外の銀と結びついた明の商人

新大陸の銀は、太平洋を横断してスペインが築いた東アジアの拠点マニラに渡り、東アジアに大量に流れこみました。ポルトガルが東まわりのアジア貿易で利益を上げたのに対して、スペインの新大陸からの交易品は「銀」以外になく、そこで太平洋の先の東アジアに目を付けたわけです。当時「新大陸」の銀の価格はアジアの銀の三分の一だったために、多くの儲けが期待できました。そこで、新大陸産の銀の三分の一が滔々と東アジアに流れ込み、最終的に絹、陶磁器などの産出国の明に流れ込んだのです。

それに先んじて、明は伝統的な農業帝国を再建するためにモンゴル帝国の時代に大規模に行われていた海外貿易を一切禁止し（海禁政策）、勘合貿易という政治的な朝貢貿易に切り替えました。軍事力で、商人の国際的な活動を押さえ込んだのです。明帝国の統治が安定していた時代には、商人は仕方なく政府の方針に従いましたが、何と言っても儲けの多い海外貿易は魅力的です。そこで、明が衰退する一六世紀になると、福建、広東の沿岸地帯で商人の密貿易が盛んになりました。密貿易の相手になったのは、博多、堺などの商人です。当時の日本は、生糸、綿布などを輸入に頼っており、一〇年に一度の勘合貿易ではとても間に合わなかったのです。そうしたなかで日本で岩見銀山が発見されたことが、状況を大きくかえたのです。

一五三三年、博多の豪商、神屋寿貞《かみやじゅてい》が出雲の銅を買い付けるために船に乗って石見《いわみ》の海岸を航行する途中、当時廃坑になっていた銀峰山（後の大森銀山）の再開発を思い立ち、新たな精錬技術により石見銀山の再開発に成功します。石見銀山の成功が刺激になり、但馬《たじま》に生野《いくの》銀山も開発されたことで、一六世紀の日本は世界の三分の一（二〇〇トン）の銀を産出するほどの銀産国になりました。明の商人は、銀を求めて博多、堺などとの密貿易を拡大していきます。丁度、その時期がポルトガル商人の来日の時期にあたっていました。一五四一年に豊後の神宮浦にポルトガル船が漂着しています。

一五一一年にマラッカ海峡の最狭部に面するマラッカ王国を征服したポルトガル人は、最初マラッカ王国の使節を装って明に勘合貿易を求めましたが、見破られて貿易を拒絶されて広州から追い払われると、密貿易に転じて明の密貿易商人と博多商人との貿易に参入しました。海禁政策により海外貿易を禁止された明の商人は弾圧を避けるために「倭寇」を装わざるをえず（後期倭寇）、博多商人もポルトガル商人も密貿易商人の仲間ということになりました。堺が琉球経由での明商人との貿易の中継港にしていた鹿児島をザビエルが訪れたのが一五四九年。一五八〇年に長崎はポルトガル王との関係が深いイエズス会領になっています。

一五七一年、スペイン人のレガスピ（一五〇二～一五七二）によりフィリピンに国際貿易港マニラが建設され、多くの福建商人（密貿易商人）を集めて、明の絹製品、陶磁器、工芸品と新大陸の銀の貿易が急速に拡大しました。

メキシコの太平洋岸の良港アカプルコから毎年大量の銀（約二五から三〇トン）が定期的に運ばれ（マニラ・ガレオン貿易）、マニラが「東アジアのアントウェルペン」としてヨーロッパ経済と東アジア経済の中継港になります。先に述べたように、明政府から見れば密貿易が一挙に拡大したことになりました。新大陸の大量の銀が明の物産と交換されましたから、明政府はとても弾圧はできなくなり、結局、譲歩して特定の港の商人がマニラに出向いて銀貿易を行うことを公認することになります。

◉メキシコ・ドルが元・円・ウォンの元祖

そうした経緯で、明末には厖大な銀が流入しました。しかし、明の通貨はあくまで銅銭です。そこで流入した大量の銀は、徴税の道具として徴税システムに組み込まれ、銀商人は安定して大儲けをするようになります。官僚と大商人が持ちつ持たれつの関係になったということです。それが丁税（人頭税）と地税を一括して銀で納税させる一条鞭法《いちじょうべんぽう》です。

農民は商人から銀を買って納税しますから、銀商人は徴税の度に大きな儲けをあげ、安定した収入源をもつことになりました。官僚にとり銀による納税はかさ張る銅銭による徴税よりも便利でしたから、次の清にも「地丁銀」として引き継がれました。要するに、大航海時代以後の明・清帝国は、世界通貨の「銀」を納税の道具として取り入れたのです。官僚と銀商人はウィン・ウィンの関係に入りましたが、ともに内向きで世界経済の影響により銀価格が高騰する場合のことは想定していなかったのです。

銀価格が低下傾向にあるか現状維持であれば問題は起きないのですが、急激に銀価格が上昇すれば農民の生活は一挙に破壊されます。そうした恐れが現実のものになったのが、イギリスのアヘンの密貿易による中国からの大量の銀の流失でした。一八三〇年代に、アヘンの代金として銀の大量流出が起こり、銀価格が倍になって、体制の危機が一挙に進んだのです。

話を戻します。大体の傾向を示していると思われるのですが、一六〇二年のメキシコ市の計算によると、約五〇〇万ペソの銀がアジアに流れ、そのうち約三〇〇万ペソがポトシ銀山の銀だったと言われます。ちなみにポトシ銀山の年産額は約六九〇万ペソですから、産出された銀の四割三分が儲け口を求めてマニラに持ち込まれたことになります。

福建商人は明の国禁を犯し台湾海峡を越えてマニラに渡り、絹・陶磁器などをメキシコ銀（スペイン・ドル、メキシコ・ドル）と交換しました。新大陸の銀価はアジア産の銀の三分の一でしたから、双方にとって利益のあがる取引だったのです。

スペインのガレオン船に積み込まれた明の物産は、黒潮に乗って日本沿岸を北上、三陸沖から偏西風に乗ってメキシコのアカプルコに戻り、キューバのハバナ港から大西洋を渡りスペイン商人の手でヨーロッパへと運ばれました。そうしたことから、明が大量の「新大陸」の銀の終着駅になったのです。

銅銭の不足に悩まされていた明は銀地金を流通させ、先に述べたように納税道具とし、銅銭不足を補うのに銀をチャッカリと利用しました。

明に入ったメキシコ・ドルは、その形から「銀圓」「墨圓」と呼ばれましたが、そこから日本の円、中国の元（圓の字が難しいため同音の「元」にした）、韓国のウォン（圓の韓国語読み）の呼称が生まれています。

第6章　バイキング商人の末裔が推し進めた資本主義経済

1　宗教改革と北欧商業の勃興

◉資本主義システムは「最初から世界大」

大西洋が本格的な開発に向かうのは、一七世紀以後です。その担い手になったのが、バイキングの末裔、オランダ・イギリスの商人たちでした。宗教国家のスペイン、ポルトガルの貴族・商人から、世界史の主導勢力がオランダ、イギリスの勇敢な冒険商人に移ったのです。

一六一〇年代から三〇年代にかけて新大陸からスペインにもたらされる金、銀の量が激減し、新大陸の銀に依存するスペイン帝国は凋落していきます。一六一八年から四八年に至るハプスブルク帝国と新教国の三〇年戦争の出費がそれに輪をかけました。短期間に、スペインなどのハプスブルク帝国の覇権とジェノヴァなどのイタリア都市の経済覇権が崩れていきます。悪銭身につかずという言葉がありますが、幸運により舞い込んだ大量の銀は、スペインにとっては逆に「マイナス」要因になりました。膨大な「銀」の流入により、国内の産業の成長が阻害されたからです。

そうしたなかで経済成長の中心は、ヨーロッパの「辺境」の高緯度地帯に移りました。寒冷で食糧に乏しい北海周辺のオランダ、イギリスが、新しい地球観を最大限に活用したのです。歴史は、人間が創るものです。「寒さと欠乏に苦しめられてきた」オランダとイギリスが、「ヨーロッパの海の経済」の最前線に立つのです。

バルト海南岸の農業地帯と乾燥により穀物不足が恒常化していた地中海の間の穀物貿易の活況が、ヨーロッパ経済を転換させていきます。その中心になったバルト海の穀物貿易が、オランダの商業の中心（「貿易の母」）になりました。ヨーロッパの域内貿易の延長線上に、オランダ、イギリスは「海の資本主義」を成長させていきます。そうした世界経済の変化を世界史的な視点で論じたのが、「世界システム論」を説いたアメリカの経済史家イマニュエル・ウォーラーステイン（一九三〇～二〇一九）です。

彼は資本主義を「利潤の最大化を目指す市場向けの生産」と定義し、ヨーロッパが形成した資本主義システムについて、「歴史的システムとしての資本主義は、広い意味での一六世紀に出現した『世界経済』である。資本主義は最初から世界システムでしかありえなかった。これを『資本主義世界経済』という。世界経済は『世界市場』を通じて交換を行う。国民経済が広がって世界大になるのではない。最初から資本主義は世界大なのだ」と論じています。

資本主義経済は、海の商業を土台にする経済システムであり、海の商業を通じて「世界大」に広がりました。それまであった「内陸型」の世界帝国の枠内で、資本主義が成立することは不可能であり、資本主義経済は海の商業により、最初から世界規模で成立したと考えられるのです。ユーラシアの「帝国」とは違い、ひとつながりの大洋（オーシャン）の商業は、地球大だったからです。

ウォーラーステインは、分業関係からなる世界システムは、①工業が成長した「中核《コア》」、②分益小作（地主が土地、家畜、農具などを小作農に貸して地代を得る制度）が支配的な「半周辺」、③強制労働により換金作物が栽培される植民地などの「周辺」が連動しており、おおむね「中核」に全体の富が蓄積される傾向があると考えました。

ウォーラーステインは、大航海時代以後の「長い一六世紀」として西欧と東欧、中南米の変化を一体として見ましたが、ロシア、アフリカ、東アジアを「世界システム」の枠外においています。一九世紀になって、「世界システム」が地球化としたと考えたのです。

◉宗教改革と解き放たれた商人魂

ヨーロッパ史の特色は、アジアの諸帝国とは異なり、ウェストファリア体制の下で中・小の主権国家が戦争と経済競争を繰り返すなかで、「バランス・オブ・パワー」（勢力均衡）により秩序が維持されてきたことにあります。ヨーロッパは「世界の辺境」であるが故に、大帝国の誕生が難しかったのです。

競いあうヨーロッパの中・小国は「富国・強兵」を目指し、単一の世界市場で、重商主義政策の追求、植民地の拡大による経済の伸張を図りました。

一七世紀は、①新大陸からの銀の流入の減少、②地球の寒冷化などにより、ヨーロッパでは「危機の時代」（一七世紀の危機）と呼ばれる経済の縮小期でした。その時期に「危機」をバネに海の世界で勢力を拡大したのが、オランダ、イギリスだったのです。経済環境の悪化を、商業活動により補ったわけです。

当時の北ヨーロッパでは、宗教改革によりカルヴァン（一五〇九～一五六四）の予定救済説、新倫理観（勤労・禁欲・蓄財の重視）による意識革命が広がり、ヨーロッパにカトリックを強要した「太陽が没することのない国」スペインとの戦争が、オランダ、イギリスの商人の力をパワー・アップさせていました。両国は、危機意識、社会を再生しようという情熱の共有により、大衆のエネルギーを引き出したのです。

ところで北ヨーロッパを根本的に変貌させた宗教改革とは、何だったのでしょう。一六世紀前半、華美なルネサンスの風潮にどっぷりと浸かっていたメディチ家出身の教皇レオ一〇世（在位一五一三～二一）は、サン・ピエトロ大聖堂の豪華な改修を思いつきます。

しかし当時は、オスマン帝国が地中海に勢力を伸ばし、イタリア諸都市の財政は悪化していました。そこで教皇は改修費用を、信心深いドイツでの免罪符（十字軍の時期の教会に寄進した者の原罪を許すとした証明書）の発行で調達しようとしたのです。

アウグスブルクの大商人フッガー家が、販売を請け負いました。免罪符が大々的に売りに出されたことに対して、信心深いドイツ人の不信が噴出したのは当然のことでした。

一五一七年、神学者ルター（一四八三～一五四六）が、ラテン語の壁新聞「九五か条の論題」を発表して、神ではない教皇が免罪符を発行することを厳しく批判します。ルターは教皇庁と対立し、免罪符だけではなく、ついには教皇までも否定してしまいました。

事態が進展するなかでルターは『聖書』に基づく新しいキリスト教（プロテスタント）を創始し、教皇を頂点とする単一のカトリック教会を分裂させてしまいます。それが「宗教改革」です。

ドイツのクラシック音楽を聞いているとあまりにも宗教曲が多く、その信心深さに感心するのですが、そうした生真面目な信仰心が、聖書に基づく個人の深い信仰を生み出したのでしょう。教皇を中心とするタテ社会が崩れ、商人、職人などの庶民が「自立した経済主体」に変わっていきます。

しかし、いまだに中世から抜け出せていない時代でしたから、ルターは金貸しを蔑視する時代の風潮を反映して、「ユダヤ人の富は高利をとって奪い取ったものであり、高利貸しは『盗っ人』、『人殺し』である」としてユダヤ人の迫害を説いたのです。

それに対して、フランス人のカルヴァンは、「利子」を五パーセントに制限するという条件の下で「金貸し」を容認し、貨幣が増殖され、「資本」として使われることを正当視しました。「神に仕えるがごとく商売に励め」というカルヴァンの主張は、かつてドイツの社会学者マックス・ウェーバーが指摘したように「資本主義の倫理精神」となり、資本主義・個人主義・民主主義という新思想の核になりました。時間が「お金」（資本）を増殖させると考える「時は金なり」の発想が、オランダ、イギリス、さらにはアメリカの植民地に広まっていきます。それに対して経済史学者ゾンバルトは、資本主義の成長をヒトの欲望と結び付けて考えています。

●商人は自由競争を求めた

従来は、中華帝国の天帝（天命により王朝・天子を指名する神）、イスラーム帝国のアッラー、キリスト教のゴッドに見られるように主権はカミに在りと考えられ、それが専制支配や独裁統治を正当化するのに用いられてきました。カトリックの教皇も「神の代理人」として信徒を支配しました。支配者との距離から特権層が生まれ、コネによる社会統治がなされたのです。

一六世紀に宗教改革を始めたルターは、人々が聖書により直接神と結び付く必要性を説き、プロテスタントを創始しました。従来の神中心のタテ型社会ではなく、神と直接結び付く異質な人々からなるヨコ型社会の出現です。それは商人的なネットワークに通じました。そうした結び付きが、「民主主義」の原点にもなります。個人間の自由競争を正当とする発想の基盤が生み出されたのです。

しかし、宗教改革を経過していないアジアの陸の世界にはタテ社会の経験しかなく、それが資本主義経済の成長を阻害したのです。

民主主義に似たアジアの社会思想としては、中国の斉民思想、イスラーム教の「神の前の平等」の思想などが存在しますが、それらはあくまで建て前であって、部族、宗族によるコネ社会は依然として元気です。個人の自由競争を前提とする資本主義は、部族、宗族、身分、階層を重んじるコネ社会での成長は困難です。民主主義が、自由競争のベースになっているからです。

2　海の商業の「標準」をつくったオランダ商人

◉海運業の勃興は塩漬けニシンから

オランダは、現在でも人口約一七〇〇万人（日本の人口の約一三・五パーセント）の小国です。でも、その小国が世界史を大きく転換させた時期がありました。スペインのハプスブルク家の植民地とされたオランダは、スペインとの間に八〇年間断続的に続けられたオランダ独立戦争（一五六八～一六四八）の最中に大きな経済成長を遂げていきます。戦費を調達するための国債の発行がオランダの国家財政を膨らませ、商人の格好の投資先になりました。

オランダはスペイン、ポルトガルが開拓した航路を利用する海運で利益をあげ、地中海商業の低迷、スペイン経済の悪化でデフレから脱却できないイタリア諸都市の「資本」を受け入れて、海の経済の先頭に立ちます。

オランダ商人の海への進出を助けたのが、「第二のディアスポラ」でスペイン・ポルトガルから移住してきたユダヤ人、迫害を受けたカルヴァン派の新教徒（ゴイセン）でした。彼らはオランダ独立戦争の最中でも儲けのためにスペインに軍需物資を納入するほど経済に徹していました。オランダ東インド会社が「鎖国」の日本との貿易を政教分離により独占したのは周知のことです。

オランダに商人資本主義の勃興を促したのは「ニシンの塩漬け」でした。もともと「ニシンの塩漬け」はバルト海のハンザ都市リューベックの特産品でした。キリスト教では復活祭の前の四〇日の間（四旬節）は肉を食べることを禁止していたために、ニシンの塩漬けが全ヨーロッパで売れたのです。

ところがニシンは気紛れで、ぱったりとバルト海の入り口に産卵に訪れなくなります。そこで、オランダ商人の出番になりました。オランダ商人は常時六〇〇隻から八〇〇隻の漁船を北海に派遣して流し網で大量にニシンを取り、船上で塩漬けニシンの樽詰めを量産して売りに出したのです。アムステルダムの商人自らが「アムステルダムはニシンの骨でできている」と言うほどで、イギリスの羊毛と毛織物工業を合わせたくらいの収入をオランダにもたらしました。

しかし冬の北海は猛烈にシケますから漁船の損傷が激しく、風車・起重機などを使って安価に船を造る造船業が発達しました。工程が改良され、オランダではイギリスの半額程度のコストで船が建造されるようになり、ヨーロッパ第一の海運国に成長しました。そうした状況について、岡崎久彦氏は『繁栄と衰退と――オランダ史に日本史が見える』（文藝春秋）で次のように述べています。

一六三四年にはオランダは三万四八五〇の船を持っていた。そのうち二万は、四通八達している内水航行に使われていた。あとの一万四八五〇のうち六〇〇〇はバルティック貿易に、二五〇〇は北海に、一〇〇〇はラインとマース川の航行に使われた。英、仏等との貿易には一五〇〇隻、スペイン、アフリカ北岸、地中海には八〇〇隻、アフリカ、ブラジル、東西インドには三〇〇隻、ロシア、グリーンランドには二五〇隻、残りの二五〇〇隻は種々の方面に使われていた。まさにヨーロッパの海運を一手に引き受けた大海運帝国であった。

オランダ人は、ニシン漁で荒れた海での操船技術も身につけ、航海不能とされていた北極圏、南半球の荒れた海域に積極的に航路を広げていったのです。

◉ポルトガル商人に代わりアジアの海のネットワークを支配

オランダの船乗りはアフリカ最南端の喜望峰を迂回した後、荒れる北海で培った優れた操船技術により「吠える四〇度」と呼ばれる荒れる偏西風の海を直進し、アムステルダム島から北上してジャワ島のバタヴィアに直航する「四〇度の轟き」という航路を拓きました。先にアジア航路を拓いたポルトガルの船乗りは「吠える四〇度」の荒れた海域を恐れて北上し、東南アジアに至る航路を拓きましたが、オランダ人はそれを大きく短縮したのです。

オランダ人は、一六〇〇年には日本に来航。一六〇二年には東インド会社を設立。一六一九年にはジャワ島のバタヴィアに拠点を築いて東インド諸島（インドネシア）の香辛料貿易を独占。五七年に明よりマカオの居留権を獲得して、バタヴィア、長崎、マカオの三角貿易を成長させることでポルトガルを圧倒しました。

新大陸では、オランダ商人はポルトガルがブラジルで産出するサトウの流通を支配しました。オランダ商人は粗糖を買い集めてアムステルダムで精製し、ヨーロッパ各地で販売したのです。

そのために一五八〇年にポルトガルの王家が断絶してスペインに併合され、ブラジルがスペイン領になると、オランダ商人はカリブ海域にサトウ生産の場を移し、東南アジアのジャワ島にも、サトウの栽培を移植します。

カリブ海域でイギリス人にサトウの栽培法、サトウ農場の経営法を教えたのはユダヤ人でした。サトウを流通面から支配していたのは、オランダ商人であり、彼らがカリブ海域をサトウの一大生産地に育てたのです。

◉「公海」論でスペインの海洋独占に対抗した商人たち

大航海時代以後、陸地と同じように世界の海はスペインとポルトガルの手で分割、独占されました（大西洋のトルデシリャス条約、アジアの海のサラゴサ条約）。オランダ、イギリスなどの後発国は一時的に、海の世界への進出を阻止されてしまいます。

オランダ商人は、スペイン、ポルトガルが築いた「海の壁」をなんとしても打破しなければなりません。しかしオランダは軍事的に劣勢でしたから、ローマ法の「公海」という理念を普及させることで対抗するしかありませんでした。オランダの法学者グロティウス（一五八三〜一六四五）は、海洋は人類の共有財産であり、大国が海洋を独占すべきではないとするローマ法の「公海の自由」の理念を広げることによりスペイン・ポルトガルの海洋独占を崩し、海の商人資本主義が発展できる条件をつくり出しました。

オランダは率先してポルトガル、スペインの海洋独占を掘り崩し、プランテーション、株式会社などの「海の経済の仕組み」をイギリスに引き継ぎました。

なりました。

◉海の商業の新中心アムステルダム

城壁がなく海に向かって開かれた運河の町アムステルダムは、オランダ独立戦争中にスペイン軍の包囲で衰退したアントウェルペンからの商人の大移住もあって、ヨーロッパ経済の新たな中心になりました。

貧しい漁村を起源とするアムステルダムは、その住民の大多数が流入した外国商人になりました。オランダはヨーロッパ各地からの移民を受け入れましたから、アムステルダムのネットワークがヨーロッパ各地におよぶことになり、オランダ経済の影響が拡大していきます。アムステルダムは宗教的にも寛容だったため、宗教改革の時代にさまざまの宗派の移民が入りやすかったのです。一六世紀の中頃には、アムステルダムの輸出の九割が外部の商人により担われていました。人口も、一六五〇年には一五万人に達しています。

「第二のディアスポラ」によりスペイン、ポルトガルを追われたユダヤ人も、経済都市のアムステルダムを目指しました。一七世紀初めのユダヤ人社会は、アムステルダムの人口の六、七パーセント、約一万人を数えたとされます。アムステルダムには多様な経済情報が蓄積され、商人の移動により各地にそれが伝播しました。金細工師、印刷業者のグーテンベルク（?～一四六八）により一五世紀に改良された活版印刷は、一七世紀にはオランダの一大産業になり、ヨーロッパの商業情報、オランダ製の地図、海図がヨーロッパに広がりました。

一六一一年には、アムステルダム有価証券取引所が設立されます。扱われたのは穀物、毛織物、アジアの香辛料の他に、宗教戦争の戦費を工面するための国債、オランダ東インド会社の株式などでした。

アムステルダムに信用貸しと有価証券取引を定着させたのは、ユダヤ商人です。当時は投資対象が限定されていた時代でしたから国債が格好の投資先とされ、多様な階層の投資家が集まりました。

◉貿易決済をスムーズにしたアムステルダム銀行

アムステルダムの有価証券取引所には、ヨーロッパ各地の金貨、銀貨が持ち込まれ、両替が大変な作業になりました。一六〇六年にオランダ議会が発行した「両替商便覧」には、三四一の銀貨、五〇五の金貨が記されており、両替が繁雑な作業だったことがわかります。資金集めにやっきになった取引所は、時価の八割を限度とする資金の借り入れ、信用取引も認めました。

一七世紀、スムーズに資金取引が行われるように北ヨーロッパ最初の公立銀行アムステルダム銀行（一六〇九年創立）が設立され、銀行内の口座振替が貿易決済に利用されるようになります。預金された貨幣が数パーセントのプレミアムがつけられた上で、「銀行グルデン（英語でギルダー）」に読み替えられ、繁雑な両替の手間を省いて他者の口座に振り込まれました。すでにヴェネツィアでは現金なしで為替の決済、口座間の資金の移動を行うバンコ・ダ・スクリッタ（書く銀行）という銀行が存在しており、それがアムステルダムに移植されたのです。ちなみに、同行では個人への当座貸し越し、為替の割り引きが禁止されていました。

アムステルダム銀行の預金は市当局により保証され、預金者はわずかな勘定手数料を支払うだけで為替決済が行えました。金貨、銀貨を使わない口座取引が貿易決済に便利だったことから同行はヨーロッパのほとんどの主要都市との間の為替取引を行い、その預金残高は一六倍に増加します。貨幣が記号化されるのは大変に便利で、各地の銀行にアムステルダム銀行の方式が波及していきました。イギリスは当時はまだ債務国で、公債の発行はアムステルダムの「資本」に依存していました。ちなみに一六五一年のアムステルダム銀行の開設口座の一〇・五パーセントがユダヤ商人の口座でした。

●世界初の株式会社が超高配当だった理由

商人資本主義は植民地経営と結び付き、特許会社により担われるようになります。オランダでは、一六〇二年に国の斡旋を受けた大商人が東インド会社を組織しました。国が絡んだかたちでの、商人資本主義の成長です。

少数の商人が資本を出し合って一定期間協同することが一般的だった時代に設立された世界初の永続的「株式会社」のオランダ東インド会社（略称はＶＯＣ）は、まさに大商人が支配する小国の象徴的存在でした。

商人の過当競争を防ぐためにオランダ政府の肝いりで、オランダ諸州の商人の同盟としてオランダ東インド会社が創設されたのです。二一九人の大商人が有限責任で資本を出し合った会社は、①株主の有限責任、②経営の継続、を特色としています。商人資本主義が企業化されたわけです。

オランダ東インド会社の「株式」は投資家の間で自由取引されましたから、安定した投資先となり、株式の売買は商人資本主義の一形態になりました。

会社は、多発する海難事故のリスクに対応するために出資者の責任を有限化し（有限責任）、高額の配当（年平均で一八パーセント）で海難事故のリスクをカバーしました。東インド会社の株式は、一六一〇年から一一年に設立されたアムステルダム有価証券取引所で売り買いされましたが、長い間世界で唯一の売買される「株式」でした。ロンドンに証券取引所が設けられてイギリスで株券の取引が行われるようになるのは一六九八年のことですから、約八〇年後のことです。

イギリス東インド会社の一〇倍の「資本」を集めたオランダ東インド会社には、喜望峰からマゼラン海峡に至る広大な海域での貿易・植民・軍事の独占権が認められ、「戦争を行い、協定を結び、土地を占拠し、要塞を築く」などの権限が与えられて、莫大な利益が保証されました。それまでのポルトガル、スペインの貿易が年に数隻をインド、「新大陸」に派遣したのに対し、海運大国オランダは桁違いの数の船を派遣し、長崎の出島、マカオ、バタヴィアを結ぶ東アジアの三角貿易を成長させて大きな儲けを上げました。

そうしたことから東インド会社は三・五パーセントの配当の約束に対して、一六〇六年には配当が七五パーセントに達しています。利子が多かったために、出資者が殺到。株価は最盛期には初値の一二倍になり、わずか六年間に資本額は、四・六倍に伸びました。一六〇二年から九六年までに東インド会社が株主に支払った配当は毎年約二〇パーセント以上で、時には五〇パーセントを越えたというから驚きです。

江戸時代に長崎の出島に滞在していたオランダ東インド会社の社員は、超優良企業のエリート社員だったということになります。東インド会社を支えたオランダ商人は互いに姻戚関係でつながり、国と結び付きを持つ「コープマン」と呼ばれる特権的な上層商人でした。
一六六九年の最盛期に、東インド会社は戦艦四〇隻、商船一五〇隻、一万人の軍隊を擁する国策会社に成長します。東インド会社への大口投資で大儲けしたのが、アムステルダム銀行でした。

◉金余りが起こしたチューリップ・バブル

イスラーム教でも中世のキリスト教でも、金貸しは卑しい行為と考えられてきました。シェークスピアの『ヴェニスの商人』に登場するユダヤ人の金貸しシャイロックのイメージが典型です。しかし、「新大陸」からの大量の銀の流入で長期のインフレが続くと資産の目減りはいかんともしがたく、投資せざるをえない状況が生まれました。しかし、貨幣量の増加と投資先のバランスは不均衡でした。

経済学者ケインズは、資産の全期間にわたる収益を予測する経済活動を「投資」、市場の心理を予測する行為を「投機」として区別していますが、実際には投資と投機は紙一重です。安定した投資先を見いだせない貨幣が投機に走ると、バブルが起こることになります。近代以降の経済は金あまりがバブルを起こし、それが崩壊するという経済循環のプロセスを繰り返したと言ってよいのかもしれません。

国土面積が狭く国内経済の規模が小さいオランダでは、戦争による浪費がなくなり、「新大陸」からの銀の流入が減少するとデフレ状態に陥り、行き場のなくなった「資金」がチューリップの球根への投機に向かい、世界初のバブル、チューリップ・バブルが起こりました。

一七世紀、地中海東部に自生するチューリップが庭植えされ、ヨーロッパで「宮廷の花」として愛好されました。オランダでは、各種球根を輸入して品種の改良が行われ、二〇〇〇種類以上の多様な形、色柄のチューリップが生み出されました。稀少な球根にはきわめて高い値段がつき、投機の対象とみなされるようになります。

一六三四年から三七年にかけて、「チューリップ・マニア」と呼ばれる愛好家が球根の合いたい取引を始めますが、そこに庶民のダブついた「お金」が流れ込んだことでバブルが広がりました。入札制が導入され、球根の値段が面白いように吊り上がりました。球根を「転がす」だけで利益があがるのですから、こんなに楽なことはありません。

しかしリスクが存在するということは、損が生じてから気づくのが常です。取引が拡大するにつれ、「一定の価格で球根を手に入れる権利」の売買（オプション取引）も行われ、家や家財を担保にして元手資金が借りられるようになります。バブルはドンドンと膨らんでいきました。

たとえば、アブラムシに寄生するウィルスによる突然変異で生まれた「ブロークンチューリップ」と呼ばれる斑入りのチューリップには、三〇〇〇ギルダーという驚くべき高値がついたと言われます。三〇〇〇ギルダーは、裕福な商人の一年分の収入にあたりますから、庶民にとっては夢のような話だったのです。

一六三七年二月、それまで値上がりを続けたチューリップが突然値を下げ始めました。機転の利く人たちが売り抜けたのです。そうすると価格の暴落に対する恐怖が募り、大勢の人々が「狼狽売り」に走って、あっという間に球根の価格が一〇〇分の一に大暴落してしまいました。暴落した球根を引き取る、引き取らないの紛争が頻発し、政府がチューリップの取引を規制する法律を定めると、それがさらなるバブルの崩壊に弾みをつけました。

チューリップ・バブルが起こるにはそれなりの理由がありました。オランダ経済は一六七〇年頃から慢性的なデフレに陥り、長期金利も下がり続けたのです。そうしたこともあって「オランダの資金」は成長の伸びしろがある新興国のイギリスに流れていくことになります。一七七〇年代の西インド諸島から始まる金融危機までの間はアムステルダムの資金量がロンドンを遥かに凌ぎ、ヨーロッパ経済を動かしていたのです。

3 マーチャント・バンクとイギリス商業の躍進

◉イギリスはモノづくりの国ではない

バイキング商人の末裔のイギリスは、新大陸に広大な植民地を獲得したスペイン、ヨーロッパの海運を制したオランダ、ヨーロッパの軍事大国フランスを次々に倒してヨーロッパの覇権を握りますが、その過程で軍費を調達するための国債発行が積み重ねられ、常に財政難の状態にありました。しかし、商業革命、金融の改革、さらには産業革命というような諸変革を積み重ねることで大国化に成功していきます。

イギリスは、王室と数百人の貴族、数千人のジェントリー（大地主）が支配する階級社会で、土地を買ってジェントリーになることが庶民の夢でした。そうした特権層は、汗を流して働くことを恥としましたから、イギリス経済は商業、金融に依存することになったのです。

産業革命のイメージが強いため、イギリスは「モノづくり」の国と考えられることが多いのですが、実際にはバイキングの気風を受け継いだ商人の国だったのです。イギリスは新大陸やインドに植民地を広げることで、「商人の大国」の座を確立。貿易の成長により「決済」技術を進歩させ、国際金融でも活躍するようになります。

名誉革命後にオランダからイギリスに移住したユダヤ商人が、手形の引き受け、証券の発行、貸し付け、リースなどにより決済方法を多様化していきました。商人が金融に転じた「マーチャント・バンク」を中心にして、国際金融の基盤がロンドンの金融街シティで整えられていきます。現在の国際商業・金融システムは、ロンドンのシティを中心に形成されたと言っても過言ではありません。

海軍を拡充して大西洋の制海権を握ったイギリスは、軍事・経済の両面から「海の経済」を主導しました。「料理がまずいからイギリス人は世界に進出したのだ」とよく言われますが、寒冷な北海周辺は穀物の栽培に適さず、商業、金融に頼るしかなかったことは、イギリスもオランダも同じだったのです。

相互に補いあったイギリス海軍の海上支配と、オランダの新たな経済システムの創造は、ともに寒冷な自然がもたらす「貧しさ」と裏表の関係にあったのです。

◉財政破綻した「太陽の沈まない国」

イギリスの王や貴族は、私掠船（国王から敵国の船を襲う権利を認められた一種の海賊船）にスペインの銀船を襲わせました。私掠船は、体の良い海賊船です。エリザベス一世（在位一五五八～一六〇三）は、海賊としてスペインの港や船を襲い漠大の戦利品を得ながら世界一周した海賊のフランシス・ドレーク（?～一五九六）にナイトの爵位を与えています。

一五八八年、海賊行為を繰り返すイギリスを座視できなくなり、イギリスの制圧に向かったスペインの一三〇隻、一万人の乗組員、陸上兵力一万九〇〇〇人からなる「グラン・アルマダ」（無敵艦隊）がドーバー海峡でイギリス海軍に敗北を喫したことにより、大西洋の海上覇権がイギリスに転がり込みました。

アルマダ海戦にスペインが敗北した理由は、気候条件に恵まれなかったこともありますが、財政運営が失敗して艦船の補充が滞っていたことにも理由がありました。スペインは①「新大陸」から流入した厖大な銀がオランダ独立戦争などで国外に流出、②ユダヤ教徒追放令による経済能力の高いユダヤ人を国外に追放、③「新大陸」からの大量の銀の流入によるインフレの進行と国内産業の衰退、④「アルカバラ」という取引の度ごとに税を徴収する消費税の徴収、などにより景気が下向いていました。経済の停滞と財政難から、海軍は一六世紀末には衰微していたのです。

それに対して経済が上昇したイギリスは、文化面でも興隆期にありました。劇作家のシェークスピア、哲学者・思想家のフランシス・ベーコン（一五六一～一六二六）などが輩出しています。

ベーコンは鶏の肉を塩漬け以外で保存できないかと考え、六五歳で冬の寒い最中に鶏の腹を割いて雪を詰める実験（冷凍実験）を行ったことで身体を壊し、死亡したことで有名です。「知は力なり」は彼の言葉ですが、『随想集』には、「金銭は肥料のようなものであるから、ばらまかなければ何の役にもたたぬ」「運命は市場の取引に似ている。遅くそこにとどまっていると、多くの場合、価格は低下するからである」「金銭が物品を計る標準であるように、時間は仕事を計る標準である。敏速に処理されない仕事は高い値段だと思え」など、いかにも商人の国らしい含蓄に富む言葉がちりばめられています。

◉海の商業に意欲を燃やしたクロムウェル

イギリスの経済成長の土台を築いたのが、グレート・ブリテンの体制をつくり上げたクロムウェル（一五九九～一六五八）です。日本の教科書では、クロムウェルは、ピューリタンの鉄騎隊を組織して議会を弾圧しようとした国王軍を破り、一六四九年に捕らえたチャールズ一世を処刑した人物として強調されます。すなわち、ピューリタン革命の立役者という評価です。

クロムウェルはピューリタン革命後、「主席行政官にして治安官」つまり護国卿というフリーハンドの独裁者となり、議会の国王就任の要請を「古きよき大義」に反するとしてしりぞけました。

クロムウェルは、スコットランド、アイルランドを征服して連合王国の基盤を固め、カリブ海のジャマイカ島を征服して海外に進出し、帝国の基盤を固めました。一六五一年、航海法を定めて中継貿易で利益を上げるオランダ船をイギリスと植民地から締め出し、オランダに決定的なダメージを与えました。イングランド・ファーストの露骨な政策をとったのです。

一六五七年、クロムウェルは西半球支配をめざす「西方計画」には、富裕なユダヤ人の「資金」と「ネットワーク」が必要であると考え、一三世紀末以来禁止されていたユダヤ人のイギリスへの移住を許可しました。カリブ海で活躍していたイギリス商人も、同海域にネットワークを築き、豊富な情報と知識を保持するユダヤ人の入国を望んでいました。

その時期に、ポルトガルからオランダに移住し、ダイヤモンドや金銀の貿易で成功していたユダヤ人の富豪モーゼス・モカッタがイギリスに移住します。モカッタ家は最初は銀の取引に従事していましたが、一八世紀前半にはイングランド銀行から海外の金塊取引の筆頭ブローカーに指名されます。

一九世紀になるとモカッタ家は、モカッタ・ゴールドスミス商会となり、ロンドン・ロスチャイルド銀行などとともに五大金塊銀行のひとつにのし上がっていきました。

◉イギリス・ファーストの英蘭戦争

クロムウェルは、国旗がオランダ人に侮辱されたことを口実にして英蘭戦争（一六五二〜五四、一六六五〜六七、一六七二〜七四）を仕掛け、彼の死後も断続的に続いた戦争に敗北したオランダは覇権をイギリスに譲りました。先に述べたように、オランダ商人は経済優先に徹し、イギリスとの対決を避けながら投資先として利用することになります。

覇権の移行期に、オランダ商人は「資本」の論理を優先させて保護関税に反対し、コストがかかる軍事費の増加に反対。商業の利益・利子への課税にも反対して、生活必需品にかける消費税で国家財政を賄うべきだと主張しました。その結果、オランダでは経済格差が拡大し、産業が停滞します。オランダ商人は、徹底して儲けをあげることが第一だったのです。そんな体たらくですから、覇権を目指して着々と正規の海軍を育てるイギリスに、軍事面で大きく水をあけられたのは当然でした。

オランダ商人は英蘭戦争後は、より多くの儲けが期待できるイギリスに「資本」を移動させます。厖大なオランダ資本の流入が、イギリスの経済成長を大いに助けました。

クロムウェルはオランダ東インド会社を手本に、イギリスに株式会社モデルを導入します。一六〇〇年に創設されていたイギリス東インド会社は、冒険商人が共同出資で投機的な商業を追い求める事業で、一航海ごとに投資を募り航海が終わると利益を分配して解散する定めになっていました。会社に永続性がなかったのです。クロムウェルは一六五七年、オランダの東インド会社をモデルにして株式会社に組織変えし、株式を一般に公開しました。イギリス東インド会社は最初はオランダに対抗してインドネシアの香辛料貿易を目指しましたが、一六二三年にモルッカ（香料）諸島のアンボイナ島の商館がオランダ人に襲われて商館員が皆殺しにされるというアンボイナ事件（一六二三年）の後に、進出先をインドに転換しました。イギリス政府はオランダにならいイギリス東インド会社に植民地支配を代行させましたから、会社の一六八〇年代の配当は、年平均四五パーセントにも達しました。

大西洋では、カリブ海のサトウ貿易、アフリカの奴隷貿易、イギリス本国の毛織物貿易を組み合わせた大西洋三角貿易で大きな収益を上げるようになります。

ロンドン港の貿易額は、一七世紀の後半に輸出入合計で約三倍にはねあがります。しかし、イギリス東インド会社は発行株式の四分の一以上がわずか八人の個人株主の所有であり、経営権も彼らが握っていました。一八世紀の中頃になると、東インド会社は一七五七年のプラッシーの戦いの結果、インドのベンガル地方の徴税権・行政権を獲得します。会社は、植民地を管理する公的期間の役割も代行しましたので収益が多く、インド勤務になると、イギリス本土の一〇倍から二〇倍の収入が得られるという状況でした。

◉海の商業の発展から保険業が枝分かれした

一七世紀後半、後に述べるようにイギリスがオランダに代わり海上覇権を握るとテームズ川を多くの帆船が往来するようになって、ロンドンが海の経済のセンターになりました。

成長期のロンドンでは、海難事故に伴うリスクにどのように対処するかが大問題になります。保険業は、海運固有のリスクに対応するための船主、貿易商人、リスクを分担することで利益を得る金持ちが、港のコーヒー・ハウスで談合するなかで成長しました。

船が損害を被ったときの「船舶保険」、積み荷が損害を被ったときの「積み荷保険」を総合した「海上保険」が普及します。保険業者は貿易商から保険金を集め、事故がなければそれを自分の利益とし、事故が起こった場合には保険金を支払いました。

海上保険への取り組みはエリザベス一世（一五三三～一六〇三）の時期に散発的に始まっていましたが、一七世紀後半から一八世紀に、現在でも世界最大級の保険グループのロイズが誕生しています。保険業も、海上の商業から派生してきたのです。

意外に思われるかもしれませんが、保険についてはコーヒー・ハウス（喫茶店）から話を始めなければなりません。コーヒー・ハウスは、一七世紀にイスラーム世界からヨーロッパに伝播し、瞬く間に各国に普及しました。イギリスでも一六五〇年にオックスフォードにユダヤ人ジェイコブがコーヒー・ハウスを開いて以後急速に普及し、一七世紀のロンドンではその数が三〇〇〇軒にまで達します。

ロンドンの世界有数の個人会員制の船舶保険業者集団のロイズは、一六八六年にロンドンの港付近で二四時間営業する船員向けのロイズ・コーヒー店を開いたエドワード・ロイドから始まります。船の入港時間が不定期でしたから、コーヒー・ハウスも終夜営業で、そこに船乗り、商人、金融業者などが集まって情報交換と保険金の交渉が行われたのです。

当時の航海は事故が多く、リスクを回避するための保険が欠かせませんでした。そこで、船主、保険業者、船を雇う商人などがコーヒー・ハウスで頻繁に協議したのです。一六九六年以降になると、客の便宜を図り航路情報、出入港情報、船の売買や建造状況、経済概況をまとめたロイズ・リストが作られました。コーヒー・ハウスのマスターの顧客サービスです。

一七一三年、コーヒー・ハウスの店主ロイドが死去してもリストの発刊は引き継がれ、コーヒー・ハウスから離れて保険引き受け業者たちが保険共同組合「ロイズ」を結成することになります。イギリスが世界各地に交易拠点を持つようになったこともあって、ロンドンには世界の航海情報が集中しましたから、航海の危険率についての予想精度が高まり、海上保険におけるイギリスの優位は不動のものになりました。

現在の「火災保険」の起源も、過密化した巨大都市ロンドンにあります。一六六六年のロンドン大火の翌年に、医師バーボンが将来に起こりうる市民の災害を軽くすることを目的に、個人出資で建物に対する火災保険事業を始めました。過密化する都市には、大規模な火災への不安がつきものだったのです。

火災保険は、過密都市の欠陥を補う保険として成長を遂げました。そのため、火災保険は多くの収益をあげ、八〇年になると三人の出資者からなる「ファイア・オフィス」が設立され、近代的な火災保険事業の嚆矢となりました。保険会社は支払いを少なくするために、消防隊を組織して市内の消火にあたったというような面白い話もあります。

ちなみに産業革命後の一八六五年には、ロンドン・メトロポリタン消防隊が組織され、近代的な消防システムが整備されることになりました。

「生命保険」も、やはり起源はイギリスです。死者を埋葬する際に共同体のメンバーが互いに助けあう習慣は各地方にはありましたが、都市でもそれに代わる新たなシステムが必要になったのです。

しかし、生命保険を事業化するためには、保険料の算定の基礎になる「年齢による死亡の確率」の算定が欠かせませんでした。保険料を合理的根拠に基づいて算定するためです。

一六九三年、イギリスの天文学者ハレー（一六五六〜一七四二）が、ドイツのある地方の五年間の出生・死亡記録をもとに年齢別の死亡者数を統計化しました。それが、生命保険の掛け金を決定する際の合理的な基準として採用されることになります。一七六二年、イギリス最初の生命保険相互会社「エクイタブル・ソサエティ」が創設されました。生命保険には最初、保険料を負担することができる富裕層のみが加入しましたが、一九世紀中頃になると労働者向けの小口の簡易生命保険がつくられ、被保険人口は一挙に増加しました。

◉国債が安全な投資先になったイギリス

戦争で臨時の支出が膨らむと、国王はロンドンの金融街シティの金匠《きんしょう》から借金し、返済できない場合には踏み倒すというのが常になっていました。しかし、名誉革命で王の権利の執行には議会の同意が、課税には議会の承認が必要とする「権利章典」が出されると、イギリスは有産階級が動かす経済国家に変わりました。当時の選挙は制限選挙で有産階級のみに選挙権が限定されていましたから、イギリスは有産階級の国家に変わったことになるのです。

名誉革命でイギリスは、王女メアリーの嫁ぎ先のオランダの統領を、新国王ウィリアム三世（在位一六八九〜一七〇二）として迎え入れ、オランダと実質的な同君連合となりました。ウィリアムのイギリス遠征の軍資金二〇〇〇万ギルダーを無利子で貸し付けたのは、アムステルダムのユダヤ商人たちだったと言われます。そうしたことからユダヤ商人はイギリス財政に大きな発言力を持つようになります。

一六九二年、財政改革により、イギリスでの「国債」発行が始まりした。最初の国債は、一年に一四パーセントの利子がつく年金型の長期国債でした。先に述べたように名誉革命によりイギリス議会は、税を新設したり増額したりする権限を与えられましたから、国債が安全な投資対象に変わりました。

税収により返済が保証された「国債」は軍事費の調達をスムーズにし、イギリスが海洋帝国に成長するための有力な手段になります。国債が、軍備の拡張、関税や租税の新たな徴収に利用されたのです。高額の債権者には高い利子の外に、種々の特権も与えられました。

一七世紀末からナポレオンの没落まで続いた英仏第二次百年戦争（一六八九～一八一五）で、ことごとくイギリスが勝利できた背景には巧みな国債発行がありました。国債発行による資金調達がスムーズに行われたことにより、イギリスは勝利できたのです。

フランスの歴史家フェルナン・ブローデル（一九〇二～一九八五）はそれについて、「資本主義は、それが国家と一体化するときにのみ栄える」と述べています。イギリス政府は、議会と有産層の支持を得て莫大な額の債務を国債に置き換えることで、フランスとの植民地争奪戦に勝利できたのです。オランダはイギリスとの戦争に敗れて商人資本主義が後退した後も金融面での勢いは失われず、金融の中心としての地位を保ち続けました。当時はアムステルダムの金融市場がヨーロッパ経済に大きな影響力を持っていましたから、イギリス国債はオランダ商人によっても買い支えられました。

名誉革命以前に国王の収入の七割五分が議会の承認を得ずに集められていたのが一割弱に減少し、大部分が国債に変わったのです。

●民間のイングランド銀行が紙幣を発行できた理由

一六九四年、スコットランド人の貿易商ウィリアム・パターソンの提案を、フランスとの戦争の戦費の調達に行き詰まっていた国王が認め、利子八パーセントで政府に資金を貸し付ける、資本金一二〇万ポンドの民間銀行、イングランド銀行が発足しました。

海賊だったという噂もあるパターソンは、国王への資金提供により、政府の御用銀行という有利な地位を獲得したのです。その際にオランダ人も、イングランド銀行に「資本」参加しました。

ユダヤ商人と結び付きが深い国王ウィリアム三世は、低利息でイングランド銀行に国債を引き受けてもらう代わりに、資本金の枠内で持参人払いの銀行手形を発行する権限を与えました。イングランド銀行の手形というのは、銀行に持参すれば誰でもが金・銀と交換できる「交換保証書」です。それが現在の「紙幣」の始まりになりました。

紙幣の発行は、大商人にとって大きな収入源になりました。金・銀との交換を保証された紙幣を貸し付ければ利子が取れましたから、紙幣が回転すればするだけイングランド銀行の収益が増大したのです。

商人は格安の利子で国債を引き受け、国にサービスしました。当時の借金の利子は二、三割が一般的でしたから、八パーセントの利子は圧倒的に安かったわけです。でもそれは、銀行が紙幣を回転させて利子を取ることにより簡単に埋め合わされました。イングランド銀行により商人の銀行が紙幣を発行するモデルができあがりましたが、それは現在のアメリカにそっくりそのまま引き継がれています。

一八世紀のイギリスの金融の変革は、オランダ人、ユダヤ人などによる外部の「資金」の流入により支えられました。イギリスのユダヤ人の数は一七〇〇年には六〇〇人程度でしたが、一八世紀末には二万人に増加しています。

4　売れない国債と国策バブルの崩壊劇二幕

◉「バブル」の語源になったイギリスの南海泡沫事件

イギリス政府にとって国債の引き受け手を探すのは、一苦労でした。しかし、王位継承、植民地争いなどで大規模な戦争が繰り返されて、国債に依存しなければならない状態が続きました。時には国債の販売に「市場の狂気」（バブル）が、意図的に利用されます。

一七一一年、イギリスの半官半民の南海会社が株式を発行することによって資金を調達し、国債の購入を引き受ける話が持ち上りました。当時はスペイン継承戦争（一七〇一～一三）が政府財政を圧迫しており、国債の販売がどうしても必要だったのです。ところが同社は、国債の引き受けを利用して、詐欺まがいの南海泡沫（バブル）事件を起こしてしまいます。

もともと南海会社は、デフォー（一六六〇～一七三一）の『ロビンソンクルーソー』、アイルランドのスウィフト（一六六七～一七四五）の『ガリバー旅行記』などの海洋冒険物語をもとに考案された勅許会社でした。デフォーが立案したのではないかという説もあります。南海会社はラテン・アメリカの植民地経営を請け負った会社なのですが、ラテン・アメリカはスペイン領ですから経営の実体がありませんでした。そこで、経営不振の南海会社は、国債を自社株に転換させて販売する商売を思い立ちます。会社は、政府から引き受けた国債と同額の株式を発行する許可を獲得します。株式に一種の信用貨幣の役割を担わせたのです。

そこで会社は、政府から多額の国債を購入するには、多額の購入資金を株式の発行で調達する必要があるとして、株価の吊り上げを画策します。会社は国債の追加購入を引き受ける一方で、首相、蔵相などの有力政治家に株の購入権（ストックオプション）を賄賂として贈り、その見返りに新株の発行価格を会社自体で自由に決定できるという権限を獲得しました。

議会で南海会社が株を自由に発行できる案件が通過する時期に、スペイン継承戦争でイギリスがスペイン植民地における奴隷貿易の独占権を獲得したことが宣伝され、南海会社が奴隷貿易で高利潤をあげるに違いないという噂が一挙に広まります。噂の出所は、言うまでもありません。

東インド会社が高配当を継続しているという前例もあり、五割の配当も夢ではないというような期待が高まり、南海会社に株購入の希望が殺到しました。オランダ人の投資も、株価高騰の一因になりました。

南海会社の株価は、半年でなんと一〇倍にも跳ね上がります。それを利用して、政府は国債の八割を南海会社の株式に転換できましたが、南海会社も大儲けしたのです。利に聡いオランダ人の投資家の多くはカラクリを知っていましたから高値で株を売り抜き、「資本」を安全なイングランド銀行に移したといわれます。

バブルは熱病ですから、時流に便乗して怪しげな会社が次々に設立され、いずれの株も高騰しました。一〇年になると政府は泡沫会社禁止法を制定。南海会社以外の会社の設立を禁止します。バブルの過熱化を恐れたのです。

しかし思惑に反して、ラテン・アメリカの奴隷貿易は軌道に乗りませんでした。そこで南海会社に対する熱狂が一気に冷めていきます。株価はわずか二か月の間に五分の一に大暴落しました。

最終的には株価が額面も割り込む始末で、沢山の投資家が大損をしたのです。しかし南海会社そのものは、金融会社として生き延びていきます。科学者のニュートン（一六四三～一七二七）は当時ロンドン塔にある造幣局の長官でしたが、株を大量に購入し二万ポンドもの大損をしたといわれています。一度は株を売却したのですが、再度購入した株で大損をしたのです。その際にニュートンは、「天体の運行は計算できるが、人間の狂気は計算できない」と述べたとされます。バブルは「熱狂」、「狂気」、欲望の暴走ですから計測不能なのです。

破綻した南海会社の役員は当然に議会から責任を追及され、調査の過程で政治家の収賄も明らかにされましたが、彼らは資産を妻名義にするなどして逃げ延びました。この問題の解決にあたった政治家が、初の責任内閣の首相となるウォールポール（在任一七二一～四二）です。

バブルの再発を防止するために、一七二〇年、議会は泡沫会社禁止条令（バブル・アクト）を制定し、七名以上の出資者からなる株式会社の設立には、議会の承認、あるいは国王の勅許が必要であると定めました。事件が、株式会社への不信感を強めたのです。それが、結果としてイギリスにおける株式会社の普及を遅らせました。会社のガヴァナンスを監督するための監査制度、公認会計士の制度が始まるのも、この事件の処理の過程においてです。イギリス経済にとって、いかに大きな事件であったかがわかります。

◉「ミリオネア」の言葉を残したミシシッピー会社事件

先に述べた南海泡沫事件とほぼ同時期に、フランスでも新たに植民地となったミシシッピー川流域（ルイジアナ）の開発にあたるミシシッピー会社の株をめぐるバブルが膨らみ弾けました。仕掛けたのは、スコットランド人の金銀細工師の息子ジョン・ロー（一六七一～一七二九）です。

ローは若いときに決闘の末に殺人を犯し投獄されましたが、首尾よく脱獄して賭博で財をなして上流階級に入り込みます。利に聡いローは、イングランド銀行の紙幣発行のメカニズムを研究。自ずから限界がある金・銀の蓄積量にとらわれずに紙幣を発行すれば、景気も良くなるし、紙幣の発行により莫大な発行益も得られると考えました。

「信用があり購買力が保証されていさえすれば、紙幣は金、銀と何ら変わるところがない」というのが、ローの持論でした。彼は、「信用は一〇万リーヴルの財で一〇〇万リーヴルの商業を営ませる」とも主張していますが、そうした考え方は債権を証券化することで信用を膨らませられるとする現在のヘッジファンドの考え方に通じます。

ローは、財政難で悩んでいたルイ一五世の摂政で、ルイ一四世の甥のオルレアン公に取り入って、一七一六年に紙幣の発行権を持つ私的な銀行バンク・ジェネラールの創設を許可されます。フランス初の「紙幣」が、イングランド銀行の創設の二二年後に発行されたのです。

同行は、一七一八年にバンク・ロワイヤルとして国営化され、金に兌換が可能な紙幣の発行を進めました。ブルボン朝は、納税はすべて同行の「紙幣」で行うことを命じ、フランスの景気を上向かせることに成功します。

次いでローは、ルイジアナの開発権と二五年間のフランス―ルイジアナ間の貿易を独占する権限を与えられたミシシッピー会社を設立します。ローは、会社の収益を厖大な紙幣の価値づけに利用しようと考えたのです。ルイジアナは、カナダに至るミシシッピー川流域の広大な土地です。ローは、ミシシッピー会社がバンク・ロワイヤルから紙幣を借り入れて貴族が持つ償還が滞っていた国債を買い入れ、貴族はその紙幣でミシシッピー会社の株券を買い入れるというように導きました。つまり不換「紙幣」を仲立ちにして、国債をミシシッピー会社の株券に転換させたのです。

そうすると、すべてはミシシッピー会社の株価の上昇次第ということになりました。そこで、ローは政府に会社へのタバコ貿易の独占権を与えさせ、ルイジアナに多数の入植者と奴隷を送り込むことで収益の増大を図りました。その際にルイジアナへの入植の足場の港町として築かれたのが、現在のニューオルリンズです。

ローは株価を吊り上げるために、会社の貿易特権の拡大、高配当、株式の分割購入、既存の株主への株の割り引き販売など、ありとあらゆる手段をつくします。王室にとっても債務（国債）解消に協力してくれるミシシッピー会社は重宝ですから、大きな特権が次々に与えられました。

ミシシッピー会社の株は、フランスだけではなくイギリス、オランダをはじめとしてヨーロッパ各地の人々に広く購入され、一七一九年中に株価はなんと一八倍に高騰。株式の購入が困難なほどでした。典型的なバブルです。ミリオネア（百万長者）という言葉もこの時期に生まれたと言われています。ローも財務の手腕を買われ、財務長官に大抜擢されました。

ところが二〇年に王立銀行の管理権をインド会社に委託するという布告が出されると、一向に収益を生み出さないミシシッピー会社への期待が一気に冷め、株価が大暴落することになりました。投機は、理性ではなく気分で動きます。ミシシッピー会社の高い株価により「信用」を保っていた紙幣も紙くずと化しました。フランス経済の大崩壊です。そのために、フランスでの紙幣の発行は不可能になりました。

すべてを失ったローは、命からがらイタリアに亡命。ヴェネツィアで客死しました。翌年、ミシシッピー会社の全株式の廃棄が決定されます。ルイジアナは、一八〇三年にナポレオンがわずかに一五〇〇万ドルでアメリカに売り払ってしまいました。

経済学者ガルブレイス（一九〇八〜二〇〇六）は、『マネー――その歴史と展開』でサン・シモン（一七六〇〜一八二五）の次のような指摘を紹介しています。

「もしもこの種の確実な長所に加えて（事実、そのとおりではあったが）ミシシッピー計画という妄想、株式会社の構想、専門的な用語、甲に払うために乙から金をとるという悪賢い方法などが、同時にその特徴となるのであれば、この機構全体は、金鉱も化金石ももたない以上、ごく少数のものだけが富み、残りの大多数の人々は完全に破滅してしまうというかたちで、必然的に崩壊せざるをえない。そして、実のところ、それが現実に起こったことでもある」

第7章 ヨーロッパ商業を逞しくした環大西洋革命と産業革命

1 植民地支配とヨーロッパのバランス・オブ・パワーの矛盾

◉植民地支配の崩壊と国民国家体制への転換

一八世紀後半から一九世紀にかけて、イギリスの一三植民地が結束して独立戦争を起こし、フランスなどのヨーロッパ諸国の支援により一七八三年に独立を達成しました。その影響は、一八一五年にナポレオンが没落するまで広い地域におよび、新大陸の全体がヨーロッパ諸国から独立し、大西洋世界はヨーロッパとアメリカ大陸に分離しました。ヨーロッパでも、王や貴族が支配する古い体制（アンシャンレジーム）に対する蜂起が広まり、国民主権の国民国家への移行が進みます（市民革命）。

同時期に、経済面では新大陸の綿花プランテーションとイギリスの工場による綿布の生産が拡大して、機械と蒸気機関を組み合わせる工場生産が普及していくことになります（産業革命）。同時期に並行して進んだ、市民革命と産業革命を併せて「二重革命」と呼ぶように、大西洋世界が政治面でも経済面でも大変動したのです。きっかけになったアメリカ独立戦争で、ヨーロッパのバランス・オブ・パワーの立場からフランス、オランダ、スペインが植民地側についてイギリスと戦ったことが、大西洋世界の全面転換につながりました。新大陸の反植民地の戦いとヨーロッパ内の国家間の争いが化学反応を起こし、予期せぬ大変動が起こったのです。

半世紀間に、アメリカ独立戦争、フランス革命、ナポレオン戦争、ラテン・アメリカの独立が連動して起こり（環大西洋革命）、最初にアメリカに出現した国民国家が多様なかたちでヨーロッパに波及して、王朝体制が崩れました。その結果大西洋世界では、「ユーラシアの陸の世界」には全く存在しなかった、庶民が主人公になる政治・経済のシステムが生み出されたのです。

国王主権から国民主権へ、特権層が支配する人治社会（コネ社会）から議会が定めた法に基づく法治社会（国民の代表が定めた法に基づいて支配される社会）への転換です。庶民が主権者として認められたことにより経済面での自由競争が可能になり、資本主義の政治的基盤が形成されました。民主主義により次々と新たな経済の担い手が登場することにより資本主義経済が発展することになります。また、アメリカ独立戦争からナポレオン戦争まで、広域で大規模な戦争が繰り返されたことで各国の財政が悪化し、巨額の戦費の調達にあたる金融業者の影響力が強まります。ヨーロッパは大戦争が続くなかで「金融の時代」に入っていったのです。

国民国家体制が商人資本主義に与えた有利な条件を整理すると次のようになります。①国家を単一の市場とする国民経済が成立したこと、②身分制が崩され、資本主義経済の自由な担い手が誕生したこと、③国家が資本主義経済のインフラ整備の担い手になったこと、④国民経済を結合する国際経済が成立したこと、⑤バランス・オブ・パワーにより平和が維持され、ヨーロッパ諸国間の戦争が激減したこと、⑥新経済体制を大西洋世界に広めさせたこと。

◉ボストン商人が陰でリードした独立戦争

大西洋世界の経済が成長するなかで、「新大陸」を植民地と見なしてきた大航海時代以来の体制が揺らいでいきます。先に述べたように、植民地に対する重商主義的支配、英仏第二次百年戦争などが本国と植民地の負担を増大させ、コストがかかる植民地の維持が難しくなったのです。

イギリスはフレンチ・インディアン戦争（一七五四〜六三）でフランスを最終的に破り北アメリカを勢力圏に収めましたが、戦争の過程で累積された一億三〇〇〇万ドルもの莫大な赤字国債の償還が困難になり、財政的ににっちもさっちも行かなくなりました。そこで、それまで大目に見てきた植民地商人（ボストン商人が中心）の密貿易に対する取り締まりを強化し、砂糖法（一七六四）、印紙法（一七六五）などにより、植民地の住民に対して本国なみ課税を行います。それに対して、一三植民地は一斉に反発し、課税の中心の印紙を売る商人の店を襲い、新税の徴収を阻止しました。

そこでイギリスの蔵相タウンゼントはガラス、紙、ペンキ、紅茶などの輸出品に課税し、ボストン港に税関局を設置して、商人の密輸の取り締まりを強化しました。ボストン商人は、イギリス商品を輸入しない協定を結ぶことにより本国に対抗します。

そうしたなかでイギリス政府が一七七三年に茶法を制定して無税の紅茶を植民地に持ち込むと、

密輸紅茶を販売していたボストン商人とイギリスの経済支配強化に反発する青年たちの結社「自由の息子たち」が結束。一七七三年、東インド会社船が運んできた茶葉を大量に海中に投棄するボストン茶会事件を起こします。イギリスは軍隊を派遣し、ボストン港を閉鎖することで対抗しました。その後、イギリスが派遣した正規軍と植民地の民兵の間の武力衝突（レキシントン・コンコードの戦い）が起こり、それを契機にしてアメリカ独立戦争（一七七六～八三）という大動乱が始まります。東インド会社とボストン商人の対立が戦争を引き起こしたのです。植民地側は、一七七六年七月四日の大陸会議でジェファーソン（一七四三～一八二六）の起草になる独立宣言を採択し、独立は人類の普遍的権利に基づく行動であると主張しました。

イギリスの重商主義政策の下で、「クギ」一本に至るまで本国から購入することを義務づけられていた植民地は武器・弾薬が準備できず、本来ならばイギリスと戦うことは不可能でした。しかしヨーロッパ諸国は内乱だとするイギリス側の主張を認めず、フランス、オランダ、スペイン軍が植民地側に立って参戦。ロシアなどの武装中立同盟も武装貿易で戦争物資を植民地に供給しました。その結果、植民地は奇跡的にイギリスに勝利することになります。アメリカ独立戦争は、植民地の反宗主国の戦いがヨーロッパ諸国間の戦争に転化したのです。

ヨーロッパ諸国は予期していなかったのですが、独立戦争の余波で、ヨーロッパではフランス革命とナポレオン戦争が、新大陸ではスペイン・ポルトガルの財産だったラテン・アメリカ諸国の独立が連続的に起こることになって大西洋世界の大変動につながりました。

アメリカで独立戦争が勃発した年に発刊されたアダム・スミス（一七二三～九〇）の『国富論』は、

ヨーロッパ諸国の植民地支配について、「植民地が完成し、本国の関心を引くほど重要なものになったとき、植民地に対して本国が行った最初の規制は、つねに、植民地貿易を本国が独占すること、植民地の市場を制限して、その犠牲の上に本国の市場を拡大すること、したがって植民地の繁栄を速め、促進するよりは、むしろ遅らせ、阻止することをめざすものであった」と、経済面から批判しています。そうした植民地体制が崩れたことで、商人資本主義がひとまわり大きな活動の場を獲得することになったのです。

2 激変する大西洋世界

◉財政窮乏が起こしたフランス革命

アメリカが独立を達成した六年後、イギリスとの長期の戦争、アメリカ独立戦争の支援による財政の悪化、凶作の連続が重なって、デフォルト(財政破綻)に陥ったフランスで政変が起こります。ブルボン朝は免税特権を持つ貴族に課税せざるをえなくなったのですが、特権にこだわり視野が狭い貴族は協力せず、フランス革命が始まりました。

フランス革命の初期の立役者の貴族ラファイエット(一七五七~一八三四)は、自ら購入した帆船ハーマイオニー号でアメリカに渡り、独立戦争に義勇兵として参戦。自室の壁に「独立宣言」を掲げるほどアメリカの新社会に共鳴した人でした。よく見られる理想に走る人物だったのですが、彼の情熱がアメリカの国民主権の考え方をフランスに移植しました。

フランス革命の過程は多くの文学作品でとりあげられるようにドラマティックですが、オーストリア、プロシアが干渉したことで、対外戦争が組み込まれることになり複雑化しました。外国軍の進出でフランスの危機が深まると革命は尖鋭化して民衆に主導権が移り、九二年にルイ一六世（在位一七七四〜九二）が処刑され、議会が主権を持つ「国民国家」が出現しました。一七九五年の総裁政府の成立で右往左往した革命は一応のピリオドを打ちます。

財政的に厳しいフランスでは、革命政府が「アッシニア」という紙幣（最初は接収した教会財産を担保とする債券）の発行で財源を確保しました。一七八九年、財政難に苦しむ革命政府は国有化した全土の一割を占める教会の土地と財産を担保にしてアッシニア（利子五パーセントの利子付き債券）を発行します。アッシニアは、教会の土地と財産の売却を進めた後に回収されると約束された「国有財産の引き換え券」でしたが、やがて紙幣と同様に扱われていきます。周辺諸国との戦争が激化すると、革命政府はアッシニアの発行で一〇〇万人の民衆を武装させました。

しかし、一七九四年のクーデター（「テルミドールの反動」）で過激派の支配が終わり「統制経済」が「自由経済」に変わると、アッシニアの信用が一気に低下していきます。総裁政府が過度にアッシニアを増刷したこともあって、九五年にはヨーロッパ初のハイパー・インフレが起こってしまいました。アッシニアは額面の一〇〇〇分の三にまで大暴落し、九六年には、ついに発行が停止されてしまいます。最終的にはナポレオンが回収を拒絶し、アッシニアはただの紙切れとなり、庶民の生活が破壊されることになりました。

アッシニアが発行停止になると通貨不足が深刻になり、一時フランス国内では外国の通貨が使われるほどの状況になります。ちなみにハイパー・インフレとは、物価が短期間に、数百倍、数千倍にも上昇する激しいインフレを指します。その後フランスは、ヨーロッパ全体を巻き込むナポレオン戦争を起こし、戦争経済の下で息を吹き返していきます。

◉ナポレオンは軍事で勝って商業で敗れた

フランス革命がもたらした社会の混乱とフランス人の愛国心の高揚を背景に、軍部が新秩序の担い手として登場することになります。指導権を握ったのは、辺境の地のコルシカ島の地方貴族出身のナポレオン・ボナパルト（一七六九～一八二一）でした。中央にコネがなく、数学好きのナポレオンは、測量や弾道計算などが必要で実力本位の砲兵将校になります。フランス革命が始まると、平民の砲兵を率いたナポレオンは革命側に立って一連の戦争に勝利。「ナポレオン法典」の制定などに取り組み、強運を生かして三五歳で皇帝になりました。

フランス革命が生み出した徴兵制による軍隊（ナポレオンの私兵ではなくフランスの国軍）で、ナポレオンはヨーロッパ各地に「フランス革命の理念」を輸出し、ヨーロッパの旧体制を瓦解させて、ヨーロッパの社会秩序を一新します。ヨーロッパの貴族体制を粉砕したナポレオンは、庶民から「解放者」として歓迎され、音楽家ベートーベンは「ナポレオン」交響曲（後にナポレオンが皇帝になったことで失望して「英雄」と改名）を捧げ、哲学者ヘーゲルは「馬上の『世界精神』」として礼讃しました。

しかしデフォルトを繰り返してきたフランスの国家財政に対する信用度は低く、財政はいつも底をついていました。そのために占領地からの賠償金の徴収だけではとても足りず、ナポレオンはアメリカの国土面積の二〇パーセント余りを占めるフランスのルイジアナ植民地を一五〇〇万ドルという安値でアメリカに売り払い、戦費を捻出しなければなりませんでした。まさに自転車操業だったのです。

ナポレオン戦争（一八〇三〜一八一五）は空前の大規模戦争でしたからヨーロッパ諸国は疲弊し、大なり小なり各地の貴族社会は崩されました。そのため大陸の戦争の埒外にあったイギリスの経済的優位が一気に強まり、貴族社会も維持されました。

神聖ローマ帝国が解体されて征服が一段落した一八〇六年、商人たちの要請を受けたナポレオンは大陸封鎖令を出して大陸諸国とイギリスの間の通商を全面的に禁止し、フランスの経済的優位を生み出そうとしました。それに対してイギリスは、海軍による「逆封鎖」でフランスに経済戦争を仕掛けます。困ったのはヨーロッパの農業社会でした。農業国のフランスが商人の国イギリスに取って代わることは無理だったのです。イギリスは、フランス革命からナポレオン戦争にかけての時期の七次におよぶ対仏大同盟の中心となり、大西洋市場の支配を背景にして商業的優位を拡大しました。

ご存じのようにナポレオンは、大陸封鎖令を破ってイギリスへの穀物輸出を強行したロシアに六〇万の懲罰軍を夏の軽装で派遣しましたが、冬将軍の到来により大敗を喫して一挙に没落しました。陸のフランスが海のイギリスに、貿易統制が自由貿易に敗れ去ったのです。

しかし、ナポレオンがヨーロッパ経済に明るければ、逆転も可能でした。一八〇六年、ナポレオンは当時の国際金融の中心のアムステルダムを占領しましたから、国際金融業者の協力を得てフランス財政を立て直すことも可能だったのです。しかし、経済に暗いナポレオンは商都アムステルダムで征服者として高圧的な支配を行い、多くの金融業者はロンドンに逃れてしまいます。その結果、金融の中心がロンドンに移ってしまったのです。

ナポレオンに勝利はしたものの、小国イギリスも経済規模の約二・八八倍にもおよぶ巨額の赤字国債を抱えこむ結果になり、イギリス財政の四苦八苦は続きました。

●ラテン・アメリカに進出したイギリス商人

ナポレオン戦争によりスペイン、ポルトガルはナポレオン軍に占領され、新大陸での植民地支配の体制が動揺しました。そんななかで、スペイン植民地で実権を握っていたスペイン系移民の子孫（クリオーリョ）がシモン・ボリバール、サン・マルティンなどの指導下で一連の独立戦争を展開し、一九一〇年代から二〇年代にかけて二十数か国が独立を達成しました。形の上では、ラテン・アメリカにも国民国家が成立したのですが、支配者はあくまでスペイン移民（ブラジルはポルトガル移民）の子孫であり、先住民のインディオの無権利状態は続きました。

当時のヨーロッパはウィーン体制（一八一五～四八）の下にあり、スペインはスペイン領ラテン・アメリカをヨーロッパの一部とみなし、ウィーン体制を支える五国同盟の軍隊を派遣して鎮圧しようとしましたが、イギリスの強硬な反対により挫折。ラテン・アメリカ諸国の独立が実現されました。イギリスがラテン・アメリカ諸国の独立を強力に支援したのは、スペイン・ポルトガルの支配が後退した後で、経済進出を遂げようという計算がありました。イギリス商人は、経済基盤が整っていないラテン・アメリカ諸国を自らの経済圏に組み込んでいきます。

3　ポンドを世界通貨に押し上げたロスチャイルド

◉ヨーロッパの金融時代とロスチャイルド一族

戦争には莫大な戦費が必要であり、ナポレオン戦争は金融業者に活動の場を提供しました。ヨーロッパ大陸全体におよんだナポレオン戦争はかつて見られなかったほどの戦費を使い、金融の専門家ユダヤ人（宮廷ユダヤ人）などが各国の政府の戦費調達にあたりました。イギリスはGDPの二・九倍の国債を発行してナポレオンとの戦争を継続し、手形の引受け、証券発行を主たる業務とする商人のマーチャント・バンクは、国債の購入でイギリスの国家財政の過半を動かしました。なかでも豊富な資金と情報網、ネットワークを持つロスチャイルド家、シュローダー家などがロンドンを中心にヨーロッパ、植民地の経済を支配するようになっていきます。

そのなかでヨーロッパ最大の金融業者にのしあがったのが、ドイツのフランクフルトで骨董商、古銭商を営んでいたユダヤ人のロートシルト（「赤い盾」の意味、英語ではロスチャイルド）の一族でした。当主のマイヤー（一七四四〜一八一二）は、大金持ちのヘッセン選帝侯ヴィルヘルム一世に仕える宮廷御用商人になりますが、マイヤーに幸運をもたらしたのがナポレオンのヨーロッパ制覇と大陸封鎖令でした。

ナポレオンの進撃を前に、大金持ちの選帝侯ヴィルヘルム一世は亡命し、財産の保全と運用は「宮廷ユダヤ人」のマイヤーに託されました。大金を運用するチャンスを得たマイヤーは、ナポレオン戦争と大陸封鎖令で大儲けをし、五人の息子をロンドン（三男ネイサン）、ウィーン（次男サロモン）、パリ（五男ジェイムズ）、ナポリ（四男カール）、フランクフルト（長男アムシェル）に配置してヨーロッパ規模の金融ネットワークをつくりあげ、ウィーン体制下の金融覇権を確立しました。

マイヤーは息子たちを通じて各地の正確な政治・経済情報の入手と相互の資金連携により、頭角を現しました。資本主義の時代には、情報の先取りと広域の連携が金融業者の儲けの源泉になったのです。

◉ポンド紙幣を管理するイギリスの「金庫番」へ

一八〇六年に大陸封鎖令が出されると、ロスチャイルド一族はサトウ、タバコ、コーヒーのイギリスからの密輸で大儲けしました。三男のネイサン（一七七七～一八三六）がイギリスでそれらの商品の購入にあたり、兄弟が各地に築いたネットワークにより売りさばいたのです。特に綿布がよく売れ、ネイサンはマンチェスターに常駐してその買い付けに専念したといわれます。

その後、ネイサンは一八一五年のワーテルローの戦いを利用した債券の売買で大儲けをします。ライプツィッヒの戦いに敗れてエルバ島に流されていたナポレオンが島から脱出して皇帝に返り咲いて（一〇〇日天下）ワーテルローの戦いが行われましたが、ネイサンはナポレオンが敗れたという情報を、当時の最先端を行く通信道具の「伝書鳩」を使った私的な情報ネットワークで、公的情報の四日前に入手します。

そこでネイサンは、一挙に大儲けする算段をします。イギリス軍が勝ったのですから、本当は国債の「買い」なのですが、彼はロンドンの株式市場でイギリス国債をわざとめだつようにして大量売却します。投資家たちはネイサンが大陸に有力な情報源を持っていることを知っていますから、これはてっきりイギリス軍が敗れたに違いないと考えて「売り」に追随しました。

ネイサンは、元金が償還されない代わりに満期がなく、永久に一定の利子が支払われる年金型のコルソン債に狙いを定めます。敗戦すれば政府による利子の償還が望めませんから、コルソン債は紙くず同然に叩き売られたのです。コルソン債は大暴落です。ネイサンは、コルソン債がただ同然になった頃合いを見計らって大量に再購入し、一挙に二五〇〇倍に金融資産を膨らますことに成功しました。それが有名な、「ネイサンの逆売り」です。

ネイサンの大儲けは、①紛争、戦争が、儲けの種になる時代に入ったこと、②正確な情報が大きな儲けにつながること、③投資の世界がある面で「騙しの世界」であること、を物語っています。金融の拡大で実直なモノ作りの資本主義経済が後退し、才覚と策略が幅を利かす時代に入っていったのです。

先に述べたように、ネイサンの代にロスチャイルド家は金融都市ロンドンを中心とする五つの都市に拠点を設け、ヨーロッパ経済の勃興期に、駅伝制、伝書鳩を利用する情報ネットワークを動かして、機敏に利益を積み上げました。企業秘密を守るため、情報の伝達にはヘブライ語を織り混ぜたとも言われています。

ネイサンは、一八二五年のシティの金融恐慌に際してヨーロッパから資金を集めて発券銀行のイングランド銀行を守り、イギリス財界に食い込みました。マイヤーは常々「わたしに国の貨幣供給量の管理権を与えたまえ」、それがあれば他はすべて不要であると語っていたといわれますが、ネイサンはそれに一歩近づいたことになります。通貨の発行は、経済の「心臓」部分に当たるのです。

銀の蓄積が乏しいイギリスのアジアへの経済進出は、銀本位制を金本位制に変え、金との引換証のポンド紙幣を流通させることにより実現されました。ロスチャイルドは、カリフォルニア、オーストラリアなどの一連のゴールドラッシュを巧みに利用して「黄金が無限であるという幻想」を振り撒き、金本位制への転換をなしとげ、金の「引換証」のポンドを世界の決済通貨にすることに成功します。それは、イギリス商人にとっても、ポンド紙幣の発行に携わっていたユダヤ人にとっても決定的な勝利になりました。

イギリスの首相ディズレーリがスエズ運河会社株をエジプト大守から購入した際にロスチャイルド家が厖大な資金を貸し付けたことでわかるように、ロスチャイルド一族は世界に覇を唱えたイギリス政府の財政を担当し、ポンド紙幣を世界通貨にすることにより大儲けをしました。やがて新興国のアメリカ経済が成長すると、ロスチャイルド家はアメリカの金融業者J・P・モルガンと提携してニューヨークに進出し、アメリカ経済を動かすようになります。

4　イギリスで商業から自立する工業資本

◉大西洋商業の隆盛とイギリスの農村毛織物工業の成長

話は、少し遡ります。大航海時代に、特産品の少ないヨーロッパの戦略商品は毛織物でした。良質の羊毛の生産地だったイギリスは、イタリア、スペイン、ネーデルラントを押さえて、ヨーロッパ最大の毛織物の産出国になります。

一七世紀になると大西洋の三角貿易をほぼ独占することでイギリス商業が活況期に入りました。大西洋の商業覇権と連動してイギリスの毛織物工業が成長します。毛織物製品は最初は都市部で生産されていましたが、ギルドの規制、都市の職人の高い賃金を避けて、商人たちは問屋制により生産の場を農村に移しました。産業革命前に、商人の主導下に大西洋市場に輸出するための毛織物生産が、イギリスの農村部に広がったのです。

経済史家のF・メンデルス、クラークソンなどは、一七世紀の大西洋市場の拡大とイギリスの農村部の毛織物工業を結び付ける「プロト工業化論」を唱えました。産業革命前のイギリスの農村毛織物工業の拡大は単なる農村の工業化ではなく、以下の三つの条件が結び付いた歴史現象であると強調したのです。

①イギリスの農村手工業は、地域と連動するのではなく国際市場と連動していた。

②都市の商人（商業資本）が主導する問屋制と結びつくことにより、小農民の手工業が成長した。
③農業が効率を重んじる資本主義的経営に転換する過程で、地域の分業の一部として大規模な商業的農業とともに農村手工業が勃興した。

そうした指摘と関連するのですが、二〇〇〇年に刊行されたシカゴ大学教授、ケネス・ポメランツ（一九五八〜）の『大分岐』は、北インド、長江デルタ、日本の畿内などにみられた同程度の市場経済のなかで、なぜヨーロッパの資本主義だけが大きく成長できたのかという問題を提起しました。

彼は一八〇〇年頃までは、ヨーロッパ経済の成長は、程度や規模でユーラシアの四つの中核地域（江南デルタ、日本の畿内・関東、北インド、オランダ・イギリス）で「驚くほど似た」状況にあったものが、一九世紀になるとイギリスと他地域の間に歴然たる差がついた理由を、イギリス商人が特権的に海外資産にアクセスできたことにあるとしています。

ポメランツは、ユーラシアの市場経済が一八世紀後半の人口増という環境変化による制約を受けたのに対し、イギリスのみが幸運にも、①身近にあったエネルギー源の石炭、②新大陸の広大な土地の活用、③イギリス商人が主導した大西洋三角貿易の隆盛により産業革命に連なる経済の成長を獲得できた、と指摘したのです。

ケネス・ポメランツはグローバルな視点から、世界商業の一環だったイギリスの農村工業の成長を説明しようとしたのです。彼が、同程度に成長したイギリスの農村と長江下流デルタ地帯の農村を比較して、イギリス経済が恵まれた外的諸条件に支えられていたとする指摘は、「プロト工業化論」と同様に商業資本を高く評価する立場に立っています。当時の長江デルタの経済には、「海の資本主義」との連動という重要な条件が欠けており、王朝官僚の収奪というマイナス要因も加わっていたのです。

◉世界商品・綿布が促した産業革命

岩井克人氏は、価値体系の違いを利用して利潤の拡大を目指すシステムとしてとらえれば、商業資本主義と産業資本主義は本質的に同根であると論じています。そうした視点に立てば、新たな戦略商品の「綿布」で手を携えあって経済成長を実現した商業資本主義と産業資本主義を敢えて段階づける必要はなさそうです。

イギリス経済を新たな段階に飛躍させたのは、東インド会社がインドから持ち込んだ綿布（キャラコ）です。あらゆる気候に適応でき、丈夫で、吸湿性に富み、安価、という優れた綿布が、一躍、大西洋市場の戦略商品になったのは当然のことでした。インドからの物産が、大西洋市場を飛躍させたのです。

ヨーロッパから大西洋市場に輸出された大量の綿布が、サトウ需要が突出することで広がった大西洋三角貿易の歪みを解消させました。

キャラコ（綿布の積み出し港のカリカットに由来）は、もともとはイギリス東インド会社がインドから持ち込んだ、美しく、多様な染色が可能な高級な綿布でした。イギリスでは綿布の使用が貴族から中流階級に広がり、それまで市場を独占してきた毛織物を圧迫するようになります。経営が脅かされた毛織物業者は議会を動かし、何とか既得権を守ろうとしました。議会は、一七〇〇年、一七二〇年に奢侈禁止令を制定し、贅沢品のインド綿布のイギリス国内での使用を禁止します。

話はそこからです。綿織物業者は、仕方なく「麻」などを混ぜた安価な綿布（綿布もどき）を生産します。そして、綿布ではなく綿布のマガイモノですと言って売り出し、議会に対抗しました。

西インド諸島の農場で安い綿花を大量に栽培し、それを伝統的な毛織物の技術で加工し、混ぜ物をした安価な代替品は、やがて大西洋市場で爆売れし、サトウ以上の大ヒット商品に化けました。綿布が待望のヒット商品になるとイギリス政府は扱いを一転させ、関税の操作により綿布の大西洋市場への輸出のバックアップに転じました。

イギリス政府は、インドから輸入される綿布に六七・五パーセントもの関税をかけ、イギリス産の綿布には二・五パーセントの形だけの関税しかかけないというような、露骨なイギリス・ファーストの関税操作を行い、インド綿布が直接大西洋市場に輸出されるのを、阻止しました。カリブ海の新興国トリニダード・トバコの首相で歴史学者のエリック・ウィリアムズ（一九一一〜八一）は、大西洋三角貿易の一部分をなす「奴隷」の対価として輸出綿布が増大したことでイギリス綿工業が発展したことを指摘しています。

ところで儲かる紡糸・織布に取り組んだのは、イギリスの大金持ちではなく庶民の商人たちでした。綿業は、当時のベンチャー・ビジネスだったのです。

貴族、ジェントリーなどの資産家には、商業、金融、植民地経営などのもっと実入りの良い儲け口があったのです。ですから、庶民が産業革命を担ったと言っても過言ではありません。

◉イギリスのジェントルマン資本主義

一七三三年にJ・ケイにより発明されていた毛織物工業用の織布道具の飛び梭《ひ》（フライング・シャトル）が、六〇年代に綿工業で利用されるようになると、職人の織布能率が一挙に倍化しました。ところが紡糸の作業は手作業だったために能率があがらず、綿糸不足により価格が高騰します。零細な綿布業者はとてもやっていけません。そこで、商人たちは糸を紡ぐ新技術の発明に懸賞金をかけ、新技術の開発で安い糸を確保しようとしました。庶民がそれに呼応するかたちで、産業革命は進展します。しかし、当時の工場は郊外の川沿いの地に沿って分散しており、きわめて牧歌的でした。

イギリスの計量経済史家N・クラフツは、一七八〇年から一八〇一年までのイギリスの国内総生産の年平均の成長率を一・三二パーセント、一八〇一年から三一年の国内総生産の年平均成長率を一・九七パーセントと計算し、「産業革命期」には生産性の伸びがきわめて低かったことを指摘して、産業革命で経済が大変革を遂げたという従来の説を批判しました。

最近は「産業革命はなかった」とまで言われ、農地経営から証券保有に転じたジェントルマンがイギリス経済を成長させたという「ジェントルマン資本主義論」が有力です。しかし産業革命により工業が商業から自立し、リスクを取ってモノづくりをする工業資本家が出現したことは事実です。

ただ、当時は全労働者のうち工場で働く者は四割にすぎませんでした。

産業革命により経済の飛躍的成長が見られたのは一八二〇年代で、三〇年代になるとヨーロッパ大陸にも工業の波が波及していきます。工業が本格的に経済を主導するようになるのは、産業革命が始まってから百年後の第二次産業革命期（一八七〇年代以降）なのです。

ユーラシアの乾燥地帯の帝国では、農業中心の経済の停滞が続いていましたが、工業化によりヨーロッパ経済は急成長の過程に入ります。イノベーション（技術革新）が次々に起こり、生産や流通のみならず社会の仕組みそのものが一新される創造的破壊が繰り返されたのです。経済の成長曲線が、一気に上昇していきます。イギリスでは、人口増（一八世紀後半に五割弱の増加）、都市の成長、フランスとの長期の戦争（第二次英仏百年戦争、一六八九〜一八一五）などを背景に、政府や議会のバックアップの下で食糧増産を目的とする「第二次エンクロージャー（囲い込み）」と呼ばれる農業の大規模化が進められ、多くの小作人が農地を失って都市に流入したことも、工業化の進展に有利でした。

◉石炭が成長させた工業資本主義

産業革命期の大きな変化は、なんと言っても石炭をエネルギー源とする蒸気機関の出現です。近代以降の歴史は、過去に蓄積された化石エネルギーを利用する工業が推進する「都市」の歴史であり、農業社会の循環する仕組みとは全く違ってしまったのです。

寒い冬が長いイギリスでは、一六世紀になると暖房用の薪の切り出しによる「森林の枯渇」（deforestation）が深刻化し、一六〇〇年頃から「石炭」が燃料として広く使われるようになります。

石炭は木材よりも熱効率が高く、イギリスには良質な炭田が多く分布していました。

石炭が大量に掘り出されると、問題になるのが地下水による坑道の水没でした。そこでニューコメン（一六六三〜一七二九）が排水用に、一日中稼働する大掛かりで非能率な、「大気圧蒸気機関」を発明します。

一七六〇年代に、ロンドンから遠く離れたスコットランドのグラスゴー大学の実験器具修理職人J・ワットにより改良された「回転式蒸気機関」が製造され、八〇年代に機械の動力として実用化されました。高等教育を受けていなかったもののワットは大変な読書家で、多くの語学も身につけており、何よりも広い「実学」を身につけていました。それだからこそ、蒸気機関の可能性を見抜けたのです。

ワットは石炭を燃焼させてボイラーで蒸気をつくり、①シリンダーの蒸気を冷却器に導くことで熱効率を飛躍的に高め、②ピストンの往復運動を回転運動に変える遊星歯車や回転を自動調整する遠心調速器の採用し、「小型化された蒸気機関」を工場の機械の動力源に変えました。発明家、技術者であるワットは、マシュー・ポールトンという商人との間に無限責任のパートナーシップを結び売り込みにかかります。一七七五年にポールトン・ワット商会が設立され、優れた技術と商人の資金調達・経営の組み合わせが成立したのです。

ポールトンはニューコメンの蒸気機関と比べ、節約された燃料費の三分の一を使用料とするレンタル方式のビジネスに成功します。蒸気機関は最初は炭鉱の排水や水門の開閉に使われましたが、やがて鉄道、蒸気船に応用され、高速で安定した輸送網を地球規模に広げ、劇的に世界を変えました。

●鉄道投資に殺到した大商人

産業革命と鉄道の建設により、ヨーロッパは大きく姿を変えました。一八六〇年代の中頃には世界の工業生産の約六五パーセントが、イギリス、フランス、ドイツ、アメリカの四か国により占められるようになります。

それらの国々では、工業生産の場となる産業都市が多数誕生しました。食糧を税として取り立て再分配する封建都市とは異なり、近代都市は商業、工業生産、金融のセンターになります。工業生産と商業の場となった近代都市の中心部が、工場、倉庫、鉄道施設、係留ドック、運河、商店などの経済施設と貧しい労働者街でした。

大量のモノの循環により利益を拡大する商人にとって、都市の諸施設、鉄道などの交通インフラの建設、すべてが貨幣で購入される都市生活の拡大は、一挙に儲けをあげるチャンスになりました。商品の集積により支えられる都市が成熟したことで商人資本主義の質が一挙に変わり、経済を主導するようになっていきました。都市の過密化は商人の利益の増加の源泉になったのです。産業革命後の社会は実は商人の時代でもあったのです。

世界規模で建設された鉄道、蒸気船のネットワークが生み出す巨大な物流で商人が厖大な利益を上げたのは、現在の地球規模のインターネットとGAFAの関係を考えれば明らかです。都市と都市、世界各地のプランテーション・鉱山と本国の都市を結び付けたのが鉄道、蒸気船のネットワークだったのです。

都市の過密化が、世界中から物資を調達する鉄道・蒸気船ネットワークを成長させました。過密化やコレラなどの疫病の流行、治安の悪化に悩まされた近代都市は、上・下水道の整備、街灯の設置などにより、「都市の再生」を進めていきます。ロンドンでは、一八六三年に地下鉄の建設が始まり、市域が郊外に広がりました。人工的な都市を再生し、建設する作業のひとつひとつが、商人資本が富を拡大するチャンスになったのです。

一八五〇年に人口五〇万人以上の都市はわずかに七つでしたが、一九〇〇年には四二にまで増加しています。都市人口も一〇〇年間で四倍に増え、人類の一〇人にひとりが都市で生活するようになります。イギリスでは、一九〇〇年には、人口の約八〇パーセントが都市で生活するようになりました。二〇五〇年には、世界の都市人口の割合が、六八パーセントになるであろうと予測されています。

5　鉄道・蒸気船航路の建設と第二次産業革命

◉商人のポテンシャルを拡張した鉄道産業

世界規模の市場の形成に大きく貢献したのが、鉄道と蒸気船による交通網の拡大でした（交通革命）。蒸気機関は産業革命だけではなく、世界市場の拡大のための交通インフラを整備したのです。

小型化された高性能の蒸気機関を台車の上に据え付けた鉄道はレール、鉄橋、トンネル、駅舎などを必要とし、多方面で工業と商業の成長を助けました。初期の鉄道会社は、線路を敷設して機関車から通行料を取る線路貸し付けのビジネスでした。レールのレンタルにより、商人が鉄道インフラを整備したのです。一八二五年になると、イングランド北東部のダラムの炭鉱と北海をつなぐ、ストックトンとダーリントンの間に世界初の鉄道運営会社が設立されます。

一八三〇年になると、綿業の中心都市マンチェスターとカリブ海からの綿花が集まる港町リヴァプールの間に、最初の営業鉄道が建設されました。同鉄道は、三年の間、一日に平均一一〇〇人の乗客と貨物を運んで大儲けします。同社の業績が好調で、年に八から一〇パーセントの配当を出したために、株価が三倍程度値上がりしました。当時の国債の利回りは三パーセント程度でしたから、鉄道事業はとても魅力のある投資先になったのです。

そこで、一八三〇年代から四〇年代にかけて、イギリスは「鉄道狂時代」と呼ばれる鉄道建設の時代に入っていきます。イギリスの鉄道の総延長キロ数は、一八四五年からの一〇年間に四倍に増加しました。便利で儲けが多い鉄道建設は、その後ヨーロッパ大陸に急速に波及していきます。その結果、経済空間が飛躍的に膨張し、空間内部の結びつきも緊密化しました。たとえば、ロンドンとマンチェスター間は、産業革命前の一七五〇年には馬車で三日強もかかったのですが、一八三〇年には二〇時間弱になり、鉄道が敷設された一八五〇年頃には六時間程度にまで短縮されました。しかし、鉄道建設には多額の資金が必要になります。イギリスの証券市場が発達したのは、四〇年代の鉄道ブームの後のことです。商人は、第二次産業革命で民間企業を大規模な投資先として獲得することになります。

ヨーロッパ諸国の鉄道建設の際に、技術とレール、機関車などの機材を提供したのが、イギリス企業でした。鉄道レールを世界に供給したイギリスの製鉄業では、コークス高炉、パドル圧延法などが発明され、一八五〇年代に生産された鉄の四〇パーセント弱が、諸外国の鉄道建設用として輸出されました。イギリスは、鉄道ブームを背景に「世界の工場」になったのです。鉄道が、「パックス・ブリタニカ」を牽引しました。

イギリスに追いつこうとするドイツも、イギリスの建設技術を熱心にパクり、工事費用を切りつめで、一八四〇年代から六〇年代に鉄道網を急激に伸ばしました。新技術のパクリは、いつの時代にも見られる現象です。

一九世紀後半には、鉄道と蒸気船航路が世界化していきます。一八六〇年から九〇年にかけて、鉄道の敷設距離はヨーロッパが五倍、北アメリカが六・五倍だったのに対して、ラテン・アメリカが六六・三倍、アジアが四一・四倍、アフリカが三六倍というように、周辺部で急激に伸びていきます。

◉都市の過密化が本格的なモノづくりを支えた

裾野の広い鉄道建設により急成長を遂げた工業は、一八七〇年代に重化学工業を中心とする第二次産業革命（一九〇年代）の段階に入ります。工業の中心が、大規模な設備投資を必要とする製鉄、電機、合成化学、自動車などの重化学工業に移り、電気、機械、化学などの新産業が登場することになります。工場設備の大型化で個人経営者が自由に競争する時代が終わり、少数の大企業が工業を独占する時代に移ったのです。

自から調整する能力を備えた自由市場が急速に成長し、世界商品市場、世界資本市場、世界貨幣市場が形成されていきます。しかし、個人と企業の経済合理性に基づく市場は厖大で無秩序であり、繰り返される不況が人々の生活を破壊しました。そこで、国民生活を守るための政党、市民団体、国家等による抵抗や経済への干渉が行われざるをえなくなっていきます。

「資本主義」という言葉が意識されるようになったのは、一般に一八七〇年代頃だったと言われています。それまでは古代以来の農業、商業、金融が圧倒的に優勢で、工業はあくまでベンチャー・ビジネスの域を出なかったのです。第二次産業革命が、新知識と技術がイノベーション（技術と社会の革新、創造的破壊）を繰り返す時代へと社会を変えたのです。

工業の大規模化で、個人に替わって企業が経済活動の中心になり（企業資本主義）、有限責任の株式会社が経済活動の中心的存在にすわります。また少数の大企業が互いに利益を確保するために、カルテル（企業の連合）、トラスト（企業合同）などを組織することも始まりました。

この時期になると、大衆から資金を調達して企業に貸し付ける銀行・証券会社などが経済を動かすようになり、企業の株式の保有や役員の派遣を行うようになります。企業の株式発行や株券の取引が普及して民間にも資本主義経済が浸透し、膨大なカネの流れができあがっていきます。それまでの金融は国債の購入などの国家への投資が中心でしたが、工業の大規模化に伴い民間企業への投資の比率が急激に増していきました。本格的な資本主義社会が始まったわけです。

◉第二次産業革命とビッグ・ビジネスの登場

第二次産業革命の技術革新と産業構造の変化に上手く適応できたのが、労働力が安く調達できる、アメリカ、ドイツなどの後発諸国でした。もともとモノづくりの国ではなかったイギリスは「世界の工場」の地位から急速に後退していきます。

アメリカの経済史家アレクサンダー・ガーシェンクロン（一九〇四～七八）は、急速に工業を成長させた後進国の工業化の特色を以下のように整理しています。

①先進国の技術が借用でき、外資が導入できたために急速な成長が可能。
②生産財に対する重点的な投資。
③重工業中心であり、企業規模が大きい。
④資本を蓄積するために消費が犠牲にされた。
⑤銀行、政府などの果たす役割が大きかった。
⑥「富国強兵」など、工業化を促すイデオロギーが一定の役割を果たした。

一八七〇年代から九〇年代にかけて進んだ第二次産業革命は工業を大規模化し、生産工程を複雑にしました。産業分野も著しく多様化していきます。電気モーター、内燃機関、合成染料、化学肥料などの新技術群が登場した外に、わたしたちになじみ深い、電灯、蓄音機、電話、電信、海底ケーブル、録音機、家庭電化製品、電車、自動車、鉄道網、飛行機、大型蒸気船、冷凍船、冷凍貨車、高層建築、映画、カラー写真、合成染料、窒素肥料、プラスチック、ダイナマイト、アスピリン、薬剤などの幅広い商品が登場してきたのです。

新しい産業社会を支える基幹資材は、鋼鉄、石油、電力でした。強くて柔らかい「鋼鉄」は、機械、船舶、高層建築、武器など多面的に活用され、石油は、内燃機関に利用されて自動車、飛行機の発明につながりました。エジソンがニューヨークのJ・P・モルガンの社屋で初めて発電に成功した電力は、白熱電球、ラジオ、映画、電化製品などを生み出していきます。

イギリスの経済学者アルフレッド・マーシャル（一八四二～一九二四）は、企業規模の拡大だけが生産効率を高めるのではなく、産業全体の拡大によるところが大であると主張しました。多様化する産業を巧みに調整し、販路を拡大したのは商業資本です。工業が一挙に厚みを増した一九世紀の後半は、まさに商業の新たな勃興期だったと言えます。ヨーロッパの工業生産は、一九世紀後半に四倍から五倍に成長しました。

◉大不況が呼び起こした帝国主義

急速な工業化、世界規模での植民地の拡大は、ヨーロッパ経済の長期の不況というかたちの調整をもたらしました。それが、一八七三年から九六年にかけて、オーストリアのウィーン発の金融危機がヨーロッパ・アメリカに波及して長期化した「大不況（Great Depression）」です。約二〇年間に、ヨーロッパの物価は三〇パーセント以上も下落しました。

企業が起こすイノベーション（新しい発想、結合などによる変革、技術革新）が資本主義社会の発展の原動力になると説いた、オーストリアの経済学者シュンペーター（一八八三～一九五〇）は、イノベーションの後には必然的な反動として不況が起こるであろうと指摘しましたが、大不況はまさに典型的な経済の揺り戻しだったのです。大不況は、①産業革命の波及によるヨーロッパの過剰生産、②植民地からの安価な農産物の流入による農家の購買力の低下、などが主たる原因になりました。

イギリスは、工場の老朽化、企業の小規模経営という弱点を克服できず、世界の三番手の工業国に転落していきます。イギリスの経済の成長率が、一八六〇年代の三・六パーセントから七〇年代の二・一パーセント、八〇年代の一・六パーセントへと低下したのに対し、ドイツ、アメリカの経済成長率は約五パーセントに及んでいます。

「世界の工場」の座を失ったイギリスは、資本輸出、植民地の拡大、外国からの利子、配当の獲得に依存する金融・サービスのセンターに変身していきます。イギリスは、アメリカ、オーストラリア、カナダ、インド、アルゼンチンなどへの証券投資を激増させ、その額は一八七五年になると一〇億ポンドを超過していきます。二〇世紀初頭には、三倍の三〇億ポンドに達しました。

当然、イギリスとヨーロッパ第一位の工業国になったドイツとの間に植民地・勢力圏争いが激化し、世界分割の動きに拍車がかかりました。そのように武力により強引に植民地、勢力圏を拡大しようとする動きが、帝国主義です。

注目すべきは、この時期に明治維新、文明開化を経て、日本の資本主義が成長を始めたことです。日本がアジアで唯一資本主義の導入に成功できたのは、島国の日本がポルトガル、オランダ、イギリスと早くから接触し、「海の世界の一員」としての性格を備えていたこと、江戸時代の勤勉革命（農村部に広がった資本節約、労働集約型の生産革命）、寺子屋による庶民教育の普及などがあったからだとされています。明治の人々が先鞭を付けた、日本流の資本主義は、第二次世界大戦後のアジアの資本主義化に大きな影響を与えることになりました。

◉牛肉を庶民の食卓に並べた商人の才覚

一八七〇年代以降、大量に生産された鋼鉄を用いる大型船の建造が進み蒸気船時代に入りました。鋼鉄を使ったプレハブ工法で簡単に、大陸をつなぐ大型船の建造が可能になり、数万トンの船の量産がなされるようになります。鋼鉄は木材よりも安価で船材が無限に供給できましたから、一八六八年から七九年の間に蒸気船の輸送コストが半減しました。ヨーロッパと南・北アメリカとの航路、アジアとの航路が定期化され、海の資本主義が急激な成長を遂げます。

農村からの人口の流出と都市の成長が続いた一九世紀のヨーロッパでは、一億人もの人口が増加しました。アメリカ大陸がそうしたヨーロッパの余剰人口の受け皿になって、農地や牧場の大規模開発が進みます。

サトウ、綿花などの商品作物の大量生産方式だったプランテーションが生活物資の生産に応用され、蒸気船や冷凍船でムギや牛肉などの食品が大量かつ安価に、ヨーロッパに供給されるようになります。特に冷凍技術の進歩、冷凍船の出現により、生鮮食品の輸送が可能になって、商人の活動の幅が劇的に広がりました。アメリカの西部、アルゼンチンなどの大牧場で生産された安い牛肉がヨーロッパに供給され、大衆の胃袋を満たすようになります。今ではヨーロッパ料理を代表する食材になった牛肉は、一九世紀後半になって初めて食卓に並ぶようになったのです。

◉前例がない海からのヨーロッパ人の大移住

一九世紀には四〇〇〇万人を超える人々が、移民船や客船航路によりヨーロッパからアメリカ大陸に移住しました。アメリカ大陸のヨーロッパ化が一気に進んだのです。約三六〇〇万のイギリス、ドイツなどの庶民が北アメリカに移住します。アメリカ合衆国の経済が、ヨーロッパの大不況を背景にして一気に膨張したのです。

南アメリカはアニメで有名になった、イタリアの港町ジェノヴァの少年マルコがアルゼンチンに出稼ぎに出て音信不通になった母を求めてアルゼンチンに渡り、苦難の末に母との再会を果たす「母をたずねて三〇〇〇里」の物語でわかるように、イタリア人などのラテン系の人々約三六〇〇万人以上がアルゼンチン・ブラジルなどに移住しました。

また、約二〇〇〇万人がヨーロッパからオーストラリア、ニュージーランドに移住し、アフリカ、アジア各地にも多くのヨーロッパ人の移住が進みました。そうした一九世紀後半のヨーロッパからの大量移民の進出で、世界のヨーロッパ化が一挙に進んだのです。現在、その揺り戻しでヨーロッパが移民・難民の逆流入に苦しんでいます。

ヨーロッパからの移住者は、アメリカの西部に農場、牧場を開き、ブラジルのコーヒー農場、アルゼンチンの肉牛牧場の労働者となって、南・北アメリカのプランテーションの拡大を担いました。

一九世紀の大西洋は、ヨーロッパからの「民族移動の海」だったのです。

第8章　イギリスにしてやられたユーラシア諸帝国

1　ポンド紙幣による世界経済の大逆転

◉パックス・ブリタニカとは

もともと寒冷地にあり食糧の自給が困難だった小国のイギリス（人口は日本の五二パーセント）は、一九世紀になるとポンド紙幣の発行による国際金融の支配、産業革命・交通革命（鉄道、蒸気船）の主導、海底ケーブルの敷設とロイター通信社によるアジア・アメリカ情報、海から陸地を支配する戦略などを組み合わせて、現在の多国籍企業のような手法を駆使して、海から地球規模の覇権体制をつくりあげるのに成功しました。

イギリスは、一九世紀の後半から二〇世紀初頭まで続く、「パクス・ブリタニカ」と言われる自国が絶対優位に立つ国際秩序を築いていきます。「パクス」は、ローマ神話の平和と秩序の女神に由来する言葉で、イギリスが世界秩序の担い手となったことを指します。その根底にあったのが、ナポレオン戦争中にイギリスが培ったイギリス海軍の絶対優位でした。大西洋とインド洋がイギリスの海に変わったのです。海軍力を中心に、①世界の重要海路の支配、②チョーク・ポイントを初めとする戦略的水路・地域の支配、③対英同盟の阻止、がイギリスの基本戦略になりました。

イギリスがイメージしていた覇権体制は、従来のヨーロッパにあったような自立した国家の間のバランス・オブ・パワーの体制ではなく、ユーラシアの諸帝国の弱体化を利用して、海から地球全体を囲い込むという体制でした。首相のベンジャミン・ディズレーリ（一八〇四〜八一）が、必要であるならばイギリスの首都をインドに移しても構わないとまで述べているのは、イギリスがそれまでのヨーロッパ、大西洋世界を越えるグローバルな世界支配を目指していたことを物語っています。

わずかに世界人口の三パーセントを占めるにすぎないイギリスが、卓越した空間形成能力により地表の五分の一以上、人口の四分の一を支配するようになったことは、タイミングに恵まれた奇跡的な出来事でした。イギリスにより実現された海の帝国は、それまでのユーラシアの陸地を中心とする世界の歴史の流れを大逆転させました。そうした流れは、第二次世界大戦後にアメリカに引き継がれて現在に至っています。

◉ポンド紙幣を定着させるための工夫

イギリスの世界支配の重要な武器になったのが、金本位制に基づき発行される世界通貨のポンド紙幣でした。ユーラシア世界を初めとして世界の通貨は「銀貨」でしたから、イギリスは一九世紀に世界の通貨体制をひっくりかえして、ポンド紙幣を主役の座に据えたことになります。イギリス帝国の金庫番として、それを実現させたのがロスチャイルド一族でした。ではイギリスの覇権の基礎になった、世界通貨の大変動を見ていくことにしましょう。

ナポレオン戦争が起こると、イギリスでは紙幣の信用が動揺して金に交換されたため、大量の金がイングランドから流出しました。もしイギリスが敗北すれば、紙幣価値の大暴落が起こりますからそれは当然の行為でした。イギリス政府はイングランド銀行を守るために金貨と紙幣の交換を停止します。その結果、イングランド銀行の紙幣の発行残高が激増してインフレが進行しました。

それに対処するために政府は、戦後の一八一六年に「貨幣法」を制定して金本位制を法制化し、二二金で約八グラムの金を一ポンドとするソブリン金貨を鋳造して、本位金貨にしました。ソブリン金貨は、自由な鋳造と自由な鋳潰しが認められましたから「金そのもの」でした。それを一ポンドとして流通させることで、ポンド紙幣の価値を安定させることを目ざしたのです。一八二一年、ソブリン金貨との「引換証」としてのポンド紙幣（兌換紙幣）が発行されます。

①イギリスが世界で政治的、軍事的に圧倒的優位に立ったこと、②イギリスの金融・商業が世界経済をリードし、ポンドが貿易決済に用いられたこと、③イングランド銀行がポンド紙幣の金貨との兌換を維持するための慎重な金融運営を行ったこと、④イギリスが金融市場の拡大に努めたこと、などによりポンド金貨、ポンド紙幣が世界各地で広く流通するようになっていきます。

金本位制での最終決済手段はソブリン金貨なのですが、金貨をいちいち運ぶのは繁雑で、安全面でも問題があることから、次第にポンド建ての手形が国際的な貿易決済に用いられて、最終的にイングランドの銀行で処理されるようになっていきます。それは現在、日本と中国のドル建ての貿易の決済が、最終的にアメリカの銀行で行われるのと同じ流れです。

◉銀から金への転換とアジア経済の没落

イギリスの商人、金融業者は、世界の基軸通貨がアジアの通貨である銀貨からイギリスのポンド金貨に転換したことにより大きな利益を得ました。大量のポンド紙幣を使うことが可能になったからです。それこそが、イギリス経済とアジア経済の大逆転が劇的に進んだ理由になります。

一九世紀初頭までの世界経済では、ご存じのようにオスマン帝国、ムガル帝国、清帝国などのアジアの大帝国が、圧倒的な優位を誇っていました。大航海時代に新大陸で掘り出された大量の銀も、最終的にはその大部分がインド、中国に流れ込みました。当時、世界の銀の三分の二はアジアの諸帝国の下にあったとされます。

イギリスは、アメリカ独立戦争で北アメリカの植民地を失いましたが、ハード・パワー（圧倒的海軍力、金融力、工業力）とソフト・パワー（新しい都市型の生活スタイル、サッカー・ラグビー・テニスなどの近代スポーツ、喫茶、ファッションなど）を巧みに組み合わせ、一九世紀のグローバリゼーションの波（蒸気船航路、鉄道、海底ケーブル）に乗り、海からアジアの諸帝国の経済を飲み込んでいったのです。

その際に巧みに利用されたのが、新大陸やオーストラリアで一時的に大量に掘り出された金が無尽蔵であるとする巧みな「宣伝」でした。イギリスは、金融の専門家のロスチャイルド家の金融操作もあって基軸通貨を銀貨から金貨に大転換することに成功し、アジア諸帝国の経済を切り崩したのです。

金貨が本位通貨になれば、金の絶対量は少ないのですから、ポンドという「金との交換証」を、世界紙幣として地球規模で流通できたのは当然でした。

先に述べたように、一八世紀ブラジルで産出された当時の世界の採掘量の八割を占める金はほとんどイギリスに流れ込み、一九世紀にはカリフォルニア、オーストラリア、シベリア、カナダ、アラスカなどでゴールドラッシュが相次いで、一八四八年から一九〇八年の間に世界の金の産出量は約一〇〇倍にも達しました。そのために金価格が低下して、金は無尽蔵という幻想が生まれたのです。現在では、世界史のなかで掘り出された金の総量はオリンピック・プール三杯分程度にすぎないことがわかっていますが、当時は、ほとんどの人がそうした事実を知らなかったのです。

イギリスは金貨との「引換券」のポンド紙幣を新たな「世界通貨」の座に据えることに成功して、経済上の絶対的な優位を獲得したのです。

◉中央銀行になったイングランド銀行

先に述べたように、一八二五年、金融恐慌がイングランド銀行にまでおよび、ポンド紙幣が一時的に危機に陥りました。その際に、ロスチャイルド一族はヨーロッパに張りめぐらしていた「金融ネットワーク」の「金」をロンドンに集中することによってイングランド銀行の破産を救い、ポンド紙幣の信用を守りました。銀行内で、ロスチャイルド家の影響力が一挙に強まったのは当然です。

イングランド銀行は、もともとは民間銀行のひとつにすぎなかったのですが、一八四四年に首相ロバート・ピールはピール銀行条例（イングランド銀行設立特許状の修正法）を出し、イングランド銀行を中央銀行とし、ポンド紙幣の発行の独占を認めました。

それまでは多くの地方銀行が地元で紙幣を発行していたのですが、イングランド銀行が「銀行のための銀行」とされて、ポンドの発行の権限を独占するようになるのです。

ポンドの基軸通貨としての影響力が強まると、ロスチャイルド家との関係が深いフランクフルトの金融街とドイツ帝国（一八七二年）、日清戦争後の日本、アメリカなどが次々に銀本位制を金本位制に切り替え、一九世紀後半には金貨（ポンド）の銀貨に対する優位が確立されていきます。イギリスは、静かに世界経済の覇権を握ったわけです。

通貨の座を失ったヨーロッパの大量の銀は、銀本位制を続ける中国・インドに地金として大量に流出しました。ヨーロッパ商人は、アジアとの銀価格の差を利用して大儲けをしたのです。特にインドでは、イギリスに輸出される綿花の代価として大量の銀が使われました。幕末に日本から大量の金が流出したのも同じ理屈です。

一八八四年になると、南アフリカのブーア人（オランダ系移民の子孫）のトランスバール共和国のウィトウォーターズランドで大きな金鉱が発見されます。共和国政府はこの地域を国有化し、押し寄せるイギリス人採掘者に地区ごとに分けて採掘権を認める貸区制度により管理しました。ところが八九年に地表近くに金の大鉱脈が見つかり、トランスバール共和国が、一躍世界最大の金の埋蔵地になります。

そうすると、金本位制とポンド紙幣を守るために金が欲しくてたまらなかったイギリス人は、世界一の産金地を侵略する戦争（南ア戦争、ボーア戦争、一八九九～一九〇二）を起こします。何が何でも金が欲しいイギリスは赤字国債を発行して戦費を調達し、自治領からの援軍を含む約四五万人もの大軍隊を投入。二億三〇〇〇万ポンドの莫大な戦費を費して焦土作戦を行います。イギリスは、それは「帝国主義戦争だ！」という世界の世論を無視し、ブーア人のふたつの国を強引に併合してしまいました。それは、イギリスの覇権を守るための金の確保が必要だったからです。

◉新興国アメリカへのイギリス人の積極投資

金融大国イギリスは、英語が通じる新興国アメリカ合衆国と、スペインの植民地から独立したラテン・アメリカ諸国への積極的投資を行っていきます。ユーラシアの諸帝国と対抗するための経済基盤を築くためにも必要だったのです。

投資の先頭に立ったのが、ロスチャイルドの一族でした。先見性を持つ彼らは、蒸気船と電信によりヨーロッパとの結び付きが強まり、資本が乏しく「資源も労働力も安価」な、アメリカを絶好の投資先と考えたのです。

一八七〇年代に構造不況である「大不況」（一八七三～九六）がヨーロッパを覆うと、イギリスを初めとするヨーロッパが、余剰資本のアメリカへの投資を積極化させました。当時のアメリカは南北戦争（一八六一～六五）の後で、西部の開拓と大陸横断鉄道の建設が進んでいました。七〇年代は、①大西洋の蒸気船航路の実用化による移民の増加、②大不況によるヨーロッパでの失業者の激増、

③南北戦争中にリンカーンが出したホームステッド法（五年間、西部の開拓に従事した者には無償で約六五ヘクタールの土地を無償で供与する法。西部諸州を味方につけるため）④黒人奴隷の解放に伴う、アメリカで生まれた者にアメリカ国籍を与える憲法の修正、⑤政府の工業育成政策、などの有利な条件が重なっていたのです。

七〇年代から九〇年代にかけてアメリカは、『トムソーヤの冒険』を書いた小説家マーク・トウェインが「金メッキ時代」と揶揄したように、カネまみれ汚職まみれの経済成長の時代に入ります。国が莫大な補助を与えることで大陸横断鉄道が建設され、石油産業、鉄鋼業の成長などもあり、短期間にアメリカ工業はイギリスを抜いて世界の第一位に躍り出ました。西部の開発も急ピッチで進み、一八九〇年までにフロンティア（国有の未開拓地）が消失します。

先に述べたように積極的にアメリカに資本進出したのは、膨大な資金を持つロスチャイルドなどのユダヤ系の金融業者でしたが、受け入れの窓口になったのが、アメリカの金融業者のJ・P・モルガンでした。モルガンはロスチャイルドの豊富な資金を背景に金融、鉄道産業、製鉄業などを支配して、大財閥を築きます。モルガンを通じて、ロスチャイルドはアメリカ経済に大きな影響力を発揮したわけです。

一八五〇年代から始まる石油の採掘が、アメリカの主要産業になりました。ジョン・ロックフェラーはユダヤ資金を利用し、一九世紀末に全米の石油をほぼ独占するスタンダード・オイル会社を中心に、銀行、生命保険会社、総合電気会社（ウェスティングハウス）、鉄鋼、航空機、食品、化学などの産業を網羅する財閥を築いて、モルガンと並ぶ二大財閥になります。

◉イギリス商人のブラジル・アルゼンチンへの投資

イギリスは、ウィーン体制下で、ラテン・アメリカ諸国に投資しました。スペインからの独立を果たしたラテン・アメリカ諸国は、イギリス商人と金融業者の経済的支配下に入っていきます。一八世紀にブラジルのミナスジェライスで発掘された金は世界の産額の八割におよびましたが、それらも機械製綿布などと引き換えに、大部分がイギリスに流れ込み、先に述べた金本位制の確立を助けました。

一八二二年にブラジルは独立しますが、イギリス商人の輸出は五〇年代にかけてほぼ倍増していきます。イギリスからの輸出の約半分が、綿製品でした。ブラジルでは、三〇年代にコーヒーの栽培が盛んになり、独立戦争で紅茶を飲まなくなったアメリカに向けて輸出されました。イギリス商人は、イギリスの機械製綿布、ブラジルのコーヒー、アメリカの綿花を組み合わせた三角貿易を組織し、利益を上げます。イギリスは機械製綿布をブラジルに輸出し、ブラジルのコーヒーをアメリカに、アメリカの綿花をイギリスに送ったのです。

イギリスの投資が特に集中したのが、急速に農業開発が進んだアルゼンチンでした。一八七〇年から九〇年にかけて、アルゼンチンにはそれなりの富を持ったヨーロッパ人が移住し、人口も二倍に増えました。アルゼンチンで、人口の急増により道路、鉄道、水道などのインフラ投資が必要になると、大不況下のイギリスから競って投資が進められ、投機のレベルにまで達しました。

一八八九年、過剰な投機を警戒してイングランド銀行、ドイツ銀行が貸し付け利子を急激に引き上げると、すでに過剰な融資を行っていたイギリスの名門金融家ベアリングが破産の危機に瀕します（ベアリング危機）。ベアリング家は、かろうじて破産を免れましたが、ロンドンの金融街での地位は著しく低下してしまいます。ベアリング家の破産の危機を救ったのも、ロスチャイルド家でした。ロスチャイルド家は、フランス銀行、ドイツ帝国銀行などの協力を得て、ベアリング家の危機を救ったのです。それが、イギリスの金融界でロスチャイルドの地位を一層高めたのは言うまでもありません。

2 鉄道・蒸気船・電信の利用

◉万国博覧会とデパートの出現

一九世紀後半は、鉄道、蒸気船、海底ケーブルによるグローバリゼーションが大規模に進められた時代でした。「大航海時代」の唯一の遺産相続人になったイギリスが先頭に立ち、軍事力、「資本」、謀略などにより地球規模でグローバリゼーションを利用してヨーロッパの「覇権」が確立されていきます。有史以来長期にわたって続いてきたアジアのヨーロッパに対する優位が、劇的に逆転したのです。その中心になった出来事が世界経済の過半を支配してきた超大国の中国、インドの優位が短期間で崩れ、世界市場に組み込まれたことでした。

他方で産業革命による工業製品の増加と世界市場の拡大により、工場で生産された多様な製品をいかに効率的に高く売るかが、商人の新しい仕事になりました。そのためには宣伝と広告が必要になります。世界で最初の広告代理店は一八〇〇年頃にイギリスで始まりました。新聞の広告スペースを買いとり、手数料をとって業者に売りつける仕事でした。

全面的に工業社会に転換したことをヨーロッパに知らしめたのは、一八五一年にロンドンのハイドパークで開催された第一回万国博覧会でした。総ガラス張りの巨大な展示場（水晶宮）が人気を呼び、その後二年おきにニューヨーク、パリで万国博覧会が繰り返されました。工業製品や各種の製品が集められた博覧会は、商人に新しい商業の形のヒントを与えました。それが、市場に流れる商品を、大きな建物で一括して展示し、販売する「デパート」です。いわば、欲しいモノが定価で何でも揃う、「資本主義経済の索引」でした。商品の販売コストを抑えるために値段交渉を外し、すべてが定価で売買されたのです。ロンドン万博の翌年の一八五二年に、パリで本格的なデパートのボン・マルシェが営業を開始し、その後ヨーロッパ各国にデパートが普及していきます。

◉アジアの商業を制覇したエンパイア・ルート

イギリスが世界規模の物流を支えるには、蒸気船ネットワークの安定と、要地の植民地化が基本になりました。イギリスは、大西洋でも太平洋でも商人が経営する民間の船会社に郵便物の輸送を名目に補助金を与え、航路運営をまかせました。商人のほうが熟達していたからです。特に、アジアでは、スエズ運河、マラッカ海峡というチョーク・ポイントを抑え、アレクサンドリア、アデン、ボンベイ（ムンバイ）、カルカッタ（コルタカ）、コロンボ、シンガポール、香港、上海を結ぶエンパイア・ルート（帝国の道）に沿ってアジア経済が組織されました。その影響が現在にまで引き継がれているほど、商業活動は強力でした。イギリスのアジアの幹線航路は、各地の商業民のエネルギーを巧みに組み合わせることでパワフルになったのです。現在でもエンパイア・ルートはアジアの経済の大動脈として生き続けています。

植民地の支配では、陸軍力の弱いイギリスは、電信による情報をフルに活用する諜報戦を用い、諸帝国が持つ矛盾、弱点を衝いて巧妙、狡猾にアジアの伝統社会を掘り崩し、植民地の矛盾を利用しました。イギリスの支配は「分割統治」と呼ばれますが、階層的、宗教的、地域的な対立を利用、あるいは故意に煽り、傀儡、買弁を育成し、懐柔によって崩壊寸前の伝統社会を温存するなど、地域ごとに低コストで支配するシステムを作りあげました。イギリスの「覇権」確立には、テニス、サッカー、ラグビー、ゴルフ、クリケット、ポロ、競馬などのソフト・パワーや教育・留学も積極的に活用されていきます。

経済面では、自由貿易の名の下に後進国の関税自主権を奪って産業の成長を抑え、自国の工業の優位を保ち、食糧や工業原料を安く輸入する体制をつくり上げました。自由貿易は、工業が育っていない国を従属させる経済システムだったのです。

一九世紀にイギリスを先頭とするヨーロッパ勢力は、アジアの伝統世界、アフリカやオセアニアの狩猟・採集社会を征服して「植民地」として支配。地球規模で「資本」の移動を保障し、ヨーロッパ諸国が周縁部を植民地として支配する経済の仕組みをつくりあげたのです。

◉世界一周時代は商業の世界化の時代

一八六九年にアメリカ大陸では大陸横断鉄道が完成し、スエズ運河が開通して、陸・海をつなぐ地球規模の輸送ネットワークができあがり、輸送の高速化・安定化と輸送コストの大幅な削減が実現されました。

鉄道と蒸気船を乗り継ぐ「世界一周」も現実のものとなり（『世界一周の時代』）、イギリスの旅行代理店トーマス・クック社が世界初の世界一周のパック・ツアーを計画します。二〇一九年にインターネット旅行会社との競争に敗れて、トーマス・クック社が破産したというニュースが世界をめぐりました。トーマス・クック（一八〇八～九二）が禁酒主義者の団体ツアーを初めて組織したのがアヘン戦争中の一八四一年、ロンドンの第一回万博に二四万人ものツアー旅行客を送り込んで大儲けしたのが一八五一年です。

クック旅行社の情報にヒントを得て、株式仲買人として生活する傍ら小説を書いていたフランスのジュール・ヴェルヌ（一八二八～一九〇五）は、一八七二年に冒険小説『八〇日間世界一周』を書きました。筋書きは、イギリスの資産家フィリアス・フォックが執事とともに世界一周の冒険を試みる話ですが、当時としては奇想天外な夢物語でした。ヨーロッパの人々は、世界を生活の場として意識するようになったのです。

一八五一年にドイツ系ユダヤ人のポール・ジュリアス・ロイターにより創設されたロンドンのロイター通信社は、電信により集めたアジアとアメリカの正確な「ニュース」を商品として配信して利益をあげました。当時のヨーロッパにはイギリス、フランス、ドイツに三つのユダヤ系の通信社があったのですが、三社は協定を結んで活動地域を分けました。覇権国イギリスの対外活動とかかわるアジアとアメリカに関しては、ロイター社が独占します。ロイター通信社の情報が、イギリスの商業・金融活動の基盤になりました。

◉イギリスのチョーク・ポイント支配

地表の七割の海を利用して、地球規模の大市場を形成したイギリスは、動脈となる蒸気船と世界航路の開発に注力しました。一八六〇年代から一八七〇年代は、帆船から蒸気船への大転換期で、技術革新により海上輸送のコストが半減しました。第二次産業革命後、安価な鋼鉄によるプレハブ工法で数万トンの大型船が次々に建造され、船舶エンジンの改良、スクリューの利用の普及などにより、商人の活動の場が飛躍的に拡大します。

ヨーロッパとアジアを結ぶイギリスのP&O社の蒸気船航路が定期化し、先に述べたようにイギリスのアジア進出のための幹線航路（エンパイア・ルート）となりました。

一八五〇年代に約四〇〇万トンだった海上輸送は八〇年代の一八〇〇万トンに増加し、ヨーロッパから世界各地に多くのヨーロッパ人が移住しました。まさに大移民時代と言われるような状況で、世界各地にヨーロッパの文明、生活様式が拡散しました。一八五〇年以降の六〇年間に、アメリカ大陸への移民だけでも約三四〇〇万人を数えるに至っています。

そうしたイギリスにとり、チョーク・ポイント（choke point）と呼ばれる戦略的に重要な海上水路の支配が重要でした。アジアを代表するチョーク・ポイントについては、以下のような過程で支配権を握ります。

まずは、オランダが制していたマラッカ海峡です。イギリスは、フランス革命とナポレオン戦争の時期にオランダが弱体化したのに乗じて、ペナン島、ラッフルズ（一七八一〜一八二六）が自由貿易港として開いたシンガポール、海峡植民地などからなる海峡植民地を組織し、オランダがナポレオン軍に占領された窮状を利用するかたちでマラッカ海峡を支配下におきました。

次いで地中海と紅海をつなぐスエズ運河ですが、以下の経緯で建設されました。七五歳のフランス人外交官、技術者のレセップス（一八〇五〜九四）は、乗馬を教えて親しくなったエジプト総督サイードの支持を得て、スエズ運河の建設に乗り出します。五八年、万国スエズ運河会社が創設されてフランス人の「資本」を集め、エジプト総督からも資金と労働力の提供も受けて、六九年、スエズ運河の開通にこぎつけました。

工事は、一〇年間にクフ王のピラミッド三〇個分の砂漠の砂を掘り出すという難工事になり、一二万人のエジプト人が建設の犠牲になりました。建設工事に約一億ドルという巨費がかかっただけではなく、砂漠の巨大水路は修理、補修が必要で、その費用は累計で建造費の三倍におよんだと言われます。

スエズ運河は、ロンドンとインドのボンベイ（現在のムンバイ）の距離を五三〇〇キロ、時間にすると二四日間も短縮しました。イギリスとインドの間の距離は三分の一になり、ヨーロッパ諸国のアジア進出が勢いを増すことになります。

一八七四年、運河を通過した船の総トン数の七三パーセントはイギリス船籍でした。アジア進出の先頭に立つイギリスにとり、スエズ運河は垂涎の的になります。ところが、思いがけないチャンスがめぐってきました。エジプト総督は南北戦争中に高騰していた綿花の栽培で建設費用を賄おうとしたのですが、南北戦争後に綿花価格が大暴落。エジプト財政が一気に悪化します。

一八七五年、エジプト総督は、急遽全株式の四四パーセントに当たる持ち分を売りに出します。しかし普仏戦争でプロイセンに敗北を喫したばかりのフランスは、ドイツ帝国への賠償金の支払いもあって買収資金が捻出できませんでした。

外務省からスエズ運河株が売却に出されているという極秘情報を得た首相ベンジャミン・ディズレーリ（在任一八六八、七四〜八〇）は、なんとしてもスエズ運河株を購入しなければならないと考え、党にも休会中の議会にも相談せず、ユダヤ人財閥のロスチャイルドから独断で四〇〇〇万ポンド（二〇〇〇万ドル）の資金を借り入れ、スエズ運河会社株（四四パーセント）を購入します。イングランド銀行では手続きが面倒なので、ロスチャイルドに話が持ちかけられたのです。

ロスチャイルドから抵当を求められたディズレーリが、即座に「イギリスを抵当にする」と答えたと言われます。ロスチャイルドは、財政面でイギリス帝国の世界支配をバックアップしたのです。ヨーロッパとアジアを結ぶ経済のチョーク・ポイントのスエズ運河、マラッカ海峡を支配したことで、イギリスのアジア貿易支配の体制が整えられました。一九一〇年にスエズ運河を航行する船の総トン数の六割以上がイギリス船籍です。

◉総合商社のようなインドの合弁支配

大西洋市場でイギリス東インド会社が輸入したインド産キャラコが毛織物に代わり大売れに売れると、インドからの綿布の輸入量が増大しました。一七四〇年代から五〇年代にかけて、綿布の代価としてインドに支払う銀が四倍にまで増加していきます。イギリスは銀不足を補うために、今度はイギリス製の機械製綿布をインドに輸出することが目指されます。一八一三年には東インド会社の貿易独占権が廃止され、三三年には東インド会社の商業活動が全廃され、東インド会社のベンガル総督がインド政庁を統括するインド総督になりました。

そうしたなかでイギリス商人による機械製綿布の輸出が激増し、インドは綿布の輸出国から輸入国に変わっていきます。そうしたなかでイギリスは、国内の機械製綿布とインドのアヘン、清の紅茶を結び付けるアジアの三角貿易によりアジア経済の大転換を図ります。銀の蓄積が極端に少ないイギリスが清から紅茶を手に入れる手段としては、それ以外の妙手がなかったのです。

イギリスは機械製綿布の大量輸出でインドの綿業を壊滅させ、東インド会社の管理の下でベンガル地方で栽培させたアヘンを清に輸出し、その購入代金により喉から手が出るほど欲しい紅茶を入手しました。インダス文明以来の長い伝統をもつインドの綿業は、無関税で持ち込まれる圧倒的に安いイギリスの機械製綿布に圧倒されて短期間で劇的に壊滅していきます。植民地支配と技術革新が、イギリスの強力な武器になったのです。自由貿易の要求の高まりを背景にして一八二三年に東インド会社は領土を国王に委譲、すべての商業活動を停止して、統治権を持つだけになりました。その後、イギリス商人のインドへの進出が本格化しました。

インド綿業の中心地ダッカでは、イギリスの機械製綿布の洪水のような輸出により職を失った職人が飢え死にし、人口が一五万人から三、四万人に急減しました。一八三五年に、インド総督ベンティンクは、インドの平原は職を失い死亡した織布工の骨で真っ白になっている、今までの商業史でこんなことは起こらなかったと報告しています。

インドの統治にあたるイギリス東インド会社は、「セポイ」（ペルシア語で「兵士」を意味するシュパーヒーに由来）というインド人傭兵を使い、ムガル帝国の分裂と混乱を利用しながら一〇〇年かけてインド各地への軍事進出を遂げました。四次にわたるインド南部のマイソール戦争、三次におよぶ戦争でデカン高原西部のヒンドゥ教徒の連合勢力マラータ同盟を破り支配圏を拡大していきましたが、各地でインド人の反感が強まりました。

もともと八百万の神々を信仰する多神教のヒンドゥ教と征服者のトルコ人が持ち込んだ一神教のイスラーム教は互いに異質でした。ムガル帝国の支配権が衰えると、イスラーム教徒とヒンドゥ教徒の対立で帝国は分裂と混乱に向かい、それを利用してイギリスによるムガル帝国の無力化が進みました。

イギリスの支配地の拡大に応じて、イギリス人官僚の採用も進みました。

一八五三年以降には、「インド高等文官（ＩＣＳ）」の公開試験が始まります。一九二〇年代初頭までインドには常時一〇〇〇人以上の高等文官が置かれましたが、俸給はインド人の負担で、直接統治と間接統治を組み合わせて二億人以上のインド人を支配しました。ちなみにイギリス本国で文官が試験で採用されるようになるのは、一八七〇年になってからのことです。

イギリスの干渉と支配が強化されるにつれ、インド人の不満が強まりました。不満は東インド会社のセポイに対するエンフィールド銃の強制で爆発し、一八五七年に「セポイの反乱」というインド独立戦争が勃発します。しかし、結果は悲劇的でした。反乱軍はデリーに集まり、インドの支配権をすでに失っていた老ムガル皇帝をかつぎ出したのですが、一八五九年、「反乱」は鎮圧され、老皇帝は流刑先のビルマで病死。ムガル帝国は滅亡してしまいます。

一八五八年、ヴィクトリア女王の特許状に基づいてチャーター銀行がカルカッタ、ポンペイ（現ムンバイ）に店舗を開設。次いで上海、香港、シンガポールに出張所を開設しました。香港では紙幣（現在の香港ドル）が発行されて、イギリスのアジアでの植民地支配を金融面から助けました。

その後、首相ディズレーリがヴィクトリア女王を皇帝とするインド帝国を成立させることになります。インド帝国は、イギリスの直轄州と五五〇余の藩王（マハラジャ）からなる「合弁会社」の形をとりましたが、実際にはロンドンのインド省と現地のイギリス人のインド総督、イギリスの駐屯軍により支配されました。ヴィクトリア女王を皇帝に仕立てて、イギリスはインド帝国をイギリス帝国の一部分に組み込んだわけです。小国のイギリスが、三億人の人口を擁するインドを飲み込んでしまったことになります。

◉清経済を掘り崩したアヘン・ビジネス

イギリスでは産業革命後に「紅茶」の需要が増加し、唯一の茶の輸出国、清からの紅茶の輸入が激増しました。しかしイギリスには、清の商人が紅茶代金として求めるだけの銀がなく、貿易バランスの維持が困難でした。

イギリスの紅茶輸入量は、一七世紀末には年平均二万ポンド程度でしたが、一七二一年には一〇〇万ポンドを超え、五七年には四〇〇万ポンドに達していきます。紅茶が、イギリスのアジアからの輸入の四割を占めるようになります。しかし、「大航海時代」以来世界の銀は、絹、陶磁器などの代価として清に流れ込んでおり、銀の調達は困難だったのです。

そこでイギリスは、先に述べたようにインドのベンガル地方で栽培させたアヘンを広州に持ち込んで銀不足を補うようになります。清の対インド輸入の約四〇パーセントがアヘンでした。やがて常習性が強いアヘンの吸引者は二〇〇万人に達し、アヘン輸出量は一八〇〇年から三八年の間に九倍に増加。清ではアヘンの代価として銀の流出が始まり、銀価が二倍以上に高騰します。清はアヘンの取り締まりを強化しますが、アヘン戦争（一八四〇〜四二）の敗北により銀の流出を止めることができませんでした。

「地丁銀」の下で穀物を商人に売り、銀で税を納めていた農民の生活は一挙に崩壊します。銀不足による銀価の高騰は増税と同じで、農民の窮乏が絶望的なかたちで進みました。各地で農民反乱が頻発しましたが、太平天国（一八五一〜六四）の農民軍が中国の南半部を占領すると、北の清と南の太平天国に帝国が二分され、体制の崩壊が一挙に進みました。それを機に、イギリス、フランス、ロシアが清に進出します。

イギリスは、一八五四年、上海の海関（税関）をフランス、アメリカと共同で管理下に置き、一八五六年、フランスを誘ってアロー戦争（一八五六〜六〇）を開始します。一八六〇年には北京を占領。伝統的な清の「帝国」体制を改編させてヨーロッパ市場に組み込み、旅行の自由、キリスト教を布教する自由などを認めさせました。

一八六五年になると、大儲けしたイギリス人の手で香港の本店と上海の共同租界の支店からなる香港上海銀行（現在のイギリス最大の銀行HSBCの前身）が設立され、アヘン商人のサッスーン商会、ジャーディン・マセソン商会などが植民地で得た利益を本国に送金する銀行となり、同時に通貨（現在の香港ドル）の発行も行いました。幕末に活躍した長崎の武器商人のスコットランド人、グラバーは、ジャーディン・マセソン商会の日本代理人です。坂本龍馬の海援隊は、グラバーと薩長の間の武器の売買を取り持ちました。

ロシアはアロー戦争に便乗し、ランド・パワーによる中国進出を目指してアムール川（黒竜江）以北を獲得。さらに、沿海州も割譲させました。

それに対抗してシー・パワーのイギリスは、アヘン戦争後の南京条約（一八四二）で香港島を経済活動の拠点として獲得しただけで、清に国内市場の開放を求めました。コストのかかる植民地はお荷物と判断したからです。イギリスは、清が保護関税を設定できないように関税協定権を獲得していきます。

イギリスは工業製品の販路を拡大するために自由貿易のスローガンを掲げ、アジア諸国や南米の関税自主権を奪い、三パーセントから五パーセントの低率関税で輸出できる自国製品の市場を広げました。南米諸国は一八一〇年代から二〇年代、アジアでは二〇年代から五〇年代にかけてオスマン帝国、清帝国、イラン、シャム（タイ）、日本が関税自主権を失い、イギリス「商品」の進出にさらされることになりました。

◉分け取りされたアフリカ

一八七〇年まで世界第二の面積をもつアフリカ大陸は、「暗黒大陸」などと言われていました。砂漠、熱帯雨林、風土病がヨーロッパ人の進出を妨げていたのです。

そうしたアフリカ大陸が、部族による分裂状態を利用されて一挙に、イギリスを先頭とするヨーロッパ諸国の植民地にされていきます。一八八四年から八五年のベルリン会議をきっかけに急激にアフリカの分割が進み、一九〇〇年頃までにエチオピア、リベリア（アメリカが解放奴隷の国として建設）を除くすべてのアフリカの諸地域がヨーロッパ諸国に分割されつくしてしまったのです。

ヨーロッパ諸国はアフリカを「無主の地」と勝手に決めつけ、無主の土地を自国の領土に組み込む際の法理、「先占権（occupation）」に基づき、先を争ってアフリカを分割しました。その際にヨーロッパ各国の利害を調整したのが、後に述べるように一八八四年に開催されたベルリン会議でした。

ヨーロッパ諸国は、アフリカの歴史を無視し、直線的で形式的な境界線を自国の都合や力関係で勝手に引いてしまいます。そうした国境線が、アフリカ諸国が独立した後に不自然な国境として残り、アフリカの民族紛争の大きな原因になっています。大航海時代のスペインによるアメリカ大陸の植民地化、アメリカの西部征服、アフリカの分割は、ヨーロッパを特別の存在とみなす発想により進められたのです。

アフリカ分割のきっかけになったのが、大陸中央部のコンゴ（ザイール）川流域をめぐる国際紛争でした。一八七八年、アメリカの新聞記者スタンリー（一八四一～一九〇四）がコンゴ川の流域を探検してその経済的重要性を指摘すると、オランダのような植民地をもっていなかったベルギー王のレオポルド二世（在位一八六五～一九〇九）は、コンゴを自国の植民地にしようと画策します。彼はスタンレーを雇ってコンゴ国際協会を組織し、学術的探検を装いながら先住民の首長と契約を結び、二〇か所に拠点を設けるなどして着々と準備を重ねた末、一八八三年に突然コンゴ自由国の建国を宣言しました。

ベルギーの一方的な行動にイギリスとポルトガルが強く反対すると、アフリカでの植民地獲得の野心をもっていたドイツの首相ビスマルク（在任一八六二～九〇）が仲介し、一四か国の参加の下に、一八八四年から翌年にかけて一〇〇日以上におよぶベルリン会議を開きます。

会議では、アフリカ進出に野心を燃やすヨーロッパ諸国により、アフリカ分割のルール作りが行われました。アフリカを「無主の地」とし、それぞれの地域で最初に「実効ある支配」を行った国が支配するとする「先占権」が分割のルールとして確認されました。

アフリカ分割の中心になったのが、イギリスとフランスでした。一八九八年、エジプトの南のスーダンを征服し、エジプトとケープ植民地を結ぶ「縦断政策」を展開したイギリスと、アルジェリアからサハラ砂漠を横切りアフリカ東岸にいたる「横断政策」を展開するフランスが主導権を争ったのです。

一八九八年、両国の軍隊がスーダンのファショダで衝突を起こしますが（ファショダ事件）、翌年フランスが譲歩してイギリスがスーダンを確保。その結果、アフリカ東部を縦につなぐイギリスの縦断政策が支配的になりました。

ヨーロッパ人の軍隊が、アフリカ人を制圧する際に利用したのが機関銃でした。スーダンに派遣されたイギリスのキッチナー将軍（一八五〇〜一九一六）は、大砲と機関銃で武装した最新鋭の軍隊を投入し、一八九八年のオムダーマンの戦闘では、マフディー国家の精鋭一万二〇〇〇人の軍隊をわずかの時間で全滅させています。イギリス軍の死者は四七名のみでした。機関銃のけた外れた威力が、理不尽なアフリカ分割を実現させたのです。

◉オーストラリアと「南半球」の独占支配

イギリスの南半球進出の中心になったのがオーストラリアの植民地化でした。進出の契機は北アメリカでの争いが一段落した後のフランスとの間の植民地獲得競争です。フレンチ・インディアン戦争で敗北して北アメリカに足場を失ったフランスは、南半球の高緯度海域にあるとされていた「未知の南方大陸」の発見と植民地化に期待をつなぎます。イギリス海軍はそうした動きに対抗して南太平洋の探検を組織。ジェームズ・クック（一七二八〜七九）の二度の探検航海により発見されたオーストラリア、ニュージーランドを植民地とし、南半球（陸地は約二割にすぎない）の支配権を掌中に収めました。

古代の地中海世界では、高温の赤道海域は知られていたものの「南半球」は理解されておらず、陸地の多い「北半球」と同様に、「南半球」にも巨大な大陸があるはずと考えられていました。その未発見の大陸に、「南の大陸」という意味の「テラ・アウストラリス（Terra Australis）」という名がつけられていたのです（オーストラリアの語源）。

二世紀のアレクサンドリアの天文学者、地理学者プトレマイオス（八三頃〜一六八頃）が描いたとされる「世界地図」でも、アフリカが東に延びて中国につながっています。つまり、インド洋はユーラシアと「未知の南方大陸」の間の内海として描かれたのです。「大航海時代」以降、船乗りたちは「南方大陸」を目指し航海を繰り返しました。しかし、アメリカ最南端のマゼラン海峡を経由して太平洋に入ると、北流するフンボルト海流と強風のためにそのまま西に直進するのが困難で、「南方大陸」の探検は、なかなか進まなかったのです。

一六四二年、バタヴィア総督の命を受けたオランダの航海士タスマン（一六〇三～五九）は、「南方大陸」を発見するために南緯五〇度から四二度の海域を航海して、「タスマニア島」を発見。ついでニュージーランドを発見しました。タスマンは、その土地にオランダ南部のゼーランド（海の地）の名をとり「ニューゼーランド」と名づけました。それが後に英語化して「ニュージーランド」になります。ニュージーランドは、長い間「南方大陸」の一部と見なされてきたのですが、イギリス人ジェームズ・クックによる、経度・緯度を観測しながらの科学的航海（一七七〇）によりふたつの「島」であることが証明され、イギリス領になりました。

オーストラリアは独立戦争により失われたアメリカの植民地に代わる流刑植民地にされ、一七八八年に流刑囚の一行がシドニーに移住しました。一八二〇年代から八〇年代の間に、現在のオーストラリアの基礎が築かれていきます。特に牧羊はイギリスの毛織物を支える産業として育成が図られました。

一八三〇年から五〇年の間に羊毛の輸出は二〇〇万ポンドから四一〇〇万ポンドに増加。五〇年にはイギリスが輸入する羊毛の四三パーセントをオーストラリアが占めるようになります。また、五一年になるとニューサウスウェールズ州とヴィクトリア州で金が発見されてゴールドラッシュとなり、アジアなどから一〇〇万人以上の移民が流入することになりました。

第9章　アメリカ型資本主義の形成

1　大規模移民が成長させた大陸国家

◉最初から分裂していた国家像

一七八三年にイギリスからの独立を果たした一三植民地が建国したアメリカ合衆国は、ニューヨークなどの商業・金融、北部・西部の小規模農業、南部のプランテーションというように対象的な諸地域から成り立っていました。一九世紀に入ると、安価な移民労働力、ヨーロッパの資本・技術が流入することになり、対立と試行錯誤を繰り返しながら成長を遂げていきます。しかし、一九世紀前半までのアメリカは産業が未成熟な農業国であり、輸出（綿花中心）の五割、輸入（綿製品中心）の四割がイギリスに依存していました。

アメリカはナポレオン戦争に中立の立場を取り、イギリス人が引き受け手となる一五〇〇万ドルの国債を発行し、ナポレオンからルイジアナを買収（一八〇三）。国土面積を二〇数パーセントも増加させました。

その後、南部のプランターによるメキシコ領テキサスの分離・独立（一八四五）と、その後の米墨戦争（一八四六〜四八）により、カリフォルニア、ニュー・メキシコなどメキシコ領の三分の一を獲得し、一九世紀後半には大西洋と太平洋にまたがる大陸国家に成長しました。

財産を持てない貧しい庶民が大多数を占めるアメリカで、商業、金融の主導権を握ったのが、自由に活動できる新天地を求めて移住した、ヨーロッパのネットワークとつながる商業民ユダヤ人でした。ユダヤ人はヨーロッパの商人資本主義をアメリカに移植し、農村の貸し付け銀行、不動産業などによりアメリカに資本主義を根付かせていきます。

経済史家のゾンバルトは、「北アメリカの農民は、早くから旧世界の貨幣ならびに信用経済と接触することになった。すべての生産関係は前もって近代的基礎の上に築かれた。都市の性格がただちに遠隔地の村落にまで堂々と進出した。アメリカの国民経済に、資本主義の組織、資本主義の精神が浸透したのは、移民入植最初の日以来のことといってもよいだろう。なぜなら、最初の商業主義的細胞は、まもなくすべてを包含する組織にまで成長したからである」と述べています。

◉職人がいないアメリカの安上がり工業

アメリカでは、ヨーロッパなどからの移民が労働力になりました。人口に占める新たな移民の比率は、一八三〇年に一一・七パーセント、四〇年代には二三・三パーセント、五〇年代には三一・一パーセントと増加していきます。しかし、技術を持つ職人の移住は少なく、部品を標準化して互換性を持たせ、未熟練労働者が組み立てる大量生産の方式を発達させました（アメリカ的製造方式）。要するに安かろう悪かろうですから輸出は少なく、ほとんどが国内市場向けの生産でした。発明家のホイットニー（一七六五～一八二五）は、一七九三年に綿花のシンを取り除く綿繰り機を発明して作業効率を五〇倍から三〇〇倍高め、南部の綿花プランテーションの発達を助けました。一九世紀の初めになると、開拓民にとっての必需品である銃器の生産が規格化され、部品の互換化が進められて、銃の大量生産が進みました。現在でも、銃の生産はアメリカの主力産業のひとつで、銃器の規制は一向に実現しません。

その他、開拓民のための蹄鉄、釘、丈夫な衣服、靴などの安価で実用性のある製品の生産が広まりました。一八五一年のロンドンの万国博覧会で初めて、アメリカの工業製品の低価格、実用性がヨーロッパで評価されるようになります。

◉廃止されてしまった中央銀行

アメリカ経済の基本問題は、「経済の血液」となる通貨の発行でした。そこで、ユダヤ系、イギリス系移民が強いニューヨーク、ボストンなどの東部と中西部、南部の農業地帯との国家像の対立があからさまになっていきます。アメリカは、「ふたつのアメリカ」へと分裂していきます。

最初の連邦議会の決議を受け、一七九一年、統一通貨のドルの発行権を持つ中央銀行の（第一）合衆国銀行がフィラデルフィアに設立され、東部沿岸の主要都市に支店が設けられました。政府が二割を出資し、残りはニューヨークの銀行とヨーロッパのユダヤ系銀行が分担しました。

それに対して、農業州は東部の富裕層の背後にはイギリス、ユダヤ人があること（合衆国銀行の株式の七割、七〇〇〇万ドルの出資）を指摘し、東部の銀行は自分たちを支配しようとしているとして、州の主権の下での地域開発を主張する州権論者が設立に猛烈に反対し、ドルの発行権を持つ合衆国銀行の活動年数を二〇年に制限しました。どんなものか、一応やってみようということです。

一八一一年になると、合衆国銀行の認可が失効しました。すでにその時期には、各州が認可した一二〇以上の銀行が独自のドル紙幣を発行していました。しかし、ナポレオン戦争の隙をついてイギリスからカナダを獲得しようとする米英戦争（一八一二〜一五）が始まると、軍事費を調達する必要もあって、一八一六年に第二合衆国銀行が一時的に復活します。あくまでも、連邦政府の税収を管理する民間銀行といった位置づけでした。ドルの発行権は州にあるとして、東部の都市に反発する州が多かったのです。

話は変わりますが、一八一七年、会員制のニューヨーク証券取引所が設立されました。といっても新興国アメリカの証券取引の規模は小さく、取引の「場」になったのはトンチンというコーヒー・ハウスでした。会費は二五ドルです。かつてのロンドンと同じで、ニューヨークでも証券取引がコーヒー・ハウスから始まったのです。

二五ドルの会費を払う余裕のないブローカーたちは、ウォール街の歩道で株券の取引をしました。それが場外市場、さらには店頭市場につながっていきます。

◉ポピュリストの大統領とアメリカの独自システム

一八三三年になると、テネシー州のアイルランド移民の孤児から身を起こし、大衆に人気が高いポピュリストである民主共和党のジャクソンが大統領（在任一八二九～三七）に就任しました。彼が就任したときには、二万人の支持者がホワイトハウスに押しかけて徹夜でドンチャン騒ぎをしたと言われるほどですから、庶民の代弁者になり切ろうとしたのです。

ジャクソンは農村部の大衆の要望を容れて第二合衆国銀行を閉鎖し、高級官僚を民主共和党員に総取り替えし、先住民から土地を奪ってミシシッピー以西の居留地（リザベーション）に強制的に移住させました（インディアン強制移住法）。選挙後に高級官僚を総取り替えする慣習は、ジャクソニア民主主義として現在に引き継がれ、アメリカ独特の社会システムを作りあげています。ドル紙幣の発行権も完全に州の銀行に移りました。

州政府は銀行を個人の組合とみなして簡単に設立を認可し、銀行によるドル紙幣発行と貸し付けによる利子の取得を認めました。

一八三六年、連邦政府は紙幣発行の乱脈を制限するために、公有地の購入代金は金貨、銀貨、あるいは金、銀と兌換できる銀行券で支払わねばならないという布告を出しましたが勢いは止まらず、南北戦争前夜のアメリカでは、約一万六〇〇〇の銀行が推定七〇〇〇種類のドル紙幣を発行し、五〇〇〇種類の偽造ドル紙幣が出まわるという状態でした。

そうした状況下に、アメリカではカードの使用が始まります。一九世紀後半に「フランク」と呼ばれる紙製のカードが通信、輸送の代金支払いに使われるようになります。広大なアメリカでは、消費者が広域に分散しているためにモノの売り方が難しく、商人、金融業者が苦労しました。シンガーが創設したミシン会社は、一九世紀中頃に割賦販売で大きく売上を伸ばし、七〇年代になると、商人がカタログ販売を始めます。しかし、カードや割賦販売が急速に普及するのは、自動車が普及する約一〇〇年後のことです。

当然のことなのですが、貿易の決済は国際的に信用のないドルではできず、イギリスのポンドが使われました。典型的な後進国経済だったわけです。

政治面でもジャクソンは、先に述べたようにイギリスで行われていた、選挙の結果により幹部行政官が政権政党系の人物に全面的に入れ替えられるスポイルズ・システム（党人任用制）を採用しました。その結果、選挙に際して資金を提供した商人が国家の枢要な地位につくことになり、政治の腐敗がとめどもなく進みました。

イギリスとの関係では、第二合衆国銀行の廃止により、その信用で発行されてきた各州の債券発行のための資金の借り入れが不可能になり、多くの州債の利子の支払いが停止されました。州債の購入者が多かったイギリスでは利子の不払いへの不満が募り、アメリカ向けの投資が激減します。

一九世紀の中頃、ニューヨークなどの都会では、株価を売りたたいた後で安値で買い戻す「空売り」が流行し、金融が投機に変わっていきました。一八五〇年代になると銀行が証券会社に融資し、その代償として証券会社が顧客から預かった証券を担保として銀行に差し出すというコール・ローンの仕組みが出来上がって、大衆が投機資金を簡単に入手できるようになります。「コール」というのは、銀行がいつでも返還をコール（要求）できるという意味です。顧客が担保とした証券の価値が下がると、証券会社は担保の積み増し（追い証）を要求し、それが果たされない場合には証券会社が担保を売却してよいことになっていました。

◉ふたつの「アメリカ」が戦いあった南北戦争

西部の人口増加に伴って設立される州の増加が、工業化が進む北部と農業に依存する南部の政治バランスを崩し、南部はジリ貧に陥っていきます。圧倒的に裕福だった南部のプランターが政治的優位を失っていきます。そこで南部の一一州は連邦からの離脱を求めましたがリンカーン大統領は認めず、戦争に訴えてでも連邦からの離脱を果たそうとする南部が、南北戦争（一八六一～六五）に踏み切ります。

教科書などでは「奴隷解放の戦争」という北部の戦争プロパガンダがそのまま記されていますが、実際には、世界で最も高い保護関税を取り続ける合衆国から、綿花の生産でイギリス経済と深い関係を持ち、自由貿易を主張する南部一一州が独立を求めた戦争でした。

南部諸州は、州は独立しており、連邦から自由に脱退する権利を持つと主張しました。しかし、南部が離脱すると、綿花の輸出による南部の資金が財源として使えなくなることを恐れたリンカーン大統領は、奴隷解放宣言を出して南部と結び付きが強いイギリスの介入を防ぎ、南部諸州を合衆国に引き留めようとしたのです。それが、五年間も続き約六二万人の死者を出した、世界史上で最も大規模な内戦になった南北戦争です。

莫大な戦費の調達を迫られたリンカーンは、「グリーンバック」と呼ばれる財務省紙幣（国家が発行する紙幣）により一億五〇〇〇万ドルの戦費を補充しますが、金融業者のドル発行権を奪ったために戦争終了直後に、暗殺されてしまいます。一八七五年になると正貨兌換復活法が成立し、グリーンバックが回収されて、ドルの発行権が民間に戻りました。

一八六二年、リンカーン（在任一八六一〜六五）は西部の諸州を味方につけるためにホームステッド法（自作農創設法）を出します。五年間西部の国有地の開拓に従事した二一歳以上の男性戸主に、登記費用のみの負担で二〇万坪の国有地を分譲するという法律でした。この法律は、ヨーロッパの貧しい人々の間に、アメリカへの「移民ブーム」を巻き起こしていきます。移住費用を調達してアメリカに渡り、数年間辛抱すれば大地主になれるというアメリカン・ドリームが「大不況」下のヨーロッパに広がり、植民大国アメリカが荒々しく成長していきます。

2　ヨーロッパの「大不況」と「対」になる西部の大開発

◉大陸横断鉄道の建設と大量移民の受け入れ

南北戦争後の四分の一世紀で西部の市場化（市場革命）が急速に進み、広大な西部のフロンティア（未開拓地）は、一八九〇年には姿を消しました。先に述べたヨーロッパの大不況（長期の不景気）の時代に、アメリカ西部がイギリスの余剰資本とヨーロッパの失業者の便利な「受け皿」として利用されたのです。

そうした時期に景気低迷に悩んでいたイギリスから厖大な「余剰資本」が流入し、政府が民間の鉄道会社に、広大な公有地の無償提供（一八五一～七一年に一億六〇〇〇万エーカー）、州債、鉄道債などを通じた資金提供、鉄道用資材の輸入関税の免除などの多くの便宜を提供して建設させた四本の大陸横断鉄道の建設により工業が急速に成長しました。

鉄道会社に対する政府の土地の無償供与は一八七一年に打ち切られましたが、鉄道会社に与えられた土地は政府が取得した土地の約九パーセントにおよび、そのうちの四分の三が大陸横断鉄道を建設した五大鉄道会社に集中しました。

一九世紀末のニューヨーク市場の株の時価総額の六割強が鉄道株だったと言われる状況の下で、モルガンは鉄道を中心にあらゆる産業部門からなる大財閥に成長します。経済成長が頭打ちになったロンドンから、ありあまる「資本」がアメリカに流入したのです。イギリスの投資家には、大西洋を隔てたアメリカの企業情報が必要でした。未知の大陸への投資が不安に満ちていたからです。

一八四九年、プアーは「アメリカ・レイルロード・ジャーナル」を買収して鉄道債の情報をロンドンの投資家に提供し、一九〇〇年にはムーディが一般の事業会社の投資分析の提供を開始しました。それらを引き継いだスタンダード・アンド・プアーズとムーディーズが、アメリカの二大格付け会社になっていきます。

イギリスなどから儲け口を求めて流入した資金を利用して、鉄道、鉄鋼などを支配するモルガン、石油産業を独占的に支配するロックフェラー、石炭産業を独占的に支配するギルドルフ、鉄道王のヴァンダービルトなどの少数の実業家に莫大な富が集中しました。富の少数者への集中と大きな格差が、アメリカ資本主義の特色になっていきます。一九六二年に、アメリカの五〇の企業が工業生産の三分の一以上を占め、五〇〇社が三分の二以上を占めていました。

アメリカ工業は一九世紀末にイギリスを抜いて世界第一位に躍り出ます。西部の開拓により農場数も農場の総面積も、三〇年間にほぼ倍増しました。まるで、二〇世紀末から二一世紀に経済を爆伸させた中国経済のようだったのです。

経済の成長に伴い、株取引が盛んになりました。一八八二年にはダウ・ジョーンズ・サービス社が設立され、株や債券の終値を一覧できる簡単な「カスタマー・アフタヌーン・レター」を発行。より迅速な情報を求める顧客の要求に応えて、電信情報の提供も開始されました。チャールズ・ダウが株価指数を開発。近代的な株式投資が始まります。それが、現在の新聞の株価一覧につながっています。

一八九〇年の国勢調査で、西部の「フロンティア（辺境）」の消滅が明らかになりました。西部の開発ラッシュが一段落したのです。

◉マーケティングと広告・宣伝が必要になった新興社会

インフラが未整備の広大なアメリカで、モノを売るのは大変なことでした。

一九世紀後半になると、①膨大な移民の流入、②大陸横断鉄道の開通、五大湖と東部をつなぐエリー運河の開通に象徴されるような輸送の発達、③世界の第一位に躍り出た工業生産、④南北戦争によるアメリカの一体化、などにより商業民にとっての非常に有利な条件が生み出されます。その後アメリカは、二〇世紀にかけて商業帝国としての形態を急速に整えました。金融が商業から派生したと考えると、アメリカはイギリスを継ぐ商業大国に成長していきます。大量生産・大量消費のシステム、自動車、カード、広告・宣伝業の隆盛、大衆新聞、ラジオ・テレビなどを結びつける商人が、大活躍します。そのなかで育ったのが、二〇世紀以後急速に成長する「マーケティング」です。

マーケティングはアメリカの経営学の中心をなしますが、市場調査、製造から輸送・保管・販売に至る流通の合理化、効果的な宣伝を組み合わせ、企業の合理的な市場形成の在り方を分析するアメリカ的な学問です。

その目指すところは、「顧客が求める商品情報を提供し、真の価値を顧客が得られるようにするサービス」と言われましたが、それまでの商人資本主義を受け継ぎ、流通過程から最大の利益を引き出そうとする商人の活動方式の理論化でした。古代のメソポタミア以来の商人資本主義が、科学的装いの下に理論化されたのです。

アメリカ流の商人資本主義は、マス・メディア、プロ・スポーツ、ハリウッド映画、ジャズなどと結び付いて、「大衆消費社会」という、広告により大量の商品が動く大量消費の社会を生み出していきます。商人資本主義の大復活です。

二〇世紀初頭に、商都ボストンのハーバード大学に、MBA（経営学の学士・修士）が得られるビジネス・スクールが創設され、やがて他大学にも普及しました。アメリカ企業がMBAの学位取得者を優遇したこともあり、世界各地からのビジネス・スクールへの留学が盛んになります。アメリカで蘇った商人資本主義が全世界に波及していくことになります。

3　太平洋から中国市場を目ざすアメリカ

◉西まわりで中国の巨大市場へ

一九世紀は世界各地がヨーロッパ諸国により植民地化されていった時代ですが、大きいが故に完全な植民地化が難しい、オスマン帝国、清帝国が最後まで残されました。そうした状況下で、アメリカの進出先としては清帝国しかありませんでした。

西部の開拓が一段落して開発の勢いが鈍化すると、アメリカは地政学上の優位を生かして、太平洋を「新たなフロンティア」とすることで大陸国家から海洋帝国への変身を図り、巨大な中国市場への進出を目指しました。

アメリカは大陸国家ですが、大西洋と太平洋というふたつの大洋に挟まれており、イギリスにはない優位を備えていました。さすがのイギリスも、遠く離れた北太平洋にまで進出することは困難だったのです。イギリスが薩摩・長州の討幕運動を支援し、後に明治政府と日英同盟を結んだのは、中国の利権にかかわっていたのです。

アメリカの膨張戦略は、モンロー主義によりヨーロッパのアメリカへの干渉を牽制しながら、太平洋を制覇して中国市場への経済進出を目ざすものでした。手本になったのは、言うまでもなく一九世紀の海洋帝国イギリスでした。

アメリカに「海洋帝国の建設」の戦略を提示したのが、ロードアイランド州のニューポート海軍大学の校長を努めたアルフレッド・マハン（一八四〇～一九一四）でした。彼の講義録は、『海上権力論』として公刊され、アメリカのみならず、3B政策を掲げてイギリスに対抗したドイツ皇帝のヴィルヘルム二世（在位一八八八～一九一八）、日露戦争の日本海海戦の先任参謀として活躍した秋山真之（一八六八～一九一八）などにも大きな影響を与えました。ドイツ、日本、ロシア、中国などが目ざした海洋帝国建設は、マハンのシー・パワーの戦略理論に基づいています。

マハンが説く、①近代海軍の創設、②海外の海軍基地の建設と植民地の獲得、③制海権の掌握などによるシー・パワーの強化、の主張に基づき、艦隊、商船と艦隊の補給基地を護る海兵隊を組織し、大西洋と太平洋を結ぶカリブ海のアメリカ化、太平洋への進出が目ざされました。

◉米西戦争と国策としてのパナマ運河の建設

大西洋岸に中心があるアメリカが太平洋に進出するには、まず中継海域であるカリブ海をおさえる必要がありました。武断派の大統領セオドア・ローズベルト（在任一九〇一～一九〇九）は、武力を背景に強引にカリブ海を囲い込む「棍棒政策」により、戦争をチラつかせながら「スペインの海」だったカリブ海を強引に「アメリカの海」に変えていきます。

一八九八年、スペイン領のキューバで反スペインの蜂起が起こると、アメリカ人の生命と財産の保護を口実に、アメリカ政府は海軍の最新鋭艦メイン号をハバナ港に派遣します。ところが同年二月一五日、メイン号がハバナ港で謎の爆沈をとげ、乗員二六六人が犠牲になりました。爆沈の理由はいまだ不明です。

ところがアメリカの大衆紙は、スペインが沈めたものと一方的に決めつけて開戦を主張。民衆もそれに同調しました。そこでアメリカは開戦するために、スペインにキューバからの即時撤退という無理な要求をつきつけます。アメリカが望んだように、スペインはアメリカに宣戦布告。同年に、米西戦争が始まりました。アメリカは、スペインを戦争に追い込むことに成功したのです。

国務長官のジョン・ヘイ（在任一八九八～一九〇五）が四か月で終わった米西戦争を「素晴らしい小戦争」と呼んだことでわかるように、この戦争がアメリカの「世界政策」実現の第一歩になりました。アメリカはスペインを破ってキューバ、プエルトリコを支配下に組み入れ、太平洋のグアム、フィリピン群島を獲得していきます。また、戦争中の一八九八年、サトウキビ栽培のアメリカ移民が海兵隊の力を借りて王政を倒していたハワイを、住民の要求に応えるという口実で併合します。こうして、カリブ海―ハワイ―グアム―フィリピンを結ぶ東アジアに向けての進出ルートが開かれたのです。

一九一四年、第一次世界大戦開始の二週間後に、アメリカは全長六〇キロ、水深が最も浅いところで約一三メートル、最小幅約九二メートルのパナマ運河を完成させます。運河の通過には七時間から八時間もかかりました。小さな山を越える大掛かりな運河が国策として造り上げられたのです。

4　イギリスにならってドルの発行権を獲得した民間銀行

アメリカの金融は、連邦政府の権限強化を主張する連邦主義者と州の権限の擁護を主張する州権論者の対立による、混乱が続きました。特に第二合衆国銀行が閉鎖された後は、地方の民間銀行が自由に銀行券を発行する「フリー・バンキングの時代」が続きます。中央銀行の不在です。当然のことながらアメリカの紙幣は国際通貨としては認められず、貿易決済にはイギリスのポンドを使わざるをえませんでした。

そうしたなかで一九〇七年に銅山会社の大型買収が失敗する出来事が起こり、買収資金を提供した銀行への取り付け騒ぎが広がりました。銀行への不安が連鎖し、ニューヨーク証券取引所の株価は前年の最高値の半分に下落してしまいます。地方銀行は都市銀行から、都市銀行はニューヨークの銀行から他行に先んじて預金を引き上げようと焦り、金融恐慌が広がりました。

そうしたなかでニューヨーク第三位の信託会社ニッカーボッカ社が倒産し、会長が銃自殺を遂げるというセンセーショナルな事件が起こります。いやがうえにも金融不安が高まったのですが、先に述べたようにアメリカでは合衆国銀行が閉鎖されており、銀行に資金を貸し付ける役割を果たす中央銀行がありませんでした。やがてトラスト・カンパニー・オブ・アメリカの経営危機が表面化すると、銀行家のモルガン（一八三七〜一九一三）は三〇〇〇万ドルを供出し、銀行から集めた資金をプールして、銀行の連鎖倒産を何とか回避させました。モルガン銀行が「事実上」の中央銀行の役割を果たしたわけです。

その後、金融破綻を防止するために二五〇〇万ドルの財務省資金が提供され、やっとのことで事態が沈静化しました。新興国ならではの出来事です。

翌年、上院に恐慌の原因調査と、将来起こりうる恐慌への対策を提言する国家金融委員会が設立されます。話し合いが続き、大戦前夜の一九一三年にやっと連邦政府と銀行の合意ができあがり、ウィルソン大統領の認可を得て、①ワシントンDCに駐在する連邦準備局（FRB：Federal Reserve Board）と②人口分布を基準にして全土を一二地区に分割し、それぞれに設ける連邦準備銀行（連銀）からなる、連邦準備制度（準備とは危機に備えた「預金準備」を指す）が成立しました。本当は中央銀行なのですが、反対派を封じ込めるために持ってまわったような名称が付けられたのです。

連邦準備局は、一九三五年の銀行法により連邦準備制度理事会と名称を改めます。準備制度理事会の設置の目的は、通貨が全国の一二の連邦準備地区に公平に分配されることの監視でした。それぞれの地区の連邦準備銀行は、加盟銀行から出資を受け、加盟銀行への貸し出し、商業手形を担保とするドルを発行しました。国法銀行は連邦準備銀行への加盟を義務づけられましたが、州法銀行の加盟は自由とされました。中心になったのは、ウォール街の民間銀行、ヨーロッパのユダヤ系の諸銀行でした。

連邦準備制度の成立により、ドルはやっと一人前の通貨として認められるようになります。当時の大統領セオドア・ローズベルトは、「通貨発行は政府の手にゆだねられるべきであり、ウォール街の支配から守られなければいけない。国家の通貨とクレジットシステムを民間の手にゆだねるという規定にわれわれは反対する」と主張しましたが、結局はドルの発行権は民間銀行が握りました。ドルの発行権を握った民間銀行は、ドルが世界通貨に成長するなかで、大きな利益を掌中に収めることになります。

連邦準備銀行のなかで最大の銀行はニューヨーク連邦銀行でしたが、その主要な株主は、ゴールドマン・サックス、チェース・マンハッタン銀行の他、ロンドン、ベルリンのロスチャイルド銀行、ハンブルク、アムステルダムのウォーバーグ（ヴァールブルク）銀行、パリのラザール・フレールなどの欧米のユダヤ系の大銀行でした。

ＦＲＢ（連邦準備制度理事会）は、アメリカ大統領が任命する一四年任期の七人の理事で構成され、民間銀行の監督と規制、金融政策の実施、支払いシステムの維持、財務省証券（国債にあたる）などの売買に携わることになりました。アメリカには中央銀行がなく、一二地区に設置された連邦準備銀行（連銀）がそれぞれの地区で連邦準備券（ドル紙幣）を発行する権限を持っており、そのドルが現在では「国際通貨」になっているのです。

合衆国政府は連邦準備銀行の株式を所有しておらず、各区にある金融機関が株式の所有義務を負うことで通貨の発行から政府を排除し、大銀行が権限を握る仕組みができあがりました。アメリカの銀行のみならずヨーロッパの銀行もドルの発行に一定の影響力をもっています。政府が株式の大半を所有する日本銀行とは性格が全く違うのです。かつてケネディ大統領（在任一九六一〜六三）は、ベトナム戦争の戦費と福祉財源を確保するために大統領令を出して財務省にドル紙幣を発行させ、ＦＲＢと財務省の二種類のドルが発行されたことがありました。しかしケネディは暗殺され、財務省発行のドル紙幣は回収されてしまいました。

第10章　ふたつの大戦で勃興するアメリカ商業

1　世界経済の中心の大移動

◉第一次世界大戦とイギリスの財政破綻

一九世紀後半に世界支配の体制を築いたヨーロッパ経済は、英・独の「覇権」争いから勃発した第一次世界大戦により大崩落しました。うまくポンド紙幣をまわしてきたイギリスの財政が、過大な軍事費により破綻したのです。ヨーロッパ諸国も同様に没落し、ヨーロッパの強国が世界を植民地として従属させた「一九世紀の体制」が崩れます。二〇世紀は、タナボタ式に「アメリカの世紀」になりました。

第一次世界大戦は、急激に勃興した工業国ドイツに対する世界に既得権を多く持つ英・仏・露三国の戦いであり、オスマン帝国の分割の戦争でもあったのですが、誰もが予期できなかった展開となり世界の枠組みが大きく変わりました。

ヨーロッパでは、ナポレオン戦争以来の約一世紀間大きな戦争がありませんでしたので、第一次世界大戦も最初は短期で決着がつくと簡単に考えられていました。しかし、第二次産業革命後の兵器の長足の進歩により、戦争は長期の「総力戦」に変質していきます。総力戦とは、「単に軍事力だけではなく、国の人口、資源、生産力のすべてを動員して戦われる長期の戦争」の意味です。

長期間続く徹底した破壊戦で愚かにもヨーロッパは瓦礫の山と化し、イギリス、フランスは戦勝国だったにもかかわらず巨額の戦債(戦時国債)を背負って没落。世界経済の覇権はいまだ国内体制が未成熟な後発国のアメリカに移り、「ヨーロッパが世界中を植民地として支配する時代」は崩れ去りました。しかし、第一次世界大戦後にイギリスとフランスはサイクス・ピコ協定で中東のアラブ世界を植民地として分割していますから、単純な流れではなかったのです。

自信のないアメリカは、東アジアではワシントン体制により自国の世界政策の邪魔になる日英同盟を廃止に追い込み、中国進出の土台を整えましたが、それまでの関係もあって、ヨーロッパを積極的にリードすることはできませんでした。ヴェルサイユ会議でウィルソン大統領が提案した国際連盟も、共和党の反対で批准されず、アメリカは加盟しませんでした。

大戦中に「中立」を宣言したアメリカは、工場をフル稼働させて軍需物資をヨーロッパに輸出し「漁夫の利」を得ます。戦争中に、英・仏などの国々、企業はニューヨークのウォール街で総額二〇億ドルもの債券を発行しました。アメリカにとっては、戦争中に貸し込んだ厖大な債務の回収が、戦後の最大の課題になったのです。

一九一七年、ロシアの革命政権とドイツ軍との休戦が成立し、ドイツ軍が西部戦線に投入されたときに、アメリカがドイツの潜水艦の無制限・無差別攻撃によりイギリスの客船ルシタニア号が沈没させられた事件を（実際には同船には大量の武器、弾薬が積まれていた）を口実に参戦したのは、英・仏を勝利に導き、債務の返済を滞らせないためでした。莫大な額の輸入代金、戦債により、大戦中にアメリカに対するイギリスの債務は三六億九六〇〇万ドル、フランスの債務は一九億七〇〇〇万ドルにも膨らんでいたのです。

一九一四年末に一五億二六〇〇万ドルだったアメリカの金保有高は、一九一七年末には約二倍になり、その後も増加しました。ヨーロッパから一段低く見られていた「移民の国アメリカ」が、累積債務を一挙に帳消しにしただけではなく、「世界最大の債権国」になり上がったのです。商業と金融面の優位が、アメリカの力の源泉になりました。

工業面でもアメリカの占める地位は飛躍的に上昇しました。開戦の前の一九一三年から戦後の二五年にかけて、ロシアを除くヨーロッパとアメリカの工業生産の比率は、六六パーセントから九七パーセントになり、アメリカがヨーロッパ全体に匹敵する工業力を持つようになったことが理解できます。

戦後、ロンドンの金融街シティはイギリスの経済復興が滞るなかで、基軸通貨ポンドの地位を復興させるために金本位制に復帰しました。アメリカ、フランスが金本位制を維持していましたから、イギリス帝国の覇権を復活させるには無理でもそうするしかなかったのです。しかし、アメリカからヨーロッパに「資本」が移動するという時代の趨勢を逆回転させるのは、到底無理なことでした。

イギリスは世界恐慌後の一九三一年、景気を維持するために金本位制を再度放棄せざるをえませんでした。イングランド銀行は、基軸通貨「ポンドの番人」から、単なるイギリス政府御用達の銀行へと転落します。世界金融の中心が、ロンドンのシティからニューヨークのウォール街に移ったのです。

◉航空機・戦車の登場と戦略物資に変わった石油

第一次世界大戦の最初の激戦であるマルヌ会戦（一九一四年）の弾薬消費量は、日露戦争の全弾薬消費量に匹敵し、独・仏両国は開戦の三か月後には備蓄していた弾薬を早くも使い果たしてしまいました。一九一六年のヴェルダンの戦いでは、三か月間にドイツ、フランス両軍が放った砲弾は二七〇〇万発、両軍の死傷者はそれぞれ五〇万人にも達しました。フランスの西部戦線は約二八〇キロにもおよび、ドイツ、フランス両軍は悲惨な塹壕戦を長期間持続します。「総力戦」は大量の兵員を必要とし、イギリスが約九〇〇万人、フランスが約八五〇万人、ロシアが約一二〇〇万人、ドイツが約一一〇〇万人を動員しました。

ドイツのクルップ社製の大砲が一二〇キロの射程を持ったことに象徴されるように大砲が大型化し、機関銃の性能も飛躍的に高まりました。それだけではなく約四〇種類の毒ガス、タンク（戦車）、トラック、飛行機、飛行船、大型戦艦、潜水艦、魚雷などの高度の殺傷能力をもつ武器が動員されます。

特にガソリン・エンジンで動く戦車、トラック、飛行機の出現は重要で、数千台の戦車、数十万台のトラック、一万機を遥かに超える飛行機が戦場で使われました。第一次世界大戦では、内燃機関で動く飛行機、戦車、トラックが主要な武器になり、石炭をエネルギーとする時代から石油をエネルギーとする時代への転換が明確になります。石油産業が世界経済をリードする時代の到来です。

一八五九年にペンシルヴェニアで油田が発見され、ロックフェラーが石油の大量輸送の方法を考案し、一八七〇年にスタンダード石油会社を設立。テキサス、メキシコ湾で大量の採掘に乗り出します。他方、一八七〇年代にカスピ海西岸のバクーで大油田が開発され、フランスのロスチャイルドが鉄道により黒海経由でヨーロッパに石油を供給しました。現代世界を動かす石油事業をロックフェラーとロスチャイルドが争いあう状況が生まれたのです。他方、第一次世界大戦でオスマン帝国を解体したイギリスは、大戦後のサイクス・ピコ協定で獲得したイラクで、石油資源の開発を大々的に進めました。

飛行機による爆撃は、戦争の非経済性を浮き彫りにしました。厖大な経済インフラが集積している大都市の破壊が、いとも簡単になったからです。

◉ロシア革命と英・仏が被った経済的な大打撃

第一次世界大戦でまっ先に疲弊した大国は、経済力が弱いロシアでした。農民が戦争に動員されると食糧生産が滞って価格が上昇。民衆の不満が爆発したのです。

一九一七年三月、首都ペテルグラードで起こった食糧暴動をきっかけに社会主義者が組織したソヴィエト（労働者・農民・兵士の評議会）が支持する有産階級の臨時政府がロマノフ王朝を倒しました（三月革命）。ロシアでは臨時政府の主導で戦争が継続されますが、民衆の生活は一層苦しくなり、ドイツの秘密警察の計らいでスイスから一五九人の革命家とともに「弾丸列車」でドイツを通過し、レーニンが急遽帰国します。レーニンが率いるボルシェヴィキは、一九一七年一一月にクーデターで臨時政府を倒し、ボルシェヴィキ(後のロシア共産党)の一党独裁による社会主義政権が樹立されました(一一月革命)。

社会主義体制のロシアは、資本主義経済から離脱することでヨーロッパ経済に打撃を与えましたが、それだけではなく革命政府は、旧ロシア政府の対外債務の八割を持つフランス(シベリア鉄道などに融資していたため)、一四パーセントを持つイギリス政府への債務の支払いを一方的に破棄しました。ロシアの民間企業は国有化され、ヨーロッパ諸国の銀行、企業の貸し付けもチャラにされてしまいました。それも、ヨーロッパ経済が急速に力を失った一因になったのです。

◉アメリカが覇権獲得に動けなかった背景

新興国のアメリカは、一九世紀にヨーロッパ諸国との相互不干渉(モンロー主義)という内向きな外交政策をとってきましたが、世界進出に積極的な金融業者が集まるウォール街は、ヨーロッパ諸国が世界各地を植民地として支配する体制(植民地体制)に代わる、新しい国際政治秩序を作りだすことによる覇権の奪取を目指しました。民主党のウィルソン大統領(在任一九一三〜一九二一)はそうした意向を受けて、「一四か条の平和原則」で「民族自決」を主張し、ヴェルサイユ会議で「国際連盟」の創設を提案しました。アメリカは、一九世紀のヨーロッパの植民地体制がアメリカの国際ビジネスを阻害していると考え、国際連盟を中心とする国際秩序への再編を目指したのです。

ウィルソン大統領は、従来のヨーロッパ的なバランス・オブ・パワーに代えて、国際連盟を中心とする新国際秩序を主張しました。しかし、内向きなアメリカ国内から反対が出ます。議会の上院で多数を占めていた草の根保守の共和党が、国際連盟規約第一〇条の、①加盟国が他の加盟国の領土保全と政治的独立を保障し、②外部からの侵略の際にはその独立を擁護する、という規定に対して、伝統的な孤立主義の立場から反対したのです。

二〇年一一月、アメリカの上院は賛成三九票、反対五五票で、国際連盟の創設を含むヴェルサイユ講和条約の批准を否決しました。アメリカは伝統的な孤立主義に回帰し、第一次世界大戦後のリーダーシップを握ることを放棄したのです。

◉ドイツの賠償問題を利用してヨーロッパ進出を果たしたドル

ドイツに対する苛酷な報復策がヨーロッパの戦争を再発させる危険があるとは、イギリスの代表団の主席代表のケインズのような人しか考えませんでした。ケインズは、植民地を放棄し、人口の約一〇パーセント、ヨーロッパの領土の一三パーセントを奪われ、苛酷な賠償金が課されたドイツについて、ドイツが賠償金を完済するには桁外れの輸出が必要であり、もしそれが完済された暁にはイギリス工業が壊滅状態になっているであろうと、きわめて冷静な見解を述べています。

しかし、時代の流れが読めないイギリス、フランスの政治家は、ドイツを犠牲にすることによる、危機からの脱出と責任逃れに終始しました。ドイツへの賠償金はなんとGDPの二〇年分、つまり一三二〇億金マルク（純金で換算すると七一六・八二トン）に決定されました。現在の日本の赤字国債ですらGDPの一三年分ですから、想像もできない苛酷な報復がなされたわけです。

ドイツがとても無理だとして賠償金の支払いを停止すると、支払いの遅延を理由にフランスはベルギーを誘ってルール地方（ドイツで最も重要な工業地帯）を占領してしまいます。それに対してドイツ政府が同地方の労働者にストライキを呼びかけ、工場、鉱山が無期限の操業停止に入りました。ドイツ政府は、労働者の賃金を支払うための紙幣を増刷するしかなく、それが壊滅的なインフレを呼び起こします。半年でマルクの価値が、大戦中の一兆分の一に低下するというハイパー・インフレです。紙幣が「紙」の価値に低落し、ボストンバッグに札束をギュウギュウに詰め込まなければパンが買えないというような悲惨な状態に陥ったのです。

後に経済学者シャハト（一八七七～一九七〇）が通貨委員となって新紙幣レンテンマルクが発行され、旧一兆マルクを一レンテンマルクと交換して旧紙幣を焼却。ハイパー・インフレは、奇跡的に収束されました。

ヨーロッパに多額の債権を持つアメリカには、通貨価値の低下による債権の目減り、ヨーロッパ経済の混乱はきわめて不都合でした。アメリカの銀行家ドーズが、アメリカとヨーロッパの銀行がそれぞれ約一億一〇〇〇万ドルの資金を調達してドイツに貸し付けるドーズ案をまとめ、賠償問題を一応終結させたのは、そのためです。ウォール街の慣行に基づき、アメリカの貸付金のうちの一割が引き受け経費として差し引かれました。儲けを上げた銀行家ドーズは、後にノーベル平和賞を受賞しています。

2　自動車で変わるアメリカ商業

◉アメリカ経済を躍進させたT型フォード

第一次世界大戦後のアメリカでは、空前の好況と余剰資金の増加を背景に新たな資本主義経済が成長しました。石油エネルギーを利用する自動車、白熱灯、映画、電力を利用する冷蔵庫などの家庭電化製品、ラジオ、チェーン店による農村における流通革命が、地方、農村の生活を限りなく都市化させたのです。開発可能な土地がべらぼうに広いアメリカでは、機械、人工肥料、殺虫剤を使った大規模な農業、集合的な肉牛、乳牛、豚、鶏の大量飼育が進み、工業でも多様化と低コスト化が進みました。大量生産・大量消費に基づく「大衆消費社会」の登場です。大量生産が、商品の流通や消費のされ方を変えたのです。アメリカから、飢えにさいなまれ続けてきた世界が「飢えのない世界」へと劇的に変わっていきます。

熟練工の少ないアメリカでは部品を標準化し、未熟練労働者がそれを組み立てる大量生産方式が成長しました。アメリカは、ヨーロッパのような政治上の平等だけではなく、経済上の平等を初めて実現させたと豪語するようになります。そうした経済の新しい動きをリードしたのが電力と内燃機関の普及、石油産業、自動車産業と電器産業、ラジオ、映画産業などの勃興でした。

しかし、二〇世紀から二一世紀にかけて、世界経済を大きく飛躍させたのは何と言っても新興の自動車産業でした。自動車は、アメリカを「機械仕立てのウマ」を使う「遊牧社会」に変え、新しい資本主義を生み出していきます。第一次世界大戦後に、アメリカの経済と交換（商業）のあり方を大きく変えた自動車生産についてまず見ていきましょう。

ミシガン州のアイルランド移民の家に生まれ、平等思想の持ち主だったヘンリー・フォード（一八六三〜一九四七）は、一八九六年に試作車を完成させた後、一九〇三年にフォード自動車会社を設立し、庶民でも買える自動車の製造を目指しました。フォードの信念は、大衆が購入することができる頑丈で運転操作が簡単な自動車を安い値段で生産することでした。安くて丈夫な交通手段がなければ、だだっ広いだけのアメリカでは生きていけません。自動車はいってみれば、「機械仕立てのウマ」あるいは「機械仕立ての幌馬車」だったのです。ウマを持てない大衆に、自動車を平等に提供することがフォードの夢でした。その夢を実現させたのが、安くて堅牢なT型フォードということになります。

フォードは、作業工程を標準化して特殊な作業をする専用工作機械の間をベルトコンベヤーで移動させながら自動車を完成させる方式（テーラー・システム）を採用しました。標準化と流れ作業で、自動車の低コスト化が実現されます。それ以後、自動車生産では、マス・プロダクション（大量生産）のシステム（フォーディズム）が定着していくことになります。

一九〇九年にT型フォードが売り出されると、八五〇ドルという価格の安さと四気筒の魅力的デザイン、最高時速七二キロという性能の良さが評判を呼び、年間一万台を販売する大ベストセラーになりました。T型フォードの前身のK型の価格が二五〇〇ドルであったことを考えると、大衆化が一気に進んだことが理解できます。

生産コストを下げるためにフォードはシカゴの食肉工場で見た、頭上のレールを移動する牛肉を作業人が切り取っていく方法、つまりベルトコンベヤー方式を自動車生産に取り入れました。流れ作業による組み立てラインは、それ以前からあったのですがフォードが採用したことによりアメリカ全土に広まりました。

フォードは、部品の組み立てとラインを科学的に分析し、作業工程を徹底的に改良することにより新しい工業生産の方式を生み出します。

一九一三年になると、モーターの組み立てにベルトコンベヤー方式が導入され、やがて全工程にもおよんで能率が一気にあがり、従来一二時間かかっていた車台の組み立てが一時間三〇分となり、一九〇九年に一台九五〇ドルだった価格が、一九二六年には二九〇ドルに引き下げられました。そのためにT型フォードは製造が打ち切られる一九二七年までの一九年間に一五〇〇万台が生産され、経済新時代を拓く「大ヒット商品」となったのです。

◉二〇年代のアメリカで興った流通革命

ニューヨーク、シカゴなどの大都市では、一九世紀末にヨーロッパの都市に広がったデパートが普及。一九二九年にはデパートの総売上高は四〇億ドルを超え、小売総売上高の九パーセントにおよびました。商人は、伝統的に都市の商売で儲けてきたのです。

ところがフォードが作った「機械仕立てのウマ」は、広大な地方を商人の儲けの場に変えました。商業の大変革が起ります。地方では、同一の経営者が同じ規格でデザインし、広い駐車場を備えた小売店を多数経営する「チェーン・ストア」が急速に広がりました。そうした自動車と広告・宣伝を結合した流通革命により、「アメリカン・ウエイ・オブ・ライフ（アメリカ流の生活）」がつくり上げられていきます。

人口が密集した大都市のデパートと同じように利益の上がる販売を人口が疎らな農村部で行うには、自動車を利用する大規模な販売センターをつくることが合理的だったのです。

商品の大量購入・統一の広告で経費を切り詰め、安く商品を提供するというアメリカ的な商売が大衆に受け入れられていきます。都市の住民にも農村の住民にも、モノの購入は平等に保障されなければならないという考えの実現です。一九二〇年代が「チェーン・ストアの時代」と呼ばれているように、各ストアは徹底した低価格戦略で薄利多売を追及し、それまでの商店では見られなかった大きな利益をあげました。

たとえばニューヨーク州の田舎町から始まったウルワース（現在の一〇〇円ショップに近く「五＆一〇セント・ストア」として親しまれた）は、赤と金色を基本色とする統一されたショーウィンドウでの日用品の販売で成功し、店舗数を一九〇〇年の五九店舗から一九二〇年の一一一店舗に増加させました。その間の一九一三年には、即金でマンハッタンに高さ二二二メートルのウルワーズ・ビルを建ててしまうほどの景気の良さでした。

二〇年代のアメリカでは八〇〇社以上の「チェーン・ストア」がしのぎを削るようになり、安売り競争に拍車をかけました。そうなると、人件費を削ることが重要になります。そこで一九三〇年になると、ニューヨークに回転ドアを開けて入店した客がグルッと陳列棚を一巡して商品を選び、最後に出口で支払いを済ませるというセルフサービス型の店舗が出現することになります。それが「スーパー・マーケット」の原型です。

チェーン・ストアの低価格戦略は、独立小売店や製造業者との間の対立を激化させました。省力化による価格破壊は、伝統的な小売業の商売を立ち行かなくさせます。一九二九年の世界恐慌が、そうした対立に火を注ぎました。各地で、反チェーン・ストアの運動が強まり、一九三三年頃には二八州で議会に六八九にのぼる反チェーン・ストア法案が提出されています。チェーン・ストアの店舗数や売上高により累進課税を課すべきであるというのが、その主たる内容でした。

そのために複数州にまたがって多くの店舗を展開していたチェーン・ストアは、経営危機に陥ります。そこで、チェーン・ストア側は危機への対抗策として一店舗あたりの経営規模を拡大。大型店を増やして店舗数を絞り込み、セルフサービス方式の導入により人件費の削減を図りました。三〇年代以降のアメリカで、スーパー・マーケットの方式が急速に普及したのはそのためです。

3　世界恐慌で大崩壊する世界の商業

◉バブルの崩壊への対応を誤ったアメリカ政府

第一次世界大戦後に世界の工業生産の四二パーセントを占め、大量生産・大量消費の「大衆消費社会」の時代に入っていたアメリカでは、自動車、ラジオ、洗濯機、冷蔵庫などが普及して「狂騒の二〇年代」といわれる経済の繁栄を謳歌しました。ステータスになった自動車は割賦販売で売れに売れ、アメリカの自動車の保有台数は七〇〇万台から二三〇〇万台と三倍以上に増加しました。

この時期の大統領クーリッジ（在任一九二三～二九）は、資本主義に全幅の信頼を置き、自由市場への干渉を避けることでひたすら経済の成長を図っていました。彼は急速に普及したラジオを利用して、ホワイトハウスからラジオで国民に訴えかけた最初の大統領であり、経済を自由放任の状態で維持した最後の大統領でもありました。彼の「必要以上の税を集めるのは合法的強盗である」という言葉は非常にアメリカ的です。

この時期にアメリカの銀行は、戦後、大量に海外から流入した「金」が国内でインフレを起こすことを恐れ、新たに流入した金を連邦準備銀行の金準備から除外しました。そのためにアメリカの通貨量は増えず、国外から流入する「金」は退蔵され続けました。その分だけ世界の通貨量が減り、世界景気の回復が遅れたのです。

そうしたことからアメリカではデフレが広がり、経済のバランスが崩れていきます。ダブついた資金が、土地、株式の投機に向かうのはどこも同じであり、株価が右肩あがりで上昇しました。

当時のアメリカは、株式保有者が三〇〇万人におよぶ「大衆投資の時代」に入っていましたが、大衆にも手が届く投資信託が普及してバブルが過熱しました。二九年には一年で二六五の投資信託が設定される過熱ぶりだったのです。単位株の価格が高すぎたために一般庶民には株投資には手が出なかったため、二〇年代後半に小口の資金を集めて投資をする仕組みである投資信託（会社型投資信託）が考案されたのです。

投資信託はレバレッジを効かせた金融商品だったために、投資家たちは証拠金を積んで借金し、投資信託を購入しました。右肩上がりの経済を信じ、無茶な投資が行われたのです。

●相次ぐ銀行と企業の倒産

一九二九年一〇月二四日の木曜日、ニューヨーク、ウォール街の証券取引所で株価の大暴落（「暗黒の木曜日」）が起こります。一〇月二九日の火曜日にも再度株価が大暴落し、一週間で当時のアメリカの国家予算の一〇年分の大金が失われることになり、市場の大混乱がアメリカ社会を揺るがしました。

しかしクーリッジ大統領が一期で辞した後を継いだフーヴァー（在任一九二九～三三）は、大統領の就任演説で、「アメリカ人は、どの国の歴史にも見られなかったほど、貧困に対する最終的勝利の日に近づいている」と述べているようにアメリカ経済に強い信頼を持っており、不況はしばらくすればもとに戻るだろうとして、当座の政府の介入を避けました。それだけではなく高率の保護関税で国内産業を守り、世界の景気を大きく悪化させてしまいました。消費の急激な縮少は、交換（商業・金融）を衰退させますから、抜本的改革が必要でした。

しかし、フーヴァーは、第一次世界大戦の戦債の返却を一年間猶予するフーヴァー・モラトリアムを出せば、一年後には世界景気は回復するであろうと考えたのです。事態が深刻化するとフーヴァーは政府が借金して需要をつくりだす政策に転じ、コロラド川の巨大ダム（フーヴァー・ダム）建設を推進しますが、遅すぎました。フランクリン・ローズベルト（在任一九三三～四五）は巧みな政治キャンペーンで、フーヴァーを無能な大統領に仕立て上げてしまいましたが、フーヴァーが、

TVA（テネシー川流域開発事業）の先鞭をつけているのです。

恐慌による景気悪化のスパイラルで、一九二八年に二万六〇〇〇以上あった銀行は、三三年には一万四〇〇〇行に減少してしまい、総資産の三割近くが失われました。資金調達ができなくなった企業の倒産が相次ぎ、失業者、ホームレスが町にあふれます。

一九二九年から三二年の間に株価は一〇分の一となり、三三年までの四年間で工業生産も半減してしまいます。三三年の恐慌のピーク時には一三〇〇万人、つまりアメリカ国民の四人にひとりが失業者になりました。アメリカ商業も大打撃を受けます。

消費の減少による人口の四分の一を占める農民の打撃も大きく、世界恐慌の過程で所得は半減。南部の綿花農家は実に消費が七割減という惨状に陥りました。

当時のアメリカには政府の失業統計もなく（一九三七年から実施）、一九世紀に憲法違反として廃止された所得税が一九一三年になって復活するなど経済システムも整わず、経済格差が拡大していました。経済学者ガルブレイスは、当時は五パーセントの富裕層がアメリカの所得の三分の一を得ていたとしています。

圧倒的優位に立つ経済大国がいきなりコケたわけですから、影響は世界全体におよびました。三波にわたって繰り返されたアメリカの銀行恐慌は、先に述べたように零細で脆弱な銀行経営を揺るがし、取り付け騒ぎで三分の一の銀行が破綻しました。

そこで銀行は、ドイツなどの海外に投資していた資本を乱暴に引き上げます。そのために恐慌の影響は、ダイレクトにヨーロッパ、世界におよぶことになりました（世界恐慌）。

◉世界商業の崩壊が引き起こした第二次世界大戦

世界恐慌後、経済の悪化に動転したアメリカ議会は、三〇年にホーリー・スムート関税法で、なんと五四・九パーセントという史上最高の高率関税を設定し、世界経済を悪化させました。近視眼的に極端なアメリカ・ファーストの政策をとることにより、アメリカ経済をなんとか守ろうとしたのです。

世界各国も金本位制を放棄し、輸出を増やすための「通貨切り下げ競争」に奔走することになります。そのために国際貿易が縮小の一途をたどり、失業問題が深刻化すると、ポピュリスト政治家たちが一斉に活躍するようになります。

世界の四分の一の広大な植民地と自治領を持つイギリス連邦では、マクドナルド内閣がカナダ、オーストラリアなどの連邦の代表をカナダのオタワに集め、連邦内部では特恵関税を設定して関税を切り下げ、域外の商品に対しては二〇〇パーセントの関税を設定することで他国製品を締めだしました（スターリングブロック）。

また連邦各国の通貨はポンドにリンクしていましたから、各国で獲得された外貨がポンドに転換されてイングランド銀行に蓄積されました。そのためにポンドの価値が維持され、膨大な戦費の調達が可能になったのです。フランスのブロック（フラン圏）、アメリカのラテン・アメリカ諸国とのブロック（ドル圏）も同様に広域経済圏をつくり上げ、世界経済のブロック経済化が進みました。

経済のブロック化の進行は不況を長引かせ、自らの経済ブロックを防衛するために他ブロックへの進出が目指され、世界各国間の対立が強まりました。資源と植民地を持たない日本、ドイツもブロックを組織しようとしますが力不足でピンチが拡大し、政府への結束を強めるための強力エンジンになるファシズム体制に傾いていきます。日本は満州事変を起こし、ドイツではナチスが東欧進出を策します。

このように各国が金本位制から離脱して輸出を増加するための為替の切り下げ、関税引き上げ競争に狂奔するなかで、「国際」通貨システムが崩壊していきます。そうしたなかで、金本位制が管理通貨制に替わり、国家と中央銀行が「通貨」を管理・統制するようになります。

地球規模でカネとモノの秩序が崩れて剝き出しの「弱肉強食」の状態に陥ったことで、一九三〇年代から四〇年代にかけて、世界は再度の大規模な戦争（第二次世界大戦）に傾斜していきました。

◉自動車工業の創出で不況を脱したナチス

ヨーロッパでは、アメリカ資本の支えを失ったドイツの経済危機が深刻化しました。ドイツでは、アメリカの銀行の資本引き上げにより四年間に工場の六割が倒産。一九三二年の失業率は約四〇パーセント、失業者は六〇〇万人以上という絶望的な状態に陥ります。一九二九年に比べ、ドイツの工業生産が半分強に低下したのです。それに対し、議会は全く無力でした。実効のある経済政策を実施できなかったのです。議会での空虚な論争に希望を失った大衆、没落した中産階級は、独裁的で実行力があるナチス（国家社会主義ドイツ労働者党）に希望を託さざるをえなくなります。

政権を握ったナチスは、全権委任法（民族・国家の危難を除去する法律）を制定して憲法に制約されない無制限の立法権を獲得し、失業保険の積立金を利用する大胆な経済再建計画を立てます。それが、一九三三年の一万四〇〇〇キロにおよぶ「アウトバーン」(ドイツ帝国高速自動車道路)の建設でした。大規模な公共投資により、失業者を吸収しようとしたのです。

アウトバーンの建設の目的は、軍事的にも有用な自動車産業の育成でした。一九三二年の段階でドイツの自動車の保有状況は一〇〇人に一台で、五人に一台のアメリカには大きく水をあけられていました。そこに経済成長の余地が見いだされたのです。

ヒトラー(一八八九〜一九四五)は、「フォルクス・ワーゲン」(国民車)を大量に生産し、給料からの天引き方式で販売を促進し、自動車の大衆化を図ります。つまり自動車文明を移植して自動車産業を興し、ドイツ経済の奇跡的復興をなしとげたのです。ドイツ経済は、世界恐慌前の一九二八年レベルにまで回復しました。

4 ナショナリズムが引き起こした再度の世界戦争

◉民衆の困窮とポピュリズムの台頭

第二次世界大戦は、地球規模で経済の底が抜ける状況の下で、為政者がナショナリズムを利用し、ナショナリズムと結び付く領土問題を焦点化したことで始まりました。ドイツに過大な負担を押し付けることにより自国の経済を復興させようとしたフランスとイギリスの思惑が、ドイツ人の敵愾心、民族意識を膨らませたのですが、ナチスはそうした敵愾心を政治的なエネルギーとして利用していきました。

第一次世界大戦時に戦線から離脱するためにブレスト・リトフスク条約で東欧の領土を放棄したソ連でも、独裁体制を固めたスターリン（一八七八〜一九五三）が、ロシア人の民族意識を利用して三〇年代の大粛正で揺らいだ自らの地位を保とうと画策しました。

先に述べたようにドイツ経済を立て直したナチスは、ナショナリズム、報復主義に傾きます。一九三三年には、ドイツに軍備の平等権を認めなかった国際連盟を脱退（国民の九五パーセントが支持）。一九三五年にはヴェルサイユ体制から離脱して再軍備を宣言し、徴兵制を実施します。ナチスは自動車生産の技術を活かして軍需産業を育て、一挙に五〇万の軍隊をつくり上げ、空軍も再建します。ドイツ国民の大多数は、ドイツに苦難を強要したヴェルサイユ体制を、勝者による敗者への抑圧とみなしていました。

ナチスは第一次世界大戦で植民地のポーランドを失っていたスターリン独裁下のソ連と、一九三九年に独ソ不可侵条約を結び、その秘密条項で両国によるポーランドの分割を認めあいました。大衆に迎合して、ナショナリズムに基づく領土要求の実現に乗り出したのです。

条約締結の翌月、ドイツ軍、少し遅れてソ連軍が進攻し、ポーランドを分割占領してしまいます。第一次世界大戦後に独立を回復していたポーランドは、短期間のうちに消滅しました。英仏両国はドイツの台頭を抑え、東欧圏に対する影響力を維持するために、一九三九年、ドイツに宣戦。第二次世界が始まりました。

ドイツは一九四〇年五月、中立国のオランダ、ベルギーに侵入した後、フランスを電撃的に攻撃し、六月にはパリを占領。イギリスへの空爆を続けます。そうしたなかで状況がドイツ有利と判断したイタリアも参戦。日中戦争に行き詰まっていた日本も、ヨーロッパの新秩序を目指す資源の乏しい両国と同一歩調をとることになり、九月には日独伊三国軍事同盟が結成されました。

◉第二次世界大戦の帰趨を決定したふたつの石油戦争

第一次世界大戦により、飛行機、軍艦、戦車、トラックなどが戦争の雌雄を決することが明らかになると、石油争いが激化しました。第二次世界大戦でも、石油の確保を目的とする独ソ戦、太平洋戦争というふたつの石油戦争が戦争の帰趨を決めることになります。

民主党の大統領フランクリン・ローズベルト（在任一九三三～四五）はニュー・ディール政策を発表。恐慌の再発防止、TVA（テネシー渓谷開発公社）の大規模な財政出動による経済の復興を進めましたが、三七年に突如として深刻な不況が広がり、中間選挙で民主党が大敗。大統領への再選が危ぶまれました。フランクリン・ローズベルト大統領は、戦争経済に政策を転換していきます。ローズベルトは一九四一年の独ソ戦（一九四一～四五）の開戦を利用して「民主主義とファシズムの戦争」をスローガンとして掲げ、さらに石油を武器にして、泥沼状態の日中戦争でくたびれはていた日本を太平洋戦争（一九四一～四五）へと誘導します。アメリカは、自国の不況を克服し、戦後の世界覇権を準備する戦争として太平洋戦争を位置づけたのです。同じ年に始まるふたつの石油戦争の経緯は次のようになります。

一九四一年六月、長期の戦争体制を整え、戦線を維持するには石油資源が必要と考えたドイツは、バクー油田の石油を確保するためにソ連への侵攻を決意します。ナチスは三か月でソ連を倒せるという目論みの下に独ソ戦に踏み切ります。三〇〇万の軍（ドイツ軍の七五パーセント）、航空機二七四〇機（空軍の六一パーセント）、戦車三五八〇台がソ連に進攻。不可侵条約を一方的に破棄されたソ連は、深刻な打撃を受けることになりました。

そうした状況下、一九四一年に大西洋上で会見した英首相チャーチル、米大統領フランクリン・ローズベルトは大西洋憲章を発表し、第二次世界大戦がファシズムとの戦争であることを明らかにしました。アメリカはソ連と協力して、ドイツと戦う道を選択したのです。

日中戦争（一九三七〜四五）の泥沼化は、経済基盤の弱い日本を苦境に陥れていたのですが、太平洋の覇権を狙うアメリカにとっては日本を追い落とし、アジアでの戦争を通じてヨーロッパの戦争に入り込む絶好のチャンスになりました。

ヨーロッパではナチスが独ソ戦を始め、ドイツとソ連が激しいつぶし合いを始めていましたから、アメリカは安心して日本にあたれたのです。

アメリカは一九三七年に日本軍が南京を陥落させた後、日本が出した満州国から中国に勢力圏を拡大しようとする「東亜新秩序」の方針に反発し、一九四一年一一月にコーデル・ハル国務長官が、日本軍が権益をすべて捨てて中国から撤退しなければ、アメリカは石油・くず鉄の禁輸措置をとると一方的に通告（「ハル・ノート」）します。日本はアメリカの石油に全面的に依存して日中戦争を続けてきましたから、太平洋戦争（一九四一〜四五）を覚悟せざるをえなくなります。最近の研究では「ハル・ノート」を起草したのが国務長官のハルではなく、モーゲンソー財務長官の下で財務次官として活躍し、後にブレトンウッズ会議でドルを世界の基軸通貨することに奔走した、アメリカの経済覇権確立の立役者、戦略家のホワイトだったことが明らかになっています。太平洋戦争は、アメリカが経済を含めて戦後覇権を確立するための戦争だったのです。

アメリカの挑発に最悪のかたちで乗ったのが、アメリカに留学体験のある連合艦隊司令官の山本五十六でした。彼はハル・ノートが出された翌月、連合艦隊にアメリカの太平洋艦隊の拠点の真珠湾を奇襲攻撃させましたが、宣伝の名手ローズベルトは日本のアンフェアーな奇襲攻撃であると大々的に宣伝し、戦争反対の立場に立っていた共和党を戦争賛成へと傾かせました。アメリカの最大の困難を、真珠湾攻撃が図らずも取り除く役割を果たしたのです。

アメリカ政府はハル・ノートを大衆には公表しておらず、それが公表されたのは戦争が終わった一九四五年のことでした。

日本がアメリカに宣戦すると、三国軍事同盟の規定に基づいてドイツ、イタリアもアメリカに宣戦しましたから、アメリカはドイツ・ソ連・イギリスが疲弊した有利な段階で、ヨーロッパの戦線に参加できたのです。

ヨーロッパとアジアの戦線が結びついて、第二次世界大戦は地球規模の総力戦に拡大しました。ドイツの急進撃でヨーロッパ市場から締め出されることを恐れていたアメリカにとり、好ましい状況が生まれたのです。

◉計算しつくされたドルと核兵器による戦後アメリカの覇権

第二次世界大戦を制したのは、東・西の石油戦争でドイツ、日本に勝利したアメリカとソ連でした。ソ連は多大な犠牲を払って東欧を制し、スターリン（一八七九～一九五三）は第二次世界大戦を「大祖国戦争」と位置づけてソ連圏の拡大を実現しました。

アメリカは、第一次世界大戦の一〇倍の戦費の負担を強いられましたが、戦争が世界恐慌で低迷していたアメリカ経済を回復させるのに役立ち、深刻な失業問題も解消されました。アメリカの戦費の五割五分は、民間が引き受けた国債により賄われました。

自国が直接の戦場にはならず大量の艦船、航空機、武器、弾薬を増産できたアメリカは、太平洋戦争で日本海軍に壊滅的な打撃を与えて制空権を握ると、日本本土の諸都市に対する連続的な焼夷弾による空爆を繰り返して壊滅的な打撃を与え、中国市場の支配権を競ってきた日本を完膚なきまでに打ちのめしました。

フランクリン・ローズベルト大統領は戦後の東アジア情勢を考え、東京大空襲をはじめとする都市空襲を繰り返し、任期中に死亡したローズベルトに代わったトルーマン大統領（在任一九四五～五三）は、広島、長崎に完成したばかりの原爆を投下しました。原爆投下は、戦後のパワー・ポリティックスのための悲惨なデモンストレーションになりました。

他方でアメリカは、沖縄戦で海から中国市場に進出するための基地を確保します。アメリカは帝国どうしの総力戦で日本を倒したのですが、この戦争を民主主義の旗手であるアメリカのファシズム国家に対する勝利と宣伝しました。

戦後、アメリカ大統領ローズベルトの米・英・ソ連・中国が中心になり世界秩序の確立にあたるという「四人の警察官」構想を基にして、フランスを加えた五大国（ビッグ・ファイブ、常任理事国）

が安全保障理事会での「拒否権」を持ち、国際連合の意志決定を分担するという形がとられました。アメリカは「国連」という組織を巧みに利用してイギリスとヨーロッパから「覇権」を奪いとったのです。国連本部は、世界経済の中枢のニューヨークに設けられました。核兵器の保有も五大国に限定され、国際連合＝民主主義というイメージ作りには、日中戦争と独ソ戦が最大限に利用されました。

The United Nations という、戦争中の連合軍と同じ名称が採用されたことが、何よりも軍事覇権を背景とする国際連合の性格を物語っているように思われます。ソ連は World Union を提案し、イギリスのチャーチル首相（在任一九四〇〜四五）も戦時色をなくすために他の名称を求めましたが、チャーチルのホワイトハウス訪問時に、ローズベルト大統領がアメリカの主導権を明確にするために戦争でともに戦った「連合諸国」を意味する現在の名称を承認させた、と言われています。

経済面では、後述するようにアメリカのニュー・ハンプシャー州の保養地ブレトンウッズで開催された連合国四五か国の財政・金融担当者会議で、ドルを唯一の世界通貨とするブレトンウッズ体制が作られ、アメリカが主導権を握るＩＭＦ（国際通貨基金）がドル紙幣による新経済体制を支えました。

イギリスは大戦中に二六〇億ドルの援助をアメリカから受けており、アメリカはイギリスがブレトンウッズ体制を受け入れる代償として二〇〇億ドルの負債をチャラにし、残りの六〇億ドルを六・五億ドルにまで減額して、二パーセントの金利で五〇年で返済すればよいことにしました。イギリスの力は、そこまで落ちていたのです。

ローズベルトは、政治・経済面で戦後の世界秩序を作り出したキー・パーソンです。独ソ戦で疲弊したソ連と日中戦争を長期間戦った中国とを取り込み、戦後のアメリカの覇権構想をつくり出したわけです。ヤルタ会談の直後に病死したローズベルトは、野心家のスターリンが率いるロシアが独ソ戦後で満身創痍の状態にあり、アメリカに敵対することはとても不可能だろうと見切っていたようです。

第11章　二五年間続いたブレトンウッズ体制

1　矛盾を抱えていた世界通貨ドル

◉システム化されたアメリカの経済覇権

第二次世界大戦後の三〇年弱の期間は、アメリカの覇権の下で、総力戦でボロボロになった世界経済の再建が図られた時期でした。アメリカは、①膨大な国内需要、②戦争中に開発されたコンピュータ、レーダー、ジェット・エンジン、テレビなどの新技術、③中東の安価な石油の増産、④ドルを基軸通貨とする固定相場制、などにより世界経済をリードしました。ふたつの世界大戦で没落したポンドを引き継いだ強いドルが世界の単一通貨となって、安定した世界経済を出現させることができるのではないかという幻想が広がったのです。

大戦中の一九四四年、アメリカのブレトンウッズに四五か国の代表を集めた財務・金融担当者会議は、世界で唯一、金と交換可能なドルを、基軸通貨（キーカレンシー）とする金・ドル本位制と固定相場制を組み合わせ、ドルを世界通貨とするブレトンウッズ体制（ＩＭＦ体制、一九四四〜七一）を成立させました。世界経済の枠組みが革新されたのです。

新体制は、三〇年代の通貨切り下げ競争が悲惨な大戦の原因になったと見なし、安定した「世界通貨」が必要であるとする合意を基礎として形成されました。会議では金一オンス（約三一グラム）を三五ドルと定め、唯一金と交換できる世界通貨ドルと各国通貨の交換比率を固定させる通貨制度を新たに決定しました。この制度は、アメリカが各国の中央銀行のドルと金との交換の要請に無制限に応じることが前提になっていました。「世界通貨」ドルによる世界経済の単一化は、いまだかつてない世界史的な出来事だったのです。でもそれは、ドルが無限定期に金と交換できるというフィクションが前提でした。

ドルの覇権を演出したのは、ウォール街でした。新大陸の商人、金融家が世界経済を支配する時代に移ったのです。

しかし、ドル体制にはアキレス腱がありました。それはドルを価値づけるための「金」の圧倒的な不足でした。ドルはイギリスが創始した金本位制を引き継ぎますが、同時に「金不足」という問題も、そのまま引き継いだのです。

アメリカは、世界通貨ドルを無制限に「金」と交換することを保証しましたが、実際は無理な話でした。アメリカの金融業者は、アメリカのパワーを利用して大風呂敷を広げ、ドルが世界経済を支配する手っとり早い体制を作ったのです。後は、何とかなるだろう……。

しかし、アメリカの圧倒的優位の時代が終わると、「金」との交換が難しくなります。戦後三〇年で、ドルは「通貨の帝王」から「見た目第一の通貨」になり下がり、石油の売買ができる唯一の貨幣（石油ドル本位制）として、辛くも基軸通貨の地位を保つように立場を変えていったのです。

話は少し重なりますが、ブレトンウッズの会議で、ドルを基軸通貨にしようというアメリカの主張がすんなり受け入れられたわけではありませんでした。ドルを世界通貨にすることを主張したのはアメリカ財務省の官僚ホワイトです。彼は日本を太平洋戦争に導いたハル・ノート（日本軍が中国から撤退しないと、アメリカは日本に石油とくず鉄を売らないとする覚書）を起草した人物ともされています。

それに対してイギリスの代表ケインズは、通貨当局の間でのみ決済手段として利用される不兌換紙幣「バンコール（超国家的通貨）」を発行し、それを国際準備金として「世界清算同盟」を結成する案を出しました。しかし、最終的にはイギリスに厖大な金を貸し付けている、最大の債権国アメリカが先に述べたような条件をイギリスに提示して、自国の利益を貫き通しました。「金」の絶対量が不足しているという根本問題を抱えたままで国際金本位制が維持され、ドルを基軸通貨とする世界システムが認定されたのです。

◉植民地体制からグローバル秩序への大転換

戦後、一九世紀にイギリスなどのヨーロッパの数か国が世界を植民地として支配する植民地体制が崩壊し、民族独立の波がアジア、アフリカに広がりました。国際連合を中心に一九〇余の国が新たに組織されていきます。それは、「州」を単位とするアメリカの政治制度を下敷きに考えられたシステムでした。ただ、国連の意志を執行する特権的な安全保障理事会の五大国（拒否権を持つ常任理事国、アメリカ、イギリス、フランス、ソ連、中国）の優位が保証されました。

国際政治を主導するアメリカは、世界を単一の市場に変えて商人や金融業者に有利なビジネス環境を作るにはワン・ワールド（世界市場の統合）が必要と考え、ソ連も植民地の喪失が欧米の資本主義国の勢力を弱めると考えましたから、植民地の独立が広がりやすい国際環境が生み出されたのです。

しかしモノ・カルチャーの状態が長く続いてきた植民地は経済の自立が難しく、独立した経済への転換はスムーズには進みませんでした。かつてのヨーロッパの本国が必要とする物産を集中的に生産するモノ・カルチャーが、旧植民地諸国の経済再興の足かせになったのです。一九世紀に地球規模で作り上げられたヨーロッパのための経済システムから自立するための「ノウハウ」と「資本」が、決定的に不足していたのです。

工業先進国と旧植民地の間の経済格差は「南北問題」と呼ばれ、戦後経済の大きな問題になりました。ちなみに「南北問題」という言葉は、もともとは一九五九年に、イギリスの銀行家フランクスにより「北」から「南」に対する援助の問題として提起されたのですが、やがて深刻な格差問題としてとらえ直されるようになりました。格差が大きい世界の諸経済を等質化することは、幻想にすぎなかったのです。

◉四〇年で終わった冷戦　七〇年で崩れた社会主義

第二次世界大戦により疲弊したソ連の最高指導者スターリンは、経済政策の失敗の不満を外にそらす意味から、社会主義「大国」の指導者としてアメリカに対抗。ナチス・ドイツと戦って勝利した実績、軍事力、社会主義イデオロギーを利用して、東欧諸国を社会主義圏に組み込みました。

シー・パワーのアメリカとランド・パワーのソ連が世界を分けあおうとする動きに、イギリスの首相チャーチルは反対でした。一九四六年、アメリカを訪れたチャーチルはミズーリ州のフルトンで有名な「フルトン（鉄のカーテン）演説」を行ってソ連の脅威を訴え、アメリカを中心とする自由主義諸国が社会主義のソ連圏と対抗することを求めました。イギリスには、アメリカの支援でヨーロッパ諸国の衰退をくい止める必要もあったのです。それが、アメリカとヨーロッパ諸国の軍事同盟NATOの結成につながっていきます。

大戦末期のヤルタ会談（一九四五年）で、米・英両国の暗黙の了解をとりつけたスターリンは人口約一億人、面積一四二万平方キロの東欧を飲み込み、「ユーラシア大陸の支配者」の座を目指したのですが、ヤルタ体制は短期間で破綻してしまい、冷戦が始まります。

アメリカでは一九四七年三月、トルーマン大統領が「トルーマン宣言」を出してギリシア・トルコを軍事支援し、ソ連の拡大を防止するとともにソ連圏の経済破綻を誘う「封じ込め政策」を実施。四九年には大西洋を挟む軍事同盟NATO（北大西洋条約機構）を締結します。それに対して、ソ連側も社会主義諸国の経済協力の機構（コメコン）、軍事同盟のワルシャワ条約機構で対抗。実際の戦争に至らないようにアメリカとソ連の間でコントロールされた「冷戦」が続くことになります。

しかし、自由主義圏と社会主義圏の均衡はアジアから崩れていきます。一九四九年、中国の国民党と共産党の戦い（国共内戦）で、ソ連の支援を受けた共産党が勝利して中華人民共和国が成立すると、勢力バランスがランド・パワーの社会主義圏に傾きました。かつてユーラシアの覇権を争ったロシア帝国と清帝国が、社会主義化して手を結んだのです。情勢が有利に傾いたと判断した金日成の北朝鮮軍が韓国への軍事侵攻に踏み切り、突発的に朝鮮戦争（一九五〇～五三）が始まります。

アジア情勢は緊迫し、アメリカとソ連の軍事対立が一挙に世界化しました。ランド・パワーとシー・パワーの全面対立です。朝鮮半島では現在も休戦状態にあり、冷戦が継続しています。

しかし、経済から見れば、ソ連は「張り子のトラ」でした。①独ソ戦でのソ連の経済破綻が引き継がれ、それに②経済的に弱体な東欧諸国を抱え込み、③ロシア帝国以来の国内植民地としてのイスラム諸国の存続、④冷戦による多額の軍事費負担など、厳しい条件が積み重なって実状は火の車だったのです。ソ連はスターリンの下で、「ロシア帝国」への先祖返りを進めていきます。

そうしたなかで、①軍需生産による民需の圧迫、②アフガニスタン進攻（一九七九～八九）の失敗、③農業政策の失敗、④「経済の官僚化」による非能率性の拡大と労働意欲の減退、⑤生産と物流システムの立ち遅れ、⑥党官僚（ノーメンクラツーラ、党機関が持つ任命職一覧表に由来）の腐敗などにより、七〇年代にはソ連の行き詰まりが顕著になります。

「制限主権論」を掲げてソ連が内政干渉を繰り返してきた東欧でも不満が強まりました。一九八五年、ソ連共産党書記長に就任したゴルバチョフ（在任一九八五～九一）は体制内改革（ペレストロイカ。「立て直し」の意）に乗り出さざるをえなくなり、アメリカとの和解と軍事支出の削減に着手しました。

一九九一年の「ベルリンの壁の崩壊」に象徴されるような東欧諸国の民主化運動の高揚により社会主義圏が解体し、一九八九年には地中海のマルタ島で、ソ連とアメリカの間に「冷戦」の終結が宣言されます。

一九九一年一二月になると、共産党のクーデター未遂事件を契機にソ連が解体され、「独立国家共同体」が組織されます。しかし、①バルト三国、②ベラルーシ、ウクライナ、③中央アジアのイスラーム五か国が分離し、ロシアの人口は一億五〇〇〇万人に減少しました。ロシアではエリツィン大統領の下で自由主義経済への移行がすすめられますが、共産党幹部の腐敗を利用して商人が暗躍。七つの財閥（そのうちの六財閥はユダヤ系）が返り咲きます。現在のロシアは貧富の格差が大きく、GDPは韓国の次という並の国に変わってしまいました。ロマノフ朝の毛皮に代わり、石油と天然ガスを輸出する国に変わってしまったのです。

ソ連、中国、東欧の社会主義は、伝統的なユーラシア世界を世界資本主義から隔離する役割をも果たしていたのですが、ソ連の崩壊と中国の実質的な資本主義化により、古い体制を残したままユーラシアの二大勢力が世界資本主義に加わることになり、世界経済、国際政治はふたつの「ビヒモス」（『旧約聖書』に出てくる陸の怪物）にどう対応するのかという難しい問題に直面することになります。

2　ドルの不換紙幣化と「不確実性の時代」の始まり

◉ニクソン・ショックにより崩れた世界経済の構図

戦後、ドル紙幣の世界経済支配は、ドルが金と交換できる唯一の通貨であるという触れ込みの下に作り上げられました。しかし三〇年足らずで、いつでもドルを「金」と交換するという約束がアメリカの金不足により破綻します。つまり「ドル幻想」が揺らぎ、「金」と紙幣発行量の隔たりの拡大によるドルの「暴落」が恐れられるようになったのです。

アメリカ財政への疑念を強めたのが、ベトナム戦争による巨額支出でした。FRBは膨大な戦費を賄うため、ドル紙幣をどんどん増刷します。一九六五年から七一年にかけて紙幣の発行額が年率七・四パーセントの割合で増加し、インフレが進行します。そうしたなかで、手持ちのドルの暴落を恐れるイギリス、フランス両国は、保有するドルを約束通りの「金一オンス＝三五ドル」のレートで「金」と交換するようにアメリカに迫りました。

当時はドイツ、オランダが変動相場制に移行し、一九六七年には輸出増加を図るイギリスが、一挙にポンドを一四パーセント以上切り下げるという挙に出ていました。一九七一年になると、「ドルの切り下げ」を見込んだ投機筋の動きも激しくなります。

そうしたなかで、七一年八月、ドル売り圧力に耐え切れなくなった大統領ニクソン（在任一九六九〜七四）は緊急のテレビ会見を開き、「ドルと金の交換の停止」、「輸入品に対する一律一〇パーセントの輸入課徴金の徴収」、「インフレを防止するための九〇日の賃金凍結」を発表し（ニクソン・ショック）、イギリスとフランスが求める二億八〇〇〇万オンス（約九〇〇〇トン）分の「金」は用意できないことを通告しました。そこでドルへの信頼が一挙に揺らぎます（ドル危機）。このときに日本製品のアメリカでの販売価格は、一挙に一七パーセントも値上がりしました。

本来ならばドルがより安定した通貨に基軸通貨の座を譲ることになるのですが、ドルにとって替われる通貨はありませんでした。そこで、基軸通貨ドルの暴落が続きます。

一九七一年末、ワシントンのスミソニアン博物館で先進一〇か国の蔵相会議が開かれて、「スミソニアン合意」が成立し、一九四四年のブレトンウッズ会議で決定された固定相場制の終焉が確認されました。協定では、ドルの平価を七・六六パーセント切り下げた上で、ドルを中心とする固定相場制を維持するとされました。ドルと円の交換レートは、一ドルが三〇八円というように一五パーセント程度の円高に振れます。しかし、その程度ではとても済む問題ではありませんでした。財政が改善されないアメリカではズルズルとドルの増刷が進んで「金」との乖離が広がる一方で、信頼を失ったドルが売り叩かれました。その結果、二年も経たないうちにスミソニアン協定の修正が必要になります。

七三年二月、投機筋のドル売りに押され、ドル価格はついに「金」と切り離されることになり、それぞれの通貨の価値は為替市場の売買で決まるという変動相場制への移行が決断されました。ドルの不換紙幣化です。

ゲーテは『ファウスト』第二部で、財政難に陥ってにっちもさっちも行かなくなった皇帝に対して、悪魔のメフィストフェレスが紙幣の発行を提案したことを記しています。紙幣の発行には「金」などの担保が必要なのですが、悪魔は後で金を掘り出せばよい、つまり「なんとかなるさ」ということで皇帝を説得したのです。その結果、紙幣はいくらでも刷れることになりますが、紙幣の価値は限りなく紙の価格に接近し民衆はインフレに悩まされることになります。世界経済も、安定した基軸通貨が失われた結果、漂流を続けざるをえなくなったのです。

しかし、なんとか通貨体制を安定させなければなりません。そこで着目されたのが、ドルでのみ取引されていた石油でした。アメリカは、ドル建てでのみ石油が売買される仕組みをつくり、石油売買を通じてドルの「基軸通貨」としての地位を保とうとしました（石油本位制）。しかし、石油価格の高騰が続くとアメリカ経済のデフレが続き、アメリカ経済がドルの増刷により支えられる状態が続かざるをえなくなります。覇権国家としての地位を保つために、アメリカは各国に基軸通貨ドルを信認しろと圧力をかけ続けなければならなくなります。一九七〇年以降、「不確実性の時代」が続くのは、すべての通貨が不換紙幣という状況下で変動相場制が続いているためなのです。

◉グローバル経済への転換と商機の拡大

旧植民地諸国の経済成長にとっては、資源の価格決定権の獲得が不可欠でした。そこで、資源ナショナリズムの動きが強まります。その先頭に立ったのが、世界のエネルギー源を抑えた産油国でした。

一九六〇年、メジャー（国際石油資本）が進めていた中東原油の価格引き下げに対抗するために、サウジアラビア、イラン、イラク、クウェート、ベネズエラの産油五か国がＯＰＥＣ（Organization of the Petroleum Exporting Countries 石油輸出国機構）を結成します。

一九七三年に第四次中東戦争が起こると、ＯＰＥＣはチャンス到来とばかりに石油戦略を発動しました。それまで、一バーレルあたり二ドルから三ドルだった原油価格を、メジャーとの事前協議なしに四倍に引き上げることに成功したのです（第一次オイルショック）。

その後の中東では、油田、パイプライン、製油施設の国有化が進み、原油価格の決定権がメジャー（国際石油資本）からＯＰＥＣへと移りました。一九七九年になると、復古的なイラン革命（ホメイニ革命）に伴ってイランの石油生産が削減され、原油価格は一バーレルあたり三〇ドルから四〇ドルにまで高騰します。メジャーによる石油支配が動揺し、石油の商品化が進みました。

石油価格の決定権を取り戻そうとするメジャーは、海底油田など新油田の開発により巻き返しを図り、アメリカは湾岸戦争、イラク戦争で中東への干渉を強め、国内ではシェール石油の採掘を始めます。現在、そうした動きが総合されて原油価格の低迷が続いていますが、一時的に石油の需要を激増させた中国のバブルが崩壊してデフレが深刻化したことも需要低迷の原因になっています。

七〇年代初頭のドル危機によりインフレと石油危機によるデフレが複合し、不景気なのに物価が高騰するという新タイプの不況（スタグフレーション）が進みました。企業間の価格競争の激化が進むなかで、資本と技術を労働力の安い新興国に移転させる世界企業が増加します。それは新興諸国にとっては、大変な僥倖でした。喉から手が出るくらい欲しかった「資本」と「技術」が、向こうからやってきたのです。産業革命から二〇〇年後に、アジアの産業化が大規模に進みます。世界銀行、世界企業がメイン・プレーヤーになるグローバル経済への移行が、世界を変えたのです。

従来の国民経済が連結する国際経済からグローバル経済への転換は、経済活動にも新たな形を求めることになります。そこで登場したのが、ミルトン・フリードマン（一九一二～二〇〇六）を中心とするシカゴ学派の「新自由主義」でした。ケインズが提唱したような国家の経済に対する介入を否定し、市場原理主義に立脚して世界市場での企業の活動を全面的に擁護します。それは、グローバル経済の下での商人資本主義の全面的な肯定でした。しかしその結果、地球規模で大きな貧富の差が生み出され、人類は対応に迫られています。

第12章　インターネット革命と商人資本主義の再生

1　国境を軽々と越える商人たち

◉世界化する商業・金融の疾風怒濤時代

先進国にとってみれば一九七〇年代のデフレから脱するには「資本」を途上国に移動させて、安価な労働力を活用するしかありませんでした。一九五六年にアメリカのニューアーク港で始まったコンテナ革命により、海・空・陸を結ぶ巨大な物流が地球規模でできあがり、冷凍コンテナの発達で、生鮮食品の冷凍輸送（コールド・チェーン）も日常化して、地球規模の大規模な交換と物流が人類社会に定着しています。企業は世界企業（多国籍企業）に転換して、経済のグローバル化が日常となり、それがコンピュータの導入による第三次産業革命（情報革命）に重なりました。そうしたグローバル経済と第三次産業革命は、途上国にとっては千載一遇の大チャンスになりました。世界企業が厖大な資本と新次元の技術をもたらしてくれたからです。途上国の商人にしてみれば、最少の費用で最先端の技術をコピーできる絶好のチャンスが訪れました。

資本の大規模流入、最新技術の移転、雇用チャンスの拡大など、経済を成長させる大チャンスがめぐってきたのです。八〇年代の中国、台湾では、グローバル化を「全球化」と翻訳して大歓迎でした。

「チャイメリカ」という言葉ができたように、中国進出の世界政策を追求してきたアメリカの大企業は中国の下請け市場化を図り、一〇分の一の労働力で作られたメイド・イン・チャイナの製品で大儲けしました。代表的なスーパー・マーケットのウォルマートでも、中国商品が大量に店頭を飾ったのです。その結果、中国経済は急速に拡大しましたが、格差が拡大して社会主義の方向性は曖昧になりました。また資本主義経済を取り入れてマンモス化（帝国化）したために、経済の変質をコントロールできなくなったのです。

一九六七年から八七年の間に先進国の世界企業の海外投資残高は九倍になり、アメリカなどでは国内生産の五分の一が海外に移転しました。つまり、工業生産は下請けの開発途上国に委ね、自らは地球規模での商業、投資で儲けるように変わったのです。先進国の商業化・金融化です。

先に述べたように、この時期はＩＴ技術の普及に伴う第三次産業革命が進んだ時期であり、地球を取り巻くインターネット空間が急速な拡大を続けて「情報革命」が進行。やがて地球をめぐる大ネットワークを掌中に収めたＧＡＦＡ（各種のプラットフォームを通じて、世界規模で厖大な個人情報を集めることで注目される世界最大の企業。グーグル・アップル・フェイスブック・アマゾンを指す）を中心に商業、金融業が全盛期を迎えることになります。

そうしたなかで下請けを引き受けた、韓国、台湾、香港、シンガポールなどは新技術と「資本」の導入でアジア新興工業国群（ＮＩＥＳ）として工業化を進め、その後をマレーシア、インドネシア、中国、ベトナムなどが追うことになりました。特に人口大国の中国は華僑の資金と才覚を利用して、戦略的に世界の資源と技術を買い集め、九億人以上の貧しい農民を安価な労働力として利用しながら、巨大な国内市場をフルに活かして、商業・金融帝国としてのしあがることを目指すようになります。

◉広告・宣伝が支配するパソコン画面

一九七〇年代以降、ＩＴ革命（情報革命、第三次産業革命）が進んでインターネットによる地球規模のサイバー空間（電子空間）が創出され、世界史は「大航海時代」の再来とも言われるほどの「商業空間」が拡大する時代に入りました。電波による情報伝達のネットワークは瞬く間に地球規模に広がり超高速化していきました。桁違いのＩＴ成金が世界規模で輩出されていきます。他方、インターネットに押されて購読者を激減させた新聞などの旧メディアは広告収入が減少して、経営が困難になっていきます。広告媒体が新聞・ＴＶからインターネットに移り、子供たちのなりたい職業にもユーチューバーが顔をのぞかせるようになっています。世界規模での商業形態の大変動です。

一九九〇年代になると、ＩＴ技術を駆使する金融の組み替えが「証券化」として進められます。多様な債権、不動産、事業などが証券化され、経済がリアルな現場から切り離されてバーチャル空間に移り、分割可能な「数字の羅列」に組み替えられて、その交換により現実の経済が動かされるようになります。

金融の預金から投資への切り替えが全面的に進みました。旧来の銀行の堅実な信用創造は、時代遅れになってしまいます。企業（商人）がインターネット空間で、自ら資本調達ができる時代に移ったのです。

証券化により万年筆マネー（キーボード・マネー）の「数字の羅列」がコンピュータのネットワーク上を移動することになり、あらゆる場所に設置されたコンピュータの画面を通じて商人たちの地球規模での交換が可能になったのです。

今や、地球を取り巻くインターネット空間が「陸」「海」を超える巨大な空間となり、商業民が必要とするカネとモノと情報が行き交う場に成長を遂げています。インターネットは「海」と同じでモノは作れませんから、IT技術に支えられた商業民（あるいはその一部としての金融業）が、人類社会を根底から再編しようとしているのです。つまり情報革命の本質は、モノづくりの時代からパワフルな商業、金融、サービスの時代へ大転換したということになります。インターネット経済は、サイバー空間をフルに利用したアメリカ流の商人資本主義なのです。

サイバー空間に巨大なプラットフォームが構築されて、従来は陸、海で行われていた金融、物流が、パソコンやスマホの画面に囲いこまれています。新しい様式、約束事、操作が求められますが、それは言って見れば、全く新しい段階の商人資本主義の様式ということになります。巨大なネットワークを構築できる技術力を掌中に収めた商人たちにより、地球規模の「囲い込み」が進行します。そして、それぞれの商業分野の囲い込みに成功した大企業が、ビッグ・ビジネスの座を獲得することなるのです。

そうした世界企業の地球空間でのネットワーク化により、国家は衰弱せざるをえなくなります。中央銀行が発行する通貨も影響力を弱め、電子記号に変えられた電子貨幣(交換の道具)がサイバー空間を飛び交い、資本主義経済が金融資本主義に変質していきます。外国為替市場の取引額は、貿易取引額の四〇倍以上におよんでいます。

インターネット上での経済はモノとカネ、カネとカネの交換ですから、大規模化した商人資本主義以外の何物でもありません。現在は陸(ユーラシア)と「大航海時代以後の海」に続き、地球規模のバーチャル空間を征した地球規模の商人と金融業者が勝利の雄叫びを上げつつある時代と言えます。

GAFA、中国のアリババ集団、テンセントなどのような、インターネットにより厖大な顧客の消費を囲い込む企業が疾風怒濤の激戦を繰り返しながら、莫大な収益をあげているのです。

一九九〇年代以前にはモノづくりで世界をリードしてきた日本、ドイツなどの企業は、二一世紀に入って後退していきます。GAFA、ゴールドマン・サックス、モルガン・スタンレーなどの商業と金融の企業に座を譲ったのです。ですが、モノづくりが衰退したのではなく、商業・金融がモンスターにように過度に肥大化してきただけなのです。

現在は、インターネット経済が、世界中の人々の生活を安定させる未来のシナリオを描けるかどうかが問われる段階に差しかかりつつあります。なぜなら「覇権」というのは、単に力が強いということではなく、平和と安定した秩序を維持することで、世界の人々の支持を得ることが前提になっているからです。

2　グローバル経済の進行による国民経済の動揺

◉世界企業の海外進出と巨額の「双子の赤字」

「金」との無制限に交換されなければならないという縛りがあったため、一九四九年からの二〇年間のドルの増刷は、約一・五倍に制限されてきました。ところがニクソン・ショックでドルが「金」から切り離されると、三〇年間に約二〇倍のドル紙幣が増刷されることになります。財政と貿易の「双子の赤字」に悩まされていたアメリカは、ドルを大規模に増刷できる特権を生かして危機を乗り越えようとしました。

一九七七年、ＦＲＢ（連邦準備制度）の議長ボルカーはインフレを抑制するために、金利操作による金融調整を、通貨供給量による管理に切り替えました。八一年、元映画俳優で見栄えの良いロナルド・レーガン大統領（在任一九八一〜八九）が、現実に合致しない「強いアメリカ」を復活させる政策を掲げて、ガラッとアメリカ経済を変更します。

レーガン政権は覇権主義により、宇宙戦争を想起した軍備拡張と対ソ強硬路線を進めてソ連をギブアップさせ、冷戦を終わらせましたが、国内のインフレを克服するために、以下の政策によりアメリカを復活させる「レーガノミクス」を始めます。

①国債を高金利にし世界中の金を集める。
②設備投資の資金を確保するという名目で富裕層への大減税を行う。
③「小さい政府」を掲げて貧困層のための社会福祉の支出をカットする。

国債で二桁の高金利政策が取られましたから、世界中からアメリカに資金が集まり、ソ連がギブアップしたことにより一時的に「強いアメリカ」が蘇ったように見えました。しかし、強いドルは「ドル高」を進行させて、「貿易赤字」がとめどもなく拡大しました。

レーガンは軍事費を激増させ、富裕層への大減税を行いましたから国の借金が嵩み、経済格差も広がりました。冷戦中のソ連を屈服させたアメリカ自身も、危機が深まったのです。

●金融をパワー・アップした証券化とアメリカの金融帝国への転身

一九八五年、アメリカとイギリスは、金融自由化に舵をとりました。アメリカでは、クリントン大統領（在任一九九三〜二〇〇一）とゴールドマン・サックスのトップ・セールスマン出身の財務長官ルービン（在任一九九五〜九九）が、金融帝国に向かって舵を取ります。ドルが不換紙幣に変わったことを逆に利用し、新たな金融のシステムが作られたのです。それが、「証券化」でした。

それまでは通貨を循環させて鞘《さや》を取るという単純なビジネスだった金融業が、直接証券を売買するアクティブな金儲けに転換し、リスクが高くなるかわりに抜きん出た利益を上げるようになりました。儲けを上げることを、唯一の目標にする金融に変わったのです。

投資銀行（証券会社）は、社債の発行で得た資金を傘下のヘッジファンドなどを通じてオフ・ショア市場（国外での簿外の巨額勘定）にまわし、金融により獲得した資金をドルや米国債の安定のために利用するようになります。

ヘッジファンドというのは、さまざまな金融取引の手法を複合して、相場が上がっても下がっても利益を出すことを目的とするファンド（基金）です。ファンドは銀行の勘定の外で動かされるため、金融当局の監視・規制を受けない取引で資産を殖やしました。

新たな金融証券とは、ＭＢＳ（モーゲージ証券、住宅ローンなどの不動産担保融資を裏付けとする証券）、各種のデリバティブ（金融派生商品、金・石油などの価格変動により価値が決まる金融商品）、ＭＭＦ（短期の金融商品）、ＣＤＳ（債券破綻保険）などを指します。

イギリスでは金融ビッグ・バン（証券取引の手数料の自由化）の後、ロンドンの金融街シティが新たな国際金融市場として蘇りました。

ロンドンは「世界銀行」の資金、産油国の資金などを運用しました。アメリカでも投資銀行が、レバレッジを効かせて、証拠金の何十倍もの資金を動かす投資モデルを開発して、飛躍的に金融取引の規模を拡大します。イギリス、ドイツの金融機関もそうした動きに追随しました。

従来の銀行預金を元手とする地味な金融に代わり、ローン、債券、手形（ＣＰ）などにより投資家から集めた資金による取引が金融の主流になりました。電子記号を使いインターネット空間で行われる、複雑で中身が見えない金融取引です。

九九年になると、アメリカで預金者保護のため、世界恐慌後にＦＲＢの厳しい監視の下にある商業銀行と株式、債券の取引を行う投資銀銀行の相互乗り入れを禁止したグラス・スティーガル法（一九三三年制定）が廃止されて、商業銀行もレバレッジ型の投資を拡大するようになりました。

アメリカ、イギリスでは、金融の自由化により金融業界の儲けが激増していきます。たとえばアメリカでは、全産業の総利益のなかでの金融業の割合が八〇年代初頭の一割から、二〇〇七年の四割にまで激増し、金融業が基幹産業の座を占めるようになります。アメリカとイギリス経済は、連れ立って金融に逃げ道を求めたのです。

◉タックス・ヘイブンで返り咲くイギリス金融

かつての金融帝国のイギリスは、起死回生の一手として、かつての植民地、勢力圏を組み替えてタックス・ヘイブン（租税回避地）の地球規模のネットワークを作り上げます。

イギリスとアメリカが金融自由化に踏み切った一九八五年以降、イギリスのシティが主導するタックス・ヘイブンが急激に広がり、世界の金融資産の半分以上、世界企業の投資資金の三分の一がタックス・ヘイブンにあるとも言われます。タックス・ヘイブンはオフショア金融市場とも言いますが、当局が実態を把握できず、それ故に課税もできない金融市場を指します。

カリブ海のケイマン諸島が最も有名ですが、イギリス系のタックス・ヘイブンは、①英仏海峡の王室の属領のジャージー諸島、②ケイマン諸島、バミューダ諸島などのかつての英海外植民地、③旧英領のアイルランド、ドバイ、香港、からなっており、ヨーロッパのタックス・ヘイブンは、スイス、リヒテンシュタイン、ルクセンブルク、モナコ、その他がパナマ、ガボン、ガーナです。

第二次世界大戦後、金融力を低下させたイギリスが、厳しい規制に縛られていたウォール街から通貨をシティに流出させて運用するため、五〇年代にロンドンの金融市場をオフショア化して世界企業の資金（ユーロ・ダラー）を流入させ、六〇年代に世界規模で植民地体制が崩れた後に、残された領土や旧植民地にタックス・ヘイブンのネットワークを作り上げました。つまり植民地体制を抜け目なく、タックス・ヘイブンのネットワークに組み替え、金融で儲けようとしたわけです。かつての金融大国イギリスの巻き返しです。そこでは、インターネットの普及が最大限に利用されました。

◉ドルの急激な高騰とアジアの通貨危機

プラザ合意以後の大幅なドル安で、アメリカ経済は一息つきました。ところが一九九五年、クリントン政権は急遽「金融大国」への道を選び、世界から「資金」を集める目的で、今度は「ドル高」方向に大きく舵を切ります。

アメリカ経済を動かすウォール街が、変動相場制とIT技術を組み合わせれば地球規模で儲けられると考え、政府を巻き込んで金融立国に舵を切ったのです。一九九五年にクリントン政権の財務長官ロバート・ルービン（前ゴールドマン・サックスCEO。鞘取りの天才と称された）が「強いドルはアメリカの国益」と宣言したのは象徴的ですが、アメリカは一転してドル高政策に転換したのです。

金利が大幅に引き上げられたために、アメリカの債券、株式はどんどん買われ、一九九五年に一ドル七九円だったドルが、三年後には一ドル一四七円にまで高騰しました。三年間で、一・八倍あまりというべらぼうな「ドル高」です。ウォール街には世界中の資金が集まり、空前の活況を呈しました。短期に、アメリカは一〇〇兆ドルもの金融資産を殖やします。

こうした急激な「ドル高」のとばっちりを受けたのが、タイ、インドネシア、韓国などのアジアの新興工業国でした。ヘッジファンドの仕掛けにより、「アジア通貨危機」が起こります。

八〇年代以降「アジアの奇跡」と呼ばれる急激な経済成長を果たした諸国は、変動相場制に移行した後もドルとの固定相場制（ドル・ペック制、ペックは「クギづけにする」という意味）を維持し続けていました。海外から企業や資金を呼び込み、国内のインフレを防止するには、ドルとの連動が有利と判断したからです。「ドル安」が続いていた間は思惑通りに事が運んでいたのですが、突然アメリカが国策としてドルを大幅に切り上げると、アジア通貨もそれにつれて急騰。通貨高による輸出不振に襲われました。

そこで先を読んだ抜け目のないヘッジファンド（世界規模の投資集団）が大量の資金を調達し、実態以上に高くなったタイのバーツ、韓国のウォンなどのアジア通貨を、一九九七年に売り叩き始めます。値段を吊り上げておいて一気に売り叩き、暴落後に買い占めるのが彼らの常套手段です。タイと韓国の金融当局は、国内金利を引き上げ、外貨準備のドルを使うドル売りでバーツ、ウォンを買い支えましたが外貨準備は簡単に底をつき、バーツ、ウォンなどが大暴落。株価も大暴落しました。ヘッジファンドの思う壺です。インドネシアでも通貨ルピアが暴落し、三〇年続いたスハルト（一九二一～二〇〇八）を大統領とする軍事政権が崩壊していきます。

タイ、インドネシア、韓国経済はマイナス成長となり、経済の実情に合わないドル・ペッグ制は放棄されました。経済破綻したタイ、インドネシア、韓国などに対してIMFは約三六〇億ドルの資金援助を行い、厳しい経済改革を求めます。アジア諸国の経済成長が、ヘッジファンドにより刈り取られてしまった形です。韓国経済で、外国人投資家と財閥の力が強まったのは、それ以後です。危機後にタイのチェンマイのASEAN+日・中・韓の首脳会談で、加盟国が危機に際して外貨を融通しあう通貨スワップが成立しました。実質的に多額のドルを保有する日本が、危機の際にドルを融通するシステムでした。

◉ジャブジャブのドルと繰り返されるバブル

二〇世紀末以来のアメリカの大幅な金利の変動は、世界経済を著しく不安定にしました。金利を操作する側が絶対的に有利で、アメリカの金融資本の儲けは一段と増しました。しかし、世界各国はうねりの大きな経済に翻弄されることになります。その経緯は、以下のごとくです。

一九九八年、ロシアの国債がデフォルト（債務不履行）し、世界中から資金を集めていたアメリカの大手ヘッジファンドLTCM（ロング・ターム・キャピタル・マネージメント）が破産しました。アメリカのFRBは、銀行への連鎖を恐れてLTCMを救済し、景気の後退を抑制するために「金利を引き下げ」て、金融市場に大量のドルを供給しました。「ドル安」への転換です。

ところが、その低利の資金が当時はやった「IT革命による飛躍的生産性の向上で、インフレのない持続的成長が可能」になるという説に基づくIT産業への過剰投資につながります。今度は、世界規模のITバブルが起こってしまいます。地球を一万周するほどの光ケーブルが敷設されたといわれますから、明らかなバブルです。二〇〇〇年になるとITバブルによるインフレを抑制するために、FRBは一転して「金利引き上げ」に転換しました。そこで「資金」がIT産業から急激に引き上げられ、二〇〇二年にナスダック総合指数は二〇〇〇年の五分の一に暴落。ITバブルはあえなく崩壊したのです。

ITバブル崩壊による景気の低迷を回復させるため、FRBは「金利」を六・五パーセントから一パーセントに一気に引き下げて、今度は超金融緩和に踏み切ります。金利の上げ下げで景気を調整したFRB議長のグリーンスパン（在任一九八七〜二〇〇六）は「金融の神様」「マエストロ」と称賛されましたが、それはあまりにも危険な綱渡りであり、世界諸国はサーフィンのように上げ下げされる為替レートに翻弄されました。世界通貨だったはずのドルが、実態として一国通貨に変質してしまったのです。

グリーンスパンは、九〇年代半ばから一〇年近く低金利を続け、新たにより深刻なバブル（住宅バブル）を呼び起こしてしまうことになります。ユーロの誕生（一九九九年）によりヨーロッパでグローバル経済が成長。ヨーロッパから一兆ドルという厖大な資金がアメリカに流入し、多くの高利回りの住宅ローン関連証券を購入したこともあって、FRBの政策が効かなくなっていたのです。住宅価格の高騰を前提とするマネー・ゲームの過熱化が抑制できなくなっていたのです。

日本では、一九九〇年代以降、バブル崩壊後の不況から脱出するための財政支出が積み重なりました。公共事業による景気浮揚策、企業活動の低迷による税収の減少、高齢化に伴う福祉予算の増加などで「内向きの施策」による赤字国債が積み増され、遂に一〇〇〇兆円を超過してしまいます。また日銀は資金の供給量を増やすためにゼロ金利を続けましたが、国内で効果をあげず、逆に金利ゼロで調達できる円が外国人の投資家に重宝に使われて、円が大量に国外に流出しました。いわゆる「円キャリトレード」です。

総じて日本経済のバブル、バブルの崩壊、「失われた一〇年」は、為替の変動、アメリカの金利政策に根があったことは明らかです。

◉超マンモス化する中国共産党の開発独裁と華僑資本

二〇世紀末以降、経済のグローバル化が進むなかで世界の「資本」「技術」を効率的に集めたのが、文化大革命で約二〇〇〇万人の死者を出す悲惨な状況に陥っていた中国でした。欧米企業にとっては、信じることができないくらい安い労働力の存在がねらい目でした。中国の歴史と社会の異質性を検討する余地もなく、欧米や日本の企業は競って中国に「資本」を移動させました。

中国内部では、七八年に共産党の指導権を握った客家出身の鄧小平（一九〇四〜九七）が人民公社を解体し、形骸化していた社会主義経済を社会主義市場経済（実質的には資本主義経済）に転換させました。鄧は「改革開放」を掲げ、シンガポールにならった経済特別区の制度を導入します。しかし政治の民主化を求める動きは武力鎮圧され（天安門事件）、共産党の一党独裁は維持されました。

華僑資本とタイアップして積極的に外資の導入を利用する中国の変化は、中国市場への進出を世界政策として掲げてきたアメリカにとっては、長年の宿願を果たす絶好のチャンスに見えました。

アメリカ経済は、中国の安価な労働力を利用して成長を遂げます。「チャイメリカ」という言葉が生まれるほどでした。他方、世界規模のデフレが続くなかで、ヨーロッパ、日本の「資本」も、労働力が安く、国内市場が大きな中国に進出します。安価な労働力（農民工）を利用し、中国は「世界の（下請け）工場」に姿を変えたのです。

中国共産党は、満州人の清帝国（中華世界、満州、モンゴル、ウイグル、チベットなどを統合）の大領域と封建的な社会体制を維持したまま、グローバル経済を接ぎ木していきます。鄧小平の「先富論」により共産党幹部の政治的手段を駆使する富の蓄積を容認した江沢民は、社会主義に代わって中華ナショナリズムを教育に取り入れ、抗日戦争を指導したことを根拠にして共産党の一党独裁を擁護し、全面的資本主義化に乗り出します。

中華思想は、天命を受けた皇帝が天下（世界）を支配すると主張しますから、中華ナショナリズムは、日本批判から新たな帝国化の方向に転化していくことになります。

社会主義が後退した中国では共産党官僚が支配するマンモス企業が力を伸ばして、周辺諸国と世界経済に大きなインパクトを与えます。デフレから脱却するために「資本」を移動させたい欧米諸国も、グローバル経済のイメージの下で中国に資本進出をしたものの、建て前に実体が伴わない共産党の一党独裁の現実に直面しています。

二〇〇一年、中国はＷＴＯ（世界貿易機関）に参加。中国は安い労働力によりＥＵ・アメリカへの輸出を増やし、輸出と国内投資を二本の柱にして驚異的な経済成長を遂げていきます。ところが二〇〇一年のＩＴバブルの崩壊によりアメリカ経済が悪化し、中国のアメリカへの輸出が鈍化。それまで年率一六から一七パーセントの割合で成長していた輸出が、一時数パーセント台にまで下落してしまいます。

そこで厖大な国民をなんとか食べさせなければならない中国では、国内投資の比重が増大せざるをえなくなります。国内投資が経済の四五パーセントを占め、輸出が一五パーセント、消費が四〇パーセントといういびつな経済構造への移行です。

沿海部から内陸部に向けての高速道路・高速鉄道の建設、都市建設が、政府の投資の中心になりましたが、まだまだ「若葉マーク」で無駄が多い経済運営、汚職の横行、バブルなどで多くの負債が積み重なりました。しかし、華僑資本は中国経済の膨張を利用して、抜目なく大きな利益をあげていきます。

国内の経済建設がうまく行かなくなった中国は、ユーラシアを囲い込む「一帯一路」の政策を展開する傍ら、アメリカを手本に海洋帝国への転身を図ります。しかし、財政赤字の増加と不動産バブルの深刻化が、先行きを暗くしています。海の世界のノウハウの蓄積が乏しいため試行錯誤の連続で、第一・第二列島線による海洋戦略と海軍の拡張、国内の領海法による一方的な南シナ海の囲い込みと軍事化にみられるような強引な海洋進出は世界中から危険視されることになります。歴史的に見ても、地政学的条件から考えても、海岸線が日本よりも短い中国が「海の帝国」に転身するのは至難の業なのです。しかし、二〇二〇年に武漢に起ったコロナ・ウィルスが世界中に広まると、中国政府は独裁権力を総動員してコロナを封じ込め、自国の体制の優位性を主張する新たな宣伝戦に乗り出していきます。

◉ヨーロッパの共同化の挫折

アメリカへの対抗姿勢を強めるヨーロッパでは、一九九三年にマーストリヒト条約が締結されて欧州連合（ＥＵ）が成立。市場が統合されて、ヒト、モノの自由な移動が実現されました。政治的統合から社会的、経済的統合へと一歩進んだわけです。

二〇〇二年、共通通貨のユーロが誕生。二〇〇四年以降、倒壊した旧ソ連から解放された東欧の一〇か国が新たにＥＵに加わり、加盟国は、一挙に二五か国に膨れ上がりました。一時は、ＥＵは順風満帆かと思われましたが、ギリシアの過剰債務問題を機に南ヨーロッパ経済の低迷が明らかになり、リーマンショック後の経済の低迷、シリア内戦の長期化、ＩＳ（イスラム国）が引き起こした戦争により中東からの難民が多く押し寄せ、テロが続発するなどの困難が積み重なりました。第一次世界大戦後にオスマン帝国を解体したイギリスとフランスは、アラブ世界を植民地に変えましたが、そのツケが今まわってきている感じです。

ユーロが誕生した年に、イギリスはＥＣＢ（欧州中央銀行）に金融政策の権限を譲ることを嫌ってユーロの導入を拒否し、かつては世界通貨だった自国通貨のポンドを守りました。ロンドンは現在でも国際金融の中心のひとつで、世界の外国為替の四割が取引され、その額はニューヨーク市場、東京市場を合わせた金額を上まわっています。サッチャー政権の金融自由化政策により外資が流入し、ロンドンは世界金融のセンターとしての地位を強めたのです。

3　リーマンショック

◉証券化経済の大破綻

二〇〇〇年代、絶えず移民が流入し続けたアメリカならではのことですが、貧しい人々の間に不動産ブームが起こりました。アメリカでは家が資産と見なされ、転売が普通です。業者もそれに対応して一定期間利息を据え置くローンを組み、便宜を提供してきました。

金融業者は、利息が高い低所得者向けのサブプライムローン（プライムは「最優遇金利」の意味）の貸し付けに目をつけ、返済能力を顧みることなく資金を貸し付けました。業者は、ほとんど無審査で低所得者に住宅金融ローンを貸し出し、金融業者（投資銀行）がその債権をコマギレにして他の金融商品に組み込み、リスクを分散して世界中の投資家に売りさばきました。格付け会社も、そうした金融商品に高評価を付けて全面協力しました。

証券化された金融商品は世界中の投資家により購入され、ウォール街の「ミダス王」たちは舞い上がってしまいました。リスクを分散しながら儲けられるという触れ込みの下に、複雑で実はけっこう粗雑につくられた金融商品を、世界中の投資家に売り付けたのです。金融証券市場、投機市場が膨張しました。

世界中の投資家は中身がよく確認できないままに、格付け会社の高評価を信用し、高い利子につられて金融商品を買い漁りました。格付け会社のお墨付きは、かつてのコインの刻印と同じです。

ところが後でわかったことなのですが、格付け会社はお得意先の金融業者の求めるままに、かなりいいかげんな格付けを繰り返していたのです。それは、王が金メッキしたコインに刻印するのと同じことです。

二〇〇八年九月、サブプライムローンの大量のこげつきが表面化し、証券バブルがはじけました。破綻したローンの債権がどの証券に、どのくらい組み込まれているのかが誰にもわからない複雑な組成の証券が作られていたのです。そのために疑心安危の連鎖が起こって、「証券」の投げ売りによりバブルは一気に崩れ、世界の金融がマヒしてしまいます。世界中の証券会社、銀行、保険会社が大打撃を受けました。

そうしたなかで六〇兆円の資産を持ち二万五〇〇〇人を雇用する創業一五八年の全米第四位の投資銀行リーマン・ブラザーズが、約六〇〇〇億ドル（日本の国家予算の三分の二）の負債を抱えて倒産。投資銀行のベア・スターンズ（J・P・モルガン・チェースが買収）、メリルリンチ（バンク・オブ・アメリカが買収）も経営破綻。投資銀行の第一位のゴールドマン・サックス、第二位のモルガン・スタンレーは商業銀行に業態を転換。結局、アメリカ金融帝国のシンボルだった五大投資銀行がすべて消滅してしまったのです。

同時に一〇〇兆円以上の資産と一〇万人以上の従業員を持つ世界最大の損害保険会社ＡＩＧ（American International Group. Inc）も融資や証券化商品が焦げ付いたときに損失を肩がわりする「クレジット・デフォルト・スワップ（ＣＤＳ）」を大量に発行していたために破綻しました。しかし保険が支払われなくなると多くの銀行が倒産することが想起されるため、ＦＲＢが八〇パーセント以内の株を取得することで国有化しました。それが、「世界恐慌」を遥かに超えると言われるリーマンショックです。二〇〇九年にＩＭＦは、金融機関の損失を四兆ドルと予測しています。

◉格差の拡大に悩むアメリカ

証券バブルの崩壊は、世界金融の一角を占め、すでに不動産バブルが弾けていたヨーロッパに飛び火しました。リーマンショックに直面したＦＲＢ議長のベン・バーナンキは、かつての「世界恐慌」の経験を生かして、ドルを大量に増刷して大規模なインフレを起こし、経済をリーマンショック以前に戻そうとしました。ドルでジャブジャブになった経済をさらにジャブジャブにし、その低利資金で新興国バブル（ＢＲＩＣｓバブル）を起こして、危機を乗り越えようとしたのです。

他方で中国は、リーマンショックをひとつのチャンスとみなしました。四兆元という巨額の投資を行って外資をよび込み、高速鉄道、高速道路の建設による内陸部の再開発を図ったのです。当時の世界は投資先を求めていましたから、中国の巨額の投資が世界経済の危機からの脱出をバックアップすることにもなりました。

アメリカでは、バブルをリードしてきたゴールドマン・サックスやモルガン・スタンレーの投資銀行は先に述べたように「銀行持ち株会社」に衣替えし、商業銀行を兼ねることになります。商業銀行には、公的資金が投入されましたからそれを享受する目的もあったのです。

痛手を負ったはずのアメリカの金融業者は、大増刷されたドルをＢＲＩＣｓ（ブラジル、ロシア、インド、中国）などに積極的に投資して新興国バブルで高収益をあげ、急速に勢いを取りもどしました。証券化経済が短期間で再建されたのです。

しかし、アメリカ国内の庶民は経済的なダメージを受けたままで取り残され、若者の就職難、国内産業の停滞などが国民を悩ませました。そこで登場するのがアメリカ・ファーストを掲げ、庶民の不満を代弁する共和党のトランプ（在任二〇一七～）大統領です。

他方ニューヨーク州立大学の金融学者ステファニー・スケルトンは、ドルは世界の基軸通貨だからいくらでも発行して財政出動して構わないとするMMT（モダン・マネタリー・セオリー）を提唱し、貧しい人たちを救済するためにベイシック・インカム（最低限所得保障）を配布することを主張し、民主党の中で影響力を拡大しています。リーマンショックはいまなおアメリカ国内では克服されないままになっているのです。アメリカ経済は、先に述べたようにクリントン大統領とルービン財務長官により金融帝国に変身したのですが、その方向を元に戻すことは困難なようです。

◉インターネット資本主義とGAFAの巨大化

二一世紀に入って、IT産業は新たな段階に達しました。デジタル技術の進歩を基礎に、ロボット、AI（人工知能）、ブロック・チェーン、量子コンピュータ、ナノテクノロジー、IoT（モノのインターネット）、自動運転自動車、ドローンなど、諸分野で技術革新がめじろ押しの状態で、産業構造が大きく変わろうとしているのですが、経済成長率の長期低迷や格差の拡大を初めとする社会矛盾が噴出しています。

無限の経済成長などはありえず、資本主義は終焉に向かっているのではないのではないかという声も出るなかで、スイスの経済学者クラウス・シュワブは、現在のデジタル革命により資本主義経済が高度化できるとして、従来の産業革命との連続性を重んじて「第四次産業」として位置づけています。ドイツ政府も同様に「インダストリー4・0」と位置づけました。

そうしたなかで世界規模の巨大なインターネットを支配するアメリカのGAFAは巨人なプラットフォーム、検索エンジン、端末、SNS、eコマースなどを利用して、モノづくりではなく、商業、金融、サービス、宣伝、広告などを通じて圧倒的な収益をあげています。新たな次元で経済は、商人資本主義に回帰しているようにも見えます。産業資本主義こそが「資本主義」と見なす見方にも疑問が投げかけられているのです。

岩井克人氏は、第四次産業革命ではなく、「ポスト産業資本主義」「インターネット資本主義」という言葉を用い、GAFAなどは情報の提供と情報の違いを利用して富を得ている点で、古代の商人資本主義と類似していることを指摘しています。

産業資本主義が資本主義の最終段階ではなく、資本主義の基本形の商業を軸にして資本主義経済が変貌していくとする立場から、ピーター・ドラッガーは経済成長の原動力が「知識」に移ったことを指摘して「知識社会」への移行を唱えています。

参考文献

I・ウォーラースティン　川北稔訳『新版 史的システムとしての資本主義』岩波書店　一九九七年
I・ウォーラースティン　川北稔訳『近代世界システム』I～IV　名古屋大学出版会　二〇一三年
秋田茂『イギリス帝国の歴史』中公新書　二〇一六年
アーノルド・トインビー　深瀬基寛訳『試練に立つ文明』社会思想社　一九六六年
アブー・ルゴド　佐藤次高他訳『ヨーロッパ覇権以前』（上下）岩波書店　二〇〇一年
アンリ・ピレンヌ　増田四郎監修　中村宏・佐々木克巳訳『ヨーロッパ世界の誕生──マホメットとシャルルマーニュ』創文社　一九六〇年
アンリ・ピレンヌ　佐々木克巳訳『中世都市』創文社　一九七〇年
石川九楊『漢字とアジア』ちくま文庫　二〇一八年
板谷敏彦『金融の世界史』新潮選書　二〇一三年
E・ミラン　山下範久訳『資本主義の起源と「西洋」の勃興』藤原書店　二〇一一年
E・メイクシンス・ウッド　平子友長他訳『資本主義の起源』こぶし出版　二〇〇一年

岩井克人『二十一世紀の資本主義論』ちくま学芸文庫　二〇〇六年
ウィリアム・バーンスタイン　鬼澤忍訳『交易の世界史』（上下）ちくま学芸文庫　二〇一九年
ヴェルナー・ゾンバルト　金森誠也訳『ユダヤ人と経済生活』講談社学術文庫　二〇一五年
ヴェルナー・ゾンバルト　金森誠也訳『ブルジョワ――近代経済人の精神史』講談社学術文庫　二〇一六年
F・ブローデル　村上光彦訳『物質・経済・資本主義　15－18世紀』みすず書房　一九八五～九九年
岡本隆司編『中国経済史』名古屋大学出版会　二〇一三年
岡本隆司『腐敗と格差の中国史』NHK出版　二〇一九年
奥西孝至他『西洋経済史』有斐閣　二〇一〇年
何清漣・程暁農　中川友訳『中国』ワニ・ブックスplus新書　二〇一七年
柄谷行人『世界史の構造』岩波現代文庫　二〇一五年
カール・ポラニー　吉沢英成他訳『大転換――市場経済の形成と崩壊』東洋経済新報社　一九七五年
川北稔『イギリス近代史講義』講談社現代新書　二〇一〇年
K・ポメランツ　川北稔監訳『大分岐――中国、ヨーロッパ、そして近代世界経済の形成』名古屋大学出版会　二〇一五年
ダニエル・コーエン　林昌宏訳『経済成長という呪い――欲望と進歩の人類史』東洋経済新報社

二〇一七年
堂目卓生『アダム・スミス――『道徳感情論』と『国富論』の世界』中公新書　二〇〇八年
薩摩真介『〈海賊〉の大英帝国』講談社選書メチエ　二〇一八年
重田澄男『資本主義を見つけたのは誰か』桜井書店　二〇〇二年
玉木俊明『先生も知らない経済の世界史』日経プレミアシリーズ（日本経済出版社）二〇一七年
デニス・シュマント・ベッセラ　小口好昭他訳『文字はこうして生まれた』岩波書店　二〇〇八年
T・ピケティ　山形浩生他訳『21世紀の資本』みすず書房　二〇一四年
鈴木輝二『ユダヤ・エリート――アメリカへ渡った東方ユダヤ人』中公新書　二〇〇三年
ピーター・バーンスタイン　鈴木主税訳『ゴールド――金と人間の文明史』日経ビジネス人文庫　二〇〇五年
ヘロドトス　松平千秋訳『歴史』岩波書店　一九七一年
ミシェル・ボー　筆宝康之他訳『資本主義の世界史 1500〜1995』藤原書店　一九九六年
宮崎正勝『イスラム・ネットワーク』講談社選書メチエ　一九九四年
宮崎正勝『ユダヤ商人と貨幣・金融の世界史』原書房　二〇一九年
宮崎正勝『覇権の世界史』河出書房新社　二〇一九年
M・ロダンソン　山内昶訳『イスラームと資本主義』岩波書店　一九九八年
森健・日戸浩之『デジタル資本主義』東洋経済新報社　二〇一八年
山下範久編著『教養としての世界史の学び方』東洋経済新報社　二〇一九年

ユルゲン・コッカ　山川敏章訳『資本主義の歴史――起源・拡大・現在』人文書院　二〇一八年
楊海英『逆転の大中国史――ユーラシアの視点から』文藝春秋　二〇一六年
横井勝彦『大英帝国の〈死の商人〉』講談社選書メチエ　一九九七年

宮崎正勝（みやざき・まさかつ）

1942年生まれ，東京教育大学卒。筑波大学附属高校教諭，筑波大学講師などを経て，北海道教育大学教授。2007年退官。その間，中央教育審議会専門部委員，NHK 高校講座「世界史」常勤講師（1975～88）などを歴任。現在は著述業。『モノの世界史』『文明ネットワークの世界史』『風が変えた世界史』『ユダヤ商人と貨幣・金融の世界史』（原書房），『ジパング伝説』（中公新書），『海からの世界史』『知っておきたい食の世界史』（角川書店），『世界全史』『世界〈経済〉全史』（日本実業出版社）他著書多数。

商業《しようぎよう》から読《よ》み解《と》く「新《しん》」世界史《せかいし》

古代商人《こだいしようにん》からGAFA《ガアファ》まで

●

2020年10月26日　第1刷

著者………宮崎正勝《みやざきまさかつ》

装幀………佐々木正見

発行者………成瀬雅人

発行所………株式会社原書房

〒160-0022　東京都新宿区新宿1-25-13

電話・代表03(3354)0685

振替・00150-6-151594

http://www.harashobo.co.jp

印刷………新灯印刷株式会社

製本………東京美術紙工協業組合

ISBN978-4-562-05853-2 Printed in Japan

ユダヤ商人と貨幣・金融の世界史
宮崎正勝著

亡国の民となったユダヤ人が「ネットワークの民」として貨幣を操り、マイノリティながら世界の金融を動かしてこれたのはなぜか。ユダヤ商人のグローバルな活動に着目、経済の歴史の流れが一気にわかる！　２５００円

「海国」日本の歴史　世界の海から見る日本
宮崎正勝著

日本は周囲を海に囲まれた約七千の島々からなる群島国家、海国（かいこく）である。「政治の海」（黄海・東シナ海）と「経済の海」（南シナ海）という大きな視点からとらえなおす日本と東アジアの歴史。　２５００円

世界史の誕生とイスラーム
宮崎正勝著

世界史を展開する上で、地中海世界やローマ帝国に多大な影響を与えたイスラーム。著者独自の構想であり、ライフワークでもある「イスラーム・ネットワーク論」の集大成。文明と世界史の新たな視座へ！　２０００円

風が変えた世界史　モンスーン・偏西風・砂漠
宮崎正勝著

「風」をキーワードに地球規模の大気循環、風と水の動きによる乾燥と湿潤の人類文明形成への影響など、文明の転換点で大きな役割を果たした「砂漠」と「大洋」を舞台とするダイナミックな世界史像。　２４００円

北からの世界史　柔らかい黄金と北極海航路
宮崎正勝著

柔らかい黄金――ビーバー、ラッコの毛皮交易の盛衰による北方世界の視点とバイキング、ロシア、北米、北太平洋の歴史物語から見えてくる大航海時代を経て西欧世界興隆時代への世界史ネットワークの変貌。　２４００円

（価格は税別）